初期フォイエルバッハの理性と神秘

初期フォイエルバッハの理性と神秘

川本　隆著

知泉書館

凡　例

一，欧文文献からの引用に際しては，邦訳を参照した上で，筆者の解釈に基づき，適宜，訳語や文章を変更している。原典の引用註の後，邦訳のあるものに関してはすべて付記したが，邦訳と食い違いがあるとすれば，それは筆者の翻訳上の解釈によるものである。

一，フォイエルバッハの原著作からの引用に際しては，原則，改版の推移が全貌できるシュッフェンハウアー（Werner Schuffenhauer）編集のアカデミー版『フォイエルバッハ全集 *Gesammelte Werke*』を用い，FGW 巻数，頁，章節，邦訳，頁の順に記した。邦訳は，原則，船山信一訳『フォイエルバッハ全集』福村出版，1973-1976 年を用い，書名を『F 全集』，巻数を丸つき数字で表示した。ただし，『理性論──一にして，普遍，無限なる理性について *De ratione, una, universali, infinita*, 1828』（『理性論』と略）については，『F 全集』の底本がボーリン・ヨードル版独訳からの邦訳（つまり重訳）であり，ラテン語原文にはない解釈や変更などが随所に施されているため，ラテン語原文からの邦訳である半田秀男訳（『理性と認識衝動』下巻，渓水社，1999 年）をさらに付記した。

　　たとえば，「FGW1, S.38, II §8,『F 全集』① 26 頁，半田訳 30 頁」は，シュッフェンハウアー編『フォイエルバッハ全集』第 1 巻，38 頁，第 II 章，第 8 節，船山訳『フォイエルバッハ全集』第 1 巻，26 頁，半田訳『理性と認識衝動』下巻，30 頁，を意味する。

　　また，改版時に節番号に変更のある文献には，［　］で変更番号を付記した。たとえば，「§55［§54］」は，第 55 節（初版），第 54 節（改版），を意味する。

一，J・ベーメからの引用は，ポイカート（Will-Erich Peuckert）編集の『ベーメ全集 *Sämtliche Schriften*』を用い，文献略号 BS 巻数 - 収録書番号，頁，章節の順に記した。たとえば，「BS6-XV, S.4, Cap.1：3」は，ポイカート編『ベーメ全集』第 6 巻，第 XV 書，4 頁，第 1 章，第 3 節、を意味する。

一，その他の全集からの引用も，上記全集からの引用と同様に，文献略号巻数，頁，章節の順に略記した。

はじめに

　本書で考察される人物は，19世紀ドイツの哲学者ルートヴィヒ・アンドレアス・フォイエルバッハ（Ludwig Andreas Feuerbach, 1804-72）である。彼は，刑法学者として有名なパウル・ヨハン・アンゼルム・リッター・フォン・フォイエルバッハ（Paul Johann Anselm Ritter von Feuerbach, 1775-1833）の四男であり，「宗教批判家」または「唯物論者」の名で知られる。本書は，彼の初期思想，なかでも「理性と神秘」に関する思想を主題とし，その思弁的アプローチの思想的意義および今日的意義を明らかにしようとするものである。

　ただ，このテーマは，読者によっては奇異な印象を抱かれるかもしれない。端的にいって，フォイエルバッハの「唯物論」に「神秘」はふさわしいものではないからである。いやしくも「唯物論」を標榜する者が，なぜ「神秘」にこだわっていたのか，また，それが事実だとしても，克服されるべき初期の〈神秘的なもの〉へのアプローチに注目する意味がどこにあるのか。哲学者としての知名度がそれほど高くない事情からしても，彼の思想のどこに魅力や意義があるのか。こうした疑問が次々と浮かぶにちがいない。そのような疑問はいちいちもっともではあるが，一種のとらわれがある。筆者がなぜ初期にこだわるのかに応えるためにも，まずは従来のフォイエルバッハ評価について，簡単に触れておきたい。

　フォイエルバッハの名に覚えがあるとすれば，その記憶のほとんどは，マルクスやエンゲルスの論評によるものであろう。観念論から唯物論への道，神学→思弁哲学→人間学の道のりを突き進んでいったフォイエルバッハ。その批判的視角をもっとも鮮烈にかつもっとも象徴的に表

した言葉が「神学の秘密は人間学である」というテーゼであった。エンゲルスの『フォイエルバッハ論』には，主著『キリスト教の本質』(1841年) の登場により，若きヘーゲリアンたちが抱えていた観念論の呪縛が唯物論的に解かれ，一時的にせよ「みなフォイエルバッハ主義者になった」と伝えられている。『緑のハインリヒ』の著者ゴットフリート・ケラーは，フォイエルバッハの宗教批判から「幾千の人々の心から神を飛びさらす魔鳥」の声を聴いた。神学の幻想を破壊するその論調が，少なくとも同時代人たちに強烈な解放感を与えたことは確かである。

しかしながら，観念論から唯物論へというベクトルを推し進めた「ヘーゲル左派の闘将」という功績は讃えられても，その後のフォイエルバッハは「唯物論的に後退している」などと批判されることもしばしばだった。同じヘーゲル左派に属するB・バウアーやシュティルナーは，フォイエルバッハの唱える「類 Gattung としての人間」に，神学的な光輪や従来の観念論的残滓を嗅ぎつけた。マルクスもまた45年に「フォイエルバッハに関するテーゼ」を著し，フォイエルバッハの「感性」が「直観の形式」でのみ語られるだけで，「感性的活動」「対象的活動」としてとらえられない等，その人間論の抽象性（労働論の弱さ）に不満を漏らすようになり，次第に彼から離れていった。この流れを受けてであろうか，わが国では，ヘーゲルとマルクスを架橋する過渡期の「中途半端な唯物論者」という烙印が押され，いまだにそのようなフォイエルバッハ像が語り継がれている。弁証法の無理解という嫌疑もあいまって，ほとんど省みられることのないまま，彼の哲学はおきざりにされてきたのである。

転換期を生きた重要な哲学者であるにもかかわらず，フォイエルバッハをよく知らない人が今日でも多いのは，いわゆる「のり越えられた思想家」という印象が強いからであろう。仮に知っていたとしても，マルクス的またはヘーゲル的な視点からのフォイエルバッハ像が圧倒的である。フォイエルバッハの哲学は「感性哲学」と呼ばれたりもするが，そこから喚起されるのは，心温まるヒューマニストの顔と理性主義的哲学への反抗というイメージである。「自然と人間」に要約される彼の思想は，一見「わかりやすい」が，哲学的思弁の重厚さに比べると「わかりやすさ」を通り越して「平板」にみえる。その「平板さ」を証拠立てる

かのように，ヘーゲル弁証法の誤読までもが指摘される。しかし，筆者からみると事情は逆で，それらの批判のほとんどがフォイエルバッハ独特の〈アフォリズム〉や〈息づかい〉の無理解によるものである。実は，自称「ヘーゲル主義者」のフォイエルバッハは，一風変わった弁証法的センスの持ち主である。従来型のマルクス的あるいはヘーゲル的な論理のモノサシをあてがって読むと，彼の〈アフォリズム〉に託された問題群はほとんどみえてこない。その意味で，彼は〈誤解の多い思想家〉であったし，今でもそうであるように思われる。平板そうにみえる顔の裏に，実はフォイエルバッハの深い洞察とアクチュアリティーが隠されているのである。

　そうした誤解を解こうとする動きがこれまでなかったわけではない。海外では1970年代以降，未公開資料の発掘や全集の編纂し直しが積極的に行われるようになり，89年には「国際フォイエルバッハ学会 Societas ad studia de hominis condicione colenda（Internationale Gesellschaft der Feuerbach-Forscher）」が正式に設立された。また国際学会発足と歩調を合わせ，わが国でも「フォイエルバッハの会」が結成された。以来，同会メンバーのひとりひとりが，国内外の活動を通じて宗教論，人間論，他者論，自然論，文化論など，いままで注目されてこなかったフォイエルバッハ思想の領域に新しい切り口で読み直す作業を行い，彼の哲学的意義の発掘と再評価に努めてきた。

　フォイエルバッハの思想をおおまかに，1830年代末までの初期，40年代半ばころまでの中期，それ以降の後期に分けるとすれば，わが国の新しい読み方のひとつは，フォイエルバッハ中期の「疎外論」再考があげられよう。「物象化論」よりも根源的かつ包括的な「疎外論」の再評価は，池田成一や津田雅夫らによって試みられている。もうひとつの読み方は，後期の自然信仰や古代宗教へのアプローチを，唯物論的「後退」としてではなく，宗教論または文化論の「深化」としてみようとする試みである。この解釈傾向は，石塚正英のド・ブロス主義的フェティシズム論や河上睦子の「供犠」と「共食」に着目した身体論の見なおしに認められる。初期の読み方に一光を投じたのは，半田秀男によるラテン語原文からの『理性論』翻訳および研究（『理性と認識衝動』1999年）であろう。これによって，フォイエルバッハの弟子ボーリンおよびヨー

ドル編纂の『フォイエルバッハ全集』(BJ) に収められた『理性論』独訳に原文を歪曲するような訳文の問題が多分にあることが，より鮮明に浮かび上がってきた（詳細は序論第2節Aを参照）。また，初期フォイエルバッハの読み直しという点で，近年，異彩を放っているのは「自然の自己意識本質」や「窮迫した存在」に着目した服部健二の汎神論解釈であろう。「自然の身になって感じたり考えたりする能力」の基礎を初期の汎神論に求める読み方は，今日でも示唆的である。このように，イデオロギー的に歪曲された旧解釈が，少しずつではあるが改められるようになってきている。

　筆者が本書で展開するフォイエルバッハの読み方もまた，フォイエルバッハを新たに読み直す潮流に棹差している。特に半田研究には大いに刺激され，『理性論』の読み方について学ぶところが多かった。半田以外で影響を受けた人物を挙げるとすれば，イタリアのフォイエルバッハ研究者トマソーニ (Francesco Tomasoni, 1947-) であろう。フォイエルバッハの「神秘説」へのアプローチに関する新しい読み方が彼の研究によって提示され，本書を構想する大きなきっかけとなったからである（その経緯を知りたい方は，本論よりもトマソーニの新著について論及した付論を先に読んでいただいたほうが良いかもしれない）。

　もちろん，初期の研究には，中・後期の研究とは異なる問題がつきまとう。すなわち，思弁的観念論を支持し，神秘説にまで関心を寄せていた時期のフォイエルバッハにどのようなアクチュアリティーがあるのかという問題である。筆者が初期のフォイエルバッハにこだわるのは，一思想家の思想形成という個人史的なエピソードを懐古的にとりあげたいからではない。ヘーゲルの徒として学んだ彼が，なぜ恩師に反旗を翻すような事態に及ぶのか，その思想的ルーツを訪ね，ヘーゲル哲学の批判的継承の意味を改めて問い直す作業が，（晩年をも含む）フォイエルバッハ思想の全体をとらえるためにも，あるいは19世紀ドイツの精神史における重要な転回（唯物論的・人間学的転回）の意味を問いなおすためにも，不可欠であると考えるからである。

　フォイエルバッハの最終的立場を「人間学的唯物論」と呼ぶことは可能だが，その立場は——本書で明らかになるように——経験論の土壌から生まれるものではない。ドイツ観念論哲学，とりわけヘーゲル哲学と

の真摯な対決すなわち内在的批判をぬきにしては獲得できない境地である。かつてE・カメンカは「フォイエルバッハは偉大な哲学者ではなく，重要な哲学者である」と語った。この指摘は，正鵠を射ている。宗教分析，他者論，異文化交流，死生観など，フォイエルバッハの問題提起を踏まえなければ論じることのできない現代の問題状況はたしかにあるからである。しかし同時にカメンカは，フォイエルバッハ思想を，ヘーゲル的術語学の泥沼から救済しようとして，「経験論」という視角を重点的に論じた。この点は，筆者の見解と異なる。一般にフォイエルバッハの人間学が「感性哲学」と称されるとき，カメンカ同様の先入見が先行していないだろうか。泥沼から救済されるべきはそのような偏向したフォイエルバッハ解釈ではなかろうか。

　筆者はけっして観念論を再興しようとしているわけではない。しかし，フォイエルバッハの唯物論的人間学的転回の重要性をみきわめるためには，当時の神学論争状況と彼の思弁的な問題意識の吟味・検討，初期フォイエルバッハのテキストの精読がぜひとも必要だと考える。本書は，初期フォイエルバッハを見なおすためのささやかな一歩にすぎないが，魅力的なフォイエルバッハ像の再構築に少しでも貢献できれば，幸いである。

目　次

凡　例………………………………………………………………… v
はじめに……………………………………………………………… vii

序　論………………………………………………………………… 3
　第1節　フォイエルバッハ解釈の問題性…………………………… 4
　第2節　フォイエルバッハ研究動向と論述方針……………………14
　　A．これまでのヨーロッパにおける研究状況……………………14
　　B．『理性論』解釈の混乱状況と本書の論述方針…………………24

第1章　『理性論』の汎理性主義……………………………………45
　第1節　『理性論』執筆の動機――ヘーゲルへの接近……………49
　第2節　『理性論』の人格批判………………………………………65
　第3節　「共感」概念の両義性と「絶対的一性」の突出…………78
　第4節　「何かあるもの」の両義性とヤコービ評価の二面性……96
　第5節　感覚の両義性と理性の神秘性……………………………112

第2章　『死と不死』における「自然」の位置価………………127
　第1節　神のなかの「人格」と「場」……………………………132
　第2節　三位一体説の潜在化と神秘的汎神論――ベーメへの接近…148
　第3節　魂の「目的」性と自然の「先在」性……………………163

第3章　唯物論的・人間学的転回の意味――哲学と宗教との関係……181
　第1節　ベーメ・モメント…………………………………………186
　第2節　ライプニッツ・モメント…………………………………201
　第3節　結論的考察――「人格」批判と「自然」の復権………220

目　次

付論　フォイエルバッハにとっての〈神秘的なもの〉……………241

あとがき………………………………………………………………255
参考文献………………………………………………………………259
人名索引………………………………………………………………275
欧文要旨………………………………………………………………281

初期フォイエルバッハの
理性と神秘

序　論

第1節　フォイエルバッハ解釈の問題性

　ルートヴィヒ・フォイエルバッハ（Ludwig Andreas Feuerbach, 1804-72）という名を聞いて，今日，ひとは何を思うだろうか。かつてはマルクス（Karl Heinrich Marx, 1818-83）の思想的系譜をたどるという関心で初期マルクスへの影響関係が論じられたものだが，日本ではヘーゲル（Georg Wilhelm Friedrich Hegel, 1770-1831）とマルクスを架橋する唯物論者・無神論者という像は今や過去のものとなり，その名を知る者さえ少なくなりつつある。ヘーゲル研究，マルクス研究は資料的にもかなり精緻に進んで行っているのに比して，ミュンヒェン大学図書館所蔵の遺稿を基礎にしてシュッフェンハウアー（Werner Schuffenhauer, 1930-2012）によって編集された『フォイエルバッハ全集 Ludwig Feuerbach, *Gesammelte Werke*, hrsg. v. W. Schuffenhauer, Berlin, Akademie-Verlag, 1967- 』（FGW）が次第に整いつつあるとはいえ，未だに完結していない。遺稿資料の発掘が遅れ十分に整理されていなかったころ，少なくとも日本ではヘーゲルとマルクスを架橋する過渡的思想家という価値評価が支配的だったものだが，今でもそのイメージが払拭されたとはいい難いところがある。もちろん，1989年のベルリンの壁崩壊につづく社会主義諸国の解体が進んだ後は，旧社会主義下の官僚的体制と人権の蹂躙・抑圧に対する批判が浮上し，フォイエルバッハ人間学にあらわれる人間相互の共同・連帯の思想や地球環境問題にまつわるエコロジー的人間観・自然観が見なおされたりもした。しかし，閉塞的社会状況に対する人間解放の理論が学知に求められるとき，フォイエルバッハの提唱する人間学は来たるべき将来の哲学のための批判的まなざしを提供するとはいえるものの，その感性・愛の哲学は多分に曖昧さを含んでいるとみなされる傾向が大である。かつてエンゲルス（Friedrich Engels, 1820-95）が，一方でヘーゲルの体系への呪縛から人々を解放する唯物論者と称揚しながら，他方で，フォイエルバッハの描く「人間」は「抽象的」

「平板」「貧弱」[1]でありかつ「万人協調の夢想」[2]にすぎず，むしろヘーゲル哲学のほうが「形式が観念論的であっても，内容は実在論的」[3]である点で優れていると評したことはよく知られている。もちろん今日では，エンゲルスの見方そのものの偏向を問題視することもできようが，しかし，体系知または媒介知の社会に対する分析力に焦点を合わせると，フォイエルバッハの主張する感性の直接性はあまりにも素朴にすぎ，等閑視されがちである。この事情はわからないでもない。

　マイナス評価の一因は，彼の提唱する人間学の「中途半端さ」にあるだろうか。フォイエルバッハは，『宗教の本質に関する講義 Vorlesungen über das Wesen der Religion, 1851』（以下，『宗教の本質講義』と略）で「私の学説は自然と人間という言葉で要約されます」[4]と述べているが，「『基礎』において唯物論的であったにもかかわらず，相変わらず伝来の観念論的な絆にとらわれていた」[5]というエンゲルスの批判的評言は，フォイエルバッハが力説する「自然と人間」という用語に該当するものであろう。「自然」が人間の生存根拠として唯物論的であるのに対して，「人間」は「人格的・意識的・知性的本質 verständiges Wesen」[6]として，「精神的」[7]，観念論的，唯心論的であり，このような観念論的残滓をひきずっているかぎりで徹底した唯物論ではない，というのが史的唯物論からみたフォイエルバッハ評価の定番であった。マルクスの「フォイエルバッハに関するテーゼ」，特に第6テーゼの「社会的諸関係の総和」[8]という視角からフォイエルバッハの「人間」を古き「実体」概念として斥けようとする傾向もまた，唯物論としての「不徹底さ」に向けられていたように思われる。たしかにエンゲルス自身は，フォイエルバッハが

---

1) Friedrich Engels, *Ludwig Feuerbach und der Ausgang der klassischen deutschen Philosophie*, 7. Auflage, Stuttgart 1920, S.30f., 松村一人訳『フォイエルバッハ論』岩波文庫，1960年，52-53頁。
2) *Ebenda*, S.34, 松村訳，57頁。
3) *Ebenda*, S.30, 松村訳，51頁。
4) FGW6, S.28f., 3. Vorl.,『F全集』⑪215頁。
5) Engels, *a. a. O.*, S.22, 松村訳，前掲書，42頁。
6) FGW6, S.29,『F全集』⑪215頁。
7) Ebenda,『F全集』⑪216頁。
8) Engels, *a. a. O.*, S.63, 松村訳，前掲書，89頁。

存命中に「細胞，エネルギー転化，……進化論」[9]という自然科学上の三大発見をかろうじて知ることができたものの，人生の大半をブルックベルクという田舎での隠遁生活を余儀なくされたところに，歴史的自然観や史的唯物論に至れなかった「みじめなドイツの状態」[10]という制約があるとも述べており，そのかぎりでは，フォイエルバッハを弁護しているようにもみえる。しかし，史的唯物論優位の視角は揺るがず，フォイエルバッハの〈半ば唯物論，半ば観念論〉という中途半端さを徹底すべきという課題意識や価値評価が堅持されてきたこともまた事実であろう。

　ところでこのような唯物論的解釈は，今日，妥当といえるだろうか。そもそも〈観念論 VS 唯物論（実在論）〉という図式そのものが古く，時代錯誤ではないか。こうした問題意識から，近年では，この図式が観念論の遺産を正しく評価するものでないとするヘーゲル再評価の見方も登場している。たとえば，ヘーゲルが観念論と実在論との統一を語るとき，それが一面的に〈意識内在的〉であるとすれば先の唯物論の視角から指摘された「悪しき観念論」の謗りを免れないが，しかし同時にこの統一が〈意識外在的〉でもあるとすれば事情は違ってくる，という見方がそれである。現にイェシュケ（Walter Jaeschke, 1945-）は，ヘーゲルを擁護して次のように述べている。

> われわれの意識に与えられているものは，意識ではなく世界である。意識内容の意味は，この内容が意識内在的であるという点にも，外的なものとしての実在性の意味が意識作用のなかにだけあるという点にもない。〔意識内容の意味は〕むしろ意識超越的であるという点にある。あらゆる存在がわれわれの知覚のなかにのみ与えられており，したがって "esse = perpici（存在するとは知覚されているということだ）" という等式が無理強いされているようにみえるとしても，"esse" は知覚という心的作用のなかにあるのではなく，知覚の対象としてこの作用に前提されているのである。[11]

---

9) *Ebenda*, S.21, 松村訳, 41 頁。
10) *Ebenda*, S.21f., 松村訳, 同頁。
11) W. Jaeschke, Zum Begriff des Idealismus, in: *Hegels Erbe*, hrsg. v. Christoph Halbig,

第 1 節　フォイエルバッハ解釈の問題性

　ヘーゲル哲学は，近世哲学に典型的な「主－客」二元論の図式でとらえきれないどころか，むしろその克服として現れたものであり，ヘーゲル哲学を観念論呼ばわりする者こそ，〈観念論 VS 唯物論〉という古い二元論の枠組みにとらわれている，という論旨がここに読み取れよう。イェシュケの指摘は，「唯物論」的発想の正当性を問題視し，観念論批判の見方そのものに変更を迫る点で，かなり鋭いところを突いている[12]。ヘーゲルのいう「絶対精神」はけっして実在せる自然から遊離しているわけではなく，質料的自然の本質（あるいは真理態）が魂であり，その魂が生成して完成した姿が精神である。そのように解するなら，ヘーゲルはけっして観念論者ではなく，むしろ徹底したリアリストだということになる。この文脈でみると，フォイエルバッハ――少なくとも 40 年代以降の彼――のヘーゲル批判に代表される観念論論駁は，的外れなものと受けとられるに違いない。実際，最晩年の論文「唯心論と唯物論，特に意志の自由に関して Über Spiritualismus und Materialismus, besonders in Beziehung auf die Willensfreiheit, 1866」でフォイエルバッハは「観念論と称する近代の哲学的唯心論」[13]に対する批判を行い，ヘーゲルの絶対精神ですら「空間・時間に縛られて」おり，「その絶対的同一性は絶対的一面性にすぎない」と断じている[14]。これが粗雑な唯物論の主張でないとしても，フォイエルバッハが「人間と自然」という二極をみすえながら人間を「二面的」存在者としてとらえ，その上でヘーゲルを含めたドイツ観念論を唯心論として批判している[15]ことは疑いえない。マルクスの側からみても，ヘーゲルの側からみても，フォイエルバッハ哲学はやや見劣りするという意識が未だに根強くあるのは確かで

Michael Quante und Ludwig Siep, Frankfurt am Main 2004, S.180. 〔 〕は引用者による補足。
　12)　ヘーゲルは観念論者でないとするイェシュケの見解については，加藤尚武「ヘーゲルによる心身問題のとりあつかい」（『ヘーゲル論理学研究』第 19 号，天下堂書店，2013 年）7 頁以下参照。
　13)　FGW11, S.170, §15,『F 全集』③ 238 頁。
　14)　Vgl. FGW11, S.150, §13,『F 全集』③ 212 頁。
　15)　筆者はここで「二極」または「二面的」という語を使ったが，「二元的」「二元論的」という表現は避けた。それは，フォイエルバッハが初期のころから近代の二元論批判をヘーゲルと共有しており，1840 年代の唯物論的転回後もこの批判を維持し続け，その上で「人間と自然」の二極性・二面性にこだわる姿勢があるからである。つまり，フォイエルバッハが最終的に到達する「二極性」・「二面性」は，近代の「主－客」二元論図式とは異なる特徴がある。

ある[16]。

　しかし，このようなフォイエルバッハに対する評価に水漏れはないのだろうか。気になるのは，フォイエルバッハが最初からヘーゲルを批判したわけではなく，むしろ熱烈なヘーゲル主義者としてスタートし[17]，自他ともにヘーゲリアンと認められる1830年代の哲学史的労作[18]を世に送り出したにもかかわらず，39年以降，唯物論的・人間学的転回を遂げるという，その歩み方である。少なくとも38年までは，表立ったヘーゲル批判をしていないどころか，逆に，ヘーゲル哲学に対する批判的論客に対し反批判を繰り広げ，ヘーゲルを擁護してもいる[19]。平板な

[16) たとえば，レーヴィット（Karl Löwith, 1897-1973）は「ヘーゲルの『精神』の歴史の尺度に従えば，フォイエルバッハの強烈な感覚主義 massiver Sensualismus はヘーゲルの概念的に組織されたイデーに対して一つの退歩であり，内容を誇張 Schwulst と信念 Gesinnung をもっておきかえる思惟の野蛮化にみえざるをえない」と評している。Vgl. K. Löwith, *Von Hegel zu Nietzsche*, 9.Aufl. Hamburg 1986, S.96, 柴田治三郎訳『ヘーゲルからニーチェへ』第Ⅰ巻，岩波書店，1952年，106頁。

17) 幼年期にまで遡れば，フォイエルバッハはカトリック神学の家庭で育ち，アンスバッハのギムナジウムを卒業後，ハイデルベルク大学で神学を学び，カール・ダウプ（Karl Daub, 1765-1836）の思弁神学に刺激を受け，24/25年の夏学期にベルリンでヘーゲルを聴講するようになる（ヘーゲルの聴講を切望して父親の反対を押し切り，神学部から哲学部へ移籍するのは25年4月）。Vgl. U. Schott, *Die Jugendentwicklung Ludwig Feuerbachs bis zum Fakultätswecksel 1825*, Göttingen 1973, S.23ff., 桑山政道訳『若きフォイエルバッハの発展』，新地書房，1985年，25頁以下参照。Und vgl. Georg Biedermann, *Ludwig Andreas Feuerbach*, Leipzig・Jena・Berlin 1986, S.7f.,『フォイエルバッハ——思想と生涯』尼寺義弘訳，花伝社，1-3頁参照。

18) 1847年に『ヴィーガントの会話辞典 *Wigands Conversations-Lexikon*』に匿名で掲載された回想的論評（FGWでは編集者によって「パウル・ヨハン・アンゼルム・フォン・フォイエルバッハとその息子たち Paul Johann Anselm von Feuerbach und seine Söhne」と題されている）で，フォイエルバッハは30年代の哲学史研究が，独自の哲学説を積極的に展開するものというよりは，自分の主観性を克服し，批判を確かなものにするための予備的作業であったこと，しかし，そのように積極的批判をおさえたことが逆に「自分をヘーゲル学派の一員とみなすような偏見」が生じたことについて触れている。Vgl. FGW10, S.331,『近代刑法の遺産』中巻，西村克彦訳，信山社，1998年，13-14頁，『F全集』⑱ 359-360頁。

19) 30年代のフォイエルバッハのヘーゲル擁護としては，35年のバッハマン（Karl Friedrich Bachmann, 1785-1855）に対する論評「『反ヘーゲル』の批判——哲学研究入門のために——Kritik des „Anti-Hegels": Zur Einleitung in das Studium der Philosophie, 1835」（FGW8, S.62-127），38年のドルグート（Friedrich Ludwig Andreas Dorguth, 1776-1854）に対する論評「経験論の批判のために——F・ドルグート著『観念論の批判と論証学的実在合理論の基礎づけのための資料』Zur Kritik des Empirismus: „Kritik des Idealismus und Materialien zur Grundlage des apodiktischen Realrationalismus" von F. Dorguth, 1838」（FGW8, S.149-164）があげられる。前者については，レーヴィットが「ほとんどヘーゲル自身が書いたといってもいいくらいのもの」と評している。Vgl. K. Löwith, *a. a. O.*, S.86, 柴田訳，前掲書，93頁参照。

第1節　フォイエルバッハ解釈の問題性

経験論を批判する観念論者フォイエルバッハが，39年に突如，恩師ヘーゲルに対し反旗を翻し，唯物論的・人間学的転回をとげ，40年代以降，自然や感性を声高に主張してゆく——少なくともそのようにみえる——のは何故なのだろうか。巷に流布している一般的解釈では，フォイエルバッハがヘーゲル哲学のエッセンスをとらえそこね，ヘーゲルの大事な遺産である弁証法を放擲してしまったからという見方があるが，しかしフォイエルバッハ自身は後の回想で「私は本質的もしくは理想的なヘーゲル主義者であったが，形式的な，字面にとらわれるヘーゲル主義者ではなかった」[20]と述べており，この「本質的・理想的ヘーゲル主義者」という自負が等身大の事実であるとすれば，弁証法の放棄といった批難は必ずしもあたらないことになろう[21]。「本質的・理想的」の真意をどう読むかという問題があるにしても，今日的視点に立って社会的諸問題を考察しようとする際，やはりマルクスやヘーゲルの体系的な見方では掬いきれない重要な何かが，フォイエルバッハ哲学にはあるのでは？という疑問は残る。特に「大いなる物語」が失われた現代の「価値相対性」に焦点が合わされ，「本来あるべき姿」を求めることの意味が疑問視されるなか，現状に対峙しつつ，他者との健全な関係を模索するという意味で，フォイエルバッハ思想は一筋の光を放っているのではなかろ

---

[20]　W. Schuffenhauer, „Verhältnis zu Hegel" - ein Nachlaßfragment von Ludwig Feuerbach, in: *Deutsche Zeitschrift für Philosophie*, 4/30 Jahrgang, Berlin 1982, S.511，フォイエルバッハ「ヘーゲルへの関係（遺稿から。1848年ごろ）」：半田秀男訳『理性と認識衝動——初期フォイエルバッハ研究』下巻，渓水社，1999年，388頁，『F全集』① 329頁。後者の船山訳は，カール・グリュン（Karl Grün, 1817-87）の見方に倣ったボーリン・ヨードル版『全集』（BJ）を底本にしており，1840年の論として第1巻『初期哲学論集』に収録されている（『F全集』① 325-348頁）が，その後，この断片に41年の『キリスト教の本質 Das Wesen des Christentums, 1841』より後のものと推定される註が付されたシュッフェンハウアーの資料が公表され，前者の半田訳では1848年ごろのものとされている。Vgl. *Ebenda*, S.507-509, 半田，前掲書，381-386頁。

[21]　もっともレーヴィットなどは，ヘーゲル左派の論客は皆，「亜流の意識を克服」（K. Löwith, *a. a. O.*, S.79, 柴田訳，前掲書，84頁）しようとする「底抜けに正直な人間で，自分の実現しようとすることのために実際の生活をかけていた」（*Ebenda*, S.80, 柴田訳，前掲書，85頁。），フォイエルバッハもその一人として世界を変革しようとする「未来病に取りつかれていた zukunftsüchtig」（*Ebenda*, S.78, 柴田訳，84頁）と評しているから，このレーヴィットの見方の方に分があるとすると，弁証法放棄の批難もあながち外れではないという評価にふたたび落ち着くことになるかもしれないが，そのようなネガティヴなフォイエルバッハ評価と，筆者は争うつもりはない。

うか。その意義を再考するためにも，まずは彼の思想形成と唯物論的転回を再検討することが必要である。筆者の疑問点を列挙すると以下のようになる。

Ⅰ．フォイエルバッハのいう「本質的・理想的ヘーゲル主義」とは何か。初期のフォイエルバッハはヘーゲルのいかなる思想を本質的核心とみなし，受容しようとしたのか。
Ⅱ．ヘーゲル哲学への接近は，神学から哲学への転身と深い関係があるが，フォイエルバッハの神学批判・宗教批判と彼の「ヘーゲル主義」とは，どのようなつながりがあるか。
Ⅲ．39年以降，フォイエルバッハが唯物論的・人間学的転回を遂げるのは何故か。ヘーゲルの講義を熱心に聴講し，その思想を核心部分で受容しようとした彼が，恩師ヘーゲルを含めた観念論批判に転じていく事情は，フォイエルバッハのヘーゲル誤読に由来するものか，それとも何か別の理由があるか。
Ⅳ．フォイエルバッハの行う人間学的見地からの観念論批判は，妥当か。またこれに基づく彼の人間学は，今日どのような意味があるか。

これら4つの疑問は，当然のことながら相互に関連しあっているが，今後の論述をみやすくするために筆者の基本的な初期フォイエルバッハ理解を概略的に述べておこう。体系的叙述という点では，フォイエルバッハはたしかにヘーゲル弁証法を十分に展開しておらず，ヘーゲルの遺産継承が十分でないと解せるところがある。しかしながら，フォイエルバッハの哲学的課題は，世界の学問の体系的叙述よりも，むしろ学問以前の次元も含め，そもそも世界を把握しようとする人間の知がどうあるべきか（さらにはどう生きるべきか），という知と生のあり方の吟味にあった。いい換えれば，フォイエルバッハが重要視したのは，ヘーゲルの思弁的理性を弁証法的に精緻に叙述することではなく，その思弁的理性の基本性格が汎神論的であり，同時代のキリスト教信仰と相容れないという事実に定位することであった。「汎神論」といえば，レッシング（Gotthold Ephraim Lessing, 1729-81）の「スピノザ主義」をめ

ぐりヤコービ（Friedrich Heinrich Jacobi, 1743-1819）とメンデルスゾーン（Moses Mendelssohn, 1729-86）との間で交わされた書簡「モーゼス・メンデルスゾーン氏宛書簡におけるスピノザの教説について *Ueber die Lehre des Spinoza in Briefen an den Herrn Moses Mendelssohn*, 1785」[22]（以下，「スピノザ書簡」と略）で有名になった汎神論論争がある。当時は「無神論」「汎神論」の嫌疑をかけられることが生活に重大な影響を及ぼす時代であったわけだから，ヘーゲル哲学の核心が汎神論にあるというフォイエルバッハの見解はかなり危険な主張だったはずである。時代神学批判を含む「風刺詩 Xenien」をそえて 30 年に公刊された匿名の書『死と不死に関する思想 *Gedanken über Tod und Unsterblichkeit*, 1830』（以下，『死と不死』と略）の著者名が暴かれ，フォイエルバッハの大学就職への道がことごとく妨げられた事実は，当時の時代的風潮を象徴するエピソードであろう。もちろんヘーゲル自身はキリスト教神学と哲学との宥和を唱えたわけだから，ヘーゲル哲学を汎神論的にみようとするフォイエルバッハの見方は師の考え方に一致するわけではない。にもかかわらず，フォイエルバッハは汎神論こそがヘーゲルのイデーを実現するものだという確信（この確信が彼のヘーゲル主義の根幹をなすと考えられるが）をもって，30 年代，哲学的著作の出版に取り組み，その検証に当たっていった。汎神論的理性（思弁的理性）の一性・普遍性という思想を，彼は，特にスピノザ（Baruch de Spinoza, 1632-77），ジョルダーノ・ブルーノ（Giordano Bruno, 1548-1600），ヤーコプ・ベーメ（Jakob Böhme, 1575-1624）から吸収している[23]ところがあるが，少なくとも 35 年までは，フォイエルバッハは師の哲学のエッセンスを汎神論として体現することを自負し，ヘーゲル哲学が一番のモデルになると考えていた。

ところがその後，哲学史研究の一環でライプニッツ（Gottfried Wilhelm Leibniz, 1646-1716）の批判的解読を進める途上で，汎神論的

---

22) ヤコービの「スピノザ書簡」は初版が 1785 年，第 2 版が 1789 年に出版されている。本書では，原則として第 2 版を収めた *Friedrich Heinrich Jacobi's Werke*, 4. Band, Darmstadt 1968 を用い，JW4 と略し，引用後，この略号，分冊，頁の順に略記する。

23) 30 年の「風刺詩」195 では，ブルーノ，ベーメ，スピノザの名があげられている。Vgl. FGW1, S.463, Xenien, Nr. 195. ただし，この箇所は 47 年の改版で削除される。

世界観の限界に気づくようになる。この気づきはやがて，汎神論的理性が自然の真の姿であるという自らの前提を根底から覆すものとなった。すなわち，理性から独立した自然の根源的意味——汎神論的思弁の自己内還帰運動だけではとらえきれない自然の意味といってもよい——の再評価である。このまなざしが，後に①思惟（思弁的理性の反省）によって自然の意味が精神として真実にとらえられるとする立場（シンボルは円環）から，②人間存在の二面性に着目しつつ，思惟の円環からはみ出すもう一つの極点（自然）をあえて設け，思惟（理性）と存在（感性）との対話を確保しようとする二極性の立場（シンボルは楕円）への移行，すなわち唯物論的・人間学的転回を準備する因子となる。

　以上が，筆者の初期フォイエルバッハ理解の基本的骨子であるが，重要なのは，フォイエルバッハがヘーゲル哲学に依拠した30年代前半までの著作において，ヘーゲルの思弁の精神を深いレベルで共有しつつ，一面的な観念論と一面的な実在論を超克する着想を師から受け継ぎ，この着想を汎神論理性として実現しようとした点，しかしそれにもかかわらず，この包括的理性の見地に限界があることを自覚して唯物論・人間学の地平を切り開いた点，しかも，この自覚がヘーゲルのイデーを実現しようと哲学史の解読に向かった末に到達した境地であると解される点である。39年以降の転回自体は，従来のフォイエルバッハ研究でもさまざまに論じられてきてはいるが，しかし，初期のフォイエルバッハの思弁が唯物論優位の観点から，その非人間性・非科学性をマイナス要因とみる傾向があったし，現在でもまだそのような解釈傾向があるように思われる。この傾向はともすると「観念論VS唯物論」という古い二元論図式に逆戻りする危険があるだけでなく，晩年のフォイエルバッハ哲学を矮小化することにもつながりかねないのではなかろうか。

　筆者はこの論文で初期フォイエルバッハの思想形成を中心に考察するが，特にヘーゲル哲学と対比・検討する作業を通じて，その汎神論的思弁性が唯物論的・人間学的転回後に完全に放擲されるのではなく，むしろ，新しい位相で生かされるということ，近世哲学に特徴的な二元論図式を克服しようとする初期の思弁的アプローチが，転回後に楕円をシンボルとする二極性の立場に至るという，その転回の意味を明らかにしたい。最晩年のフォイエルバッハの観念論批判は，古き二元論への返り咲

きでも，唯物論的見地からの外在的批判でもなく，ヘーゲルの徒として師の哲学理念の受容・実現を追求したあとに現れる内在的批判であると考えるからである。フォイエルバッハが転回後に自らの思想が「自然と人間」に要約されるといった意味を，転回前の思弁的アプローチと照合しながら再確認することにより，30年代末までの歩みは単なる観念論的欠陥なのではなく，人間学的地平を切り開くための有意義な模索の活動であることが明らかにされるであろう。また，30年代末までの初期と40年代後半以降の後期とを対比することにより，フォイエルバッハ初期の思弁的着想が後期思想にも不可欠であることが，従来の解釈とは異なる位相でみえてくるであろう。そうしたフォイエルバッハ思想の読みなおしが，グローバル化の進展とともに閉塞的かつ病理的になっている現代の「対人間，対自然」関係の状況に，一光を投じるのではないだろうか。

第2節　フォイエルバッハ研究動向と論述方針

A　これまでのヨーロッパにおける研究状況

　本題に入る前に，ヨーロッパの先行研究について触れておこう。1872年のフォイエルバッハ没後から1950年代までの主な研究を概観すると，古くはフォイエルバッハに比較的近い立場にあったカール・グリュン（Karl Theodor Ferdinand Grün, 1817-87）による書簡・遺稿付きの伝記的論説（1874年）[24]に始まり，フォイエルバッハの哲学的自然探究のもつ時代批判の意味を考察したアルブレヒト・ラウ（Albrecht Rau, 1843-1918）の著作（1882年），同時代人たちへのフォイエルバッハの影響を綴った弟子ボーリン（Wilhelm Bolin, 1835-1924）による伝記的著作（1891年）[25]および「伝記的序説」（1904年）[26]，フォイエルバッハの認識論・存在論・宗教哲学の意義を考察した弟子ヨードル（Friedrich Jodl, 1849-1914）の著作（1904年）[27]，アドルフ・コフート（Adolph Kohut）による伝記的著作（1909年）[28]，カール・バルト（Karl Barth, 1886-1968）による弁証法神学からの批判的論考（1928年）[29]，ヘーゲルの影響関係

　24）　K. Grün, *Ludwig Feuerbach in seinem Briefwechsel und Nachlass sowie in seiner Philosophischen Charakterentwicklung*, Leipzig & Heidelberg 1874.

　25）　W. Bolin, *Ludwig Feuerbach, sein Wirken und seine Zeitgenossen*, Stuttgart 1891.

　26）　W.Bolin, Biographische Einleitung, in: *Ausgewählte Briefe von und an Ludwig Feuerbach. Zum Säkundargedächtniss seiner Geburt herausgegeben und biographisch eingeleitet von Wilhelm Bolin,* Erster Band, Leipzig 1904 (https://archive.org/stream/ausgewhltebrief00feuegoog#page/n1/mode/2up), oder in: BJ12, S.1-211. 斎藤信治・桑山政道訳『フォイエルバッハ』福村出版，1971年，37-319頁。

　27）　F. Jodl, *Ludwig Feuerbach*, Stuttgart 1904 (zweite verbesserte Aufl., Stuttgart 1921). 北村圭之介訳『唯物論者フォイエルバッハ』叢文閣，1928年。暉峻凌三訳『ルートヴィヒ・フォイエルバッハ』（私家版）1993年。

　28）　A. Kohut, *Ludwig Feuerbach, sein Leben und seine Werke - nach den besten, zuverlässigsten und zum Teil neuen Quellen geschildert*, Leipzig 1909.

　29）　K. Barth, Ludwig Feuerbach, in: ders., *Die Theologie und die Kirche*, München 1928, S.212ff., oder in: *Ludwig Feuerbach*, hrsg. v. E. Thies, Darmstadt 1976, S.1-32. 井上良雄訳「ルートヴィヒ・フォイエルバッハ」：桑原武夫ほか編『現代キリスト教の思想──シュヴァイツァー，バルト，ブルンナー』世界思想教養全集，第21巻，河出書房新社，1963年，95-

をフォイエルバッハの全生涯にわたって解明したラヴィドヴィッツ（Simon Rawidowicz, 1897-1957）の著作（1931 年）[30]，フォイエルバッハの宗教哲学を中心に論じたニュートリング（Gregor Nüdling）の著作（1936 年）[31]，ヘーゲル左派研究として有名なカール・レーヴィット（Karl Löwith, 1897-1973）の著作『ヘーゲルからニーチェへ』（1941 年）[32]，ハシディズムの立場から人間存在のあり方を問題視したブーバー（Martin Buber, 1878-1965）の批判的論考（1948 年）[33]などが挙げられよう。これらをみるかぎりでは，マルクス寄りの解釈が支配的だった日本[34]に比べると，バルトやブーバーなどの神学的アプローチも含め，ヨーロッパでは早くから多様な関心でフォイエルバッハが問題にされていた様子が窺える。

　フォイエルバッハに好意的な弟子のボーリンやヨードルらの解釈は，日本のマルクス一辺倒の旧正統派的解釈に比べれば当時としては新鮮な見方を提供したであろうこと，また弟子の二人が師の意向――講壇の哲学者であるよりも在野の一思想家であることをモットーとしたフォイエルバッハが，40 年代半ばころから自らの哲学的思弁に不満を覚え，平明な日常言語で語ろうと努めた事情――を反映するかのように一般大衆にわかりやすい言葉で人間主義的解釈を施したことなどは，一定の時代的役割を果たしたといってよい。しかしながら彼らのディテールにこだわらない解釈が文献学的には必ずしも精緻とはいえず，時として過剰な賛美を伴うこともあって，ラヴィドヴィッツはじめ多くの論者が彼らのフォイエルバッハ解釈に疑問を呈していたこともまた確かである。一次文献に関してもフォイエルバッハの全集といえば，1950 年代までは，

---

120 頁。
　30)　S. Rawidowicz, *Ludwig Feuerbachs Philosophie, Ursprung und Schicksal*, Berlin 1931. 桑山政道訳『ルードヴィヒ・フォイエルバッハの哲学――起源と運命』新地書房，上巻 1983 年，下巻 1992 年。
　31)　G. Nüdling, *Ludwig Feuerbachs Religionsphilosophie*, Paderborn 1936.
　32)　K. Löwith, *Von Hegel zu Nietzsche*, Zürich 1941. 柴田治三郎訳『ヘーゲルからニーチェへ』岩波書店，第 1 巻 1952 年，第 2 巻 1953 年。
　33)　M. Buber, Feuerbach und Nietzsche, in: *Das Problem des Menschen*, Heidelberg 1948, S.58-77, 児島洋訳「人間とは何か」実存主義叢書第 2 巻，理想社，1961 年，64-83 頁。
　34)　この点については，河上睦子『フォイエルバッハと現代』御茶の水書房，1997 年，（以下，この書を 河上 1997 と略）iv 頁，ならびに第一章「一 宗教批判の位置付け――『マルクス』からの開放」7 頁以下参照。

ヴィーガント（Otto Friedrich Wigand, 1795-1870）のもとで生前のフォイエルバッハが自ら編集した『ルートヴィヒ・フォイエルバッハ全集 *Ludwig Feuerbachs Sämtliche Werke*, hrsg. v. Ludwig Feuerbach, Leipzig, O. Wigand, 1846-66』（SW）[35]とボーリンとヨードルによって編集された普及版『フォイエルバッハ全集 Ludwig Feuerbach, *Sämmtliche Werke*, neu hrsg. v. W. Bolin und F. Jodl, Stuttgart, Fronnman, 1903-11』（BJ）[36]の二つに限られていたという文献学上の制約があった。周知のように，これら二つの版にはフォイエルバッハの思想形成をみる上で，いくつかの難点がある。前者は，フォイエルバッハ自身の編集によって，45年以前の著作に新たな加筆・段落や章立ての組換えなど大なり小なりの修正が加えられ，しかもそれらの修正の足跡が全くわからないように編纂されていた。後者は，民衆に親しみやすくするという先ほどの理由からか，フォイエルバッハ版『全集』（SW）以上に編者ボーリンらによる種々の変更（書名・論文名の改編，発行年の改変など）が施されていた[37]。

ラテン語で公刊された28年の教授資格取得論文『理性論――一にして，普遍，無限なる理性について *De ratione, una, universali, infinita*, 1828』（以下，『理性論』と略）についていえば，フォイエルバッハ自身が46年の時点でさほど重要とみなさなかったのか，SWにラテン語原文では収録されず，ドイツ語による要約を46年の「わが哲学的履歴を特性描写するための諸断片 Fragmente zur Charakteristik meines philosophischen curriculum vitae, 1846」（以下，「自伝的断片」と略）のわずか数頁で紹介されるに留まった[38]。その後，グリュンの前掲書によって，ラテン語の正式書名のあと，7頁にわたる原文に依拠した要約が付されることになるが，この要約にはグリュン特有の解釈が色濃く反映されるという難点があった[39]。その後，ボーリン・ヨードル版『全集』（BJ）

---

35) 通称「ヴィーガント版」または「フォイエルバッハ版」。
36) 通称「ボーリン・ヨードル版」。
37) ボーリン・ヨードル版『全集』（BJ）の問題点については，半田秀男『理性と認識衝動――初期フォイエルバッハ研究』上巻，渓水社，1999年，第1篇 第4章 110-133頁参照。
38) Vgl. SW2, S.386-388, FGW10, S.156-158,『F全集』② 228-230頁参照。
39) ラテン語原文の参照が若干あるにもかかわらず，グリュンの恣意的解釈は，『理性論』の構成について言及した箇所で特に際立っている。教授資格取得論文『理性論』において，フォイエルバッハ自身は「われわれは最初に純粋思惟 mera cogitatio を，次に認識か

第 2 節　フォイエルバッハ研究動向と論述方針　　　　　　　　　　　17

の第 4 巻に『理性論』全文が収録されるに至るが，やはりラテン語原文の形でではなく編者によるかなり自由なドイツ語訳で紹介され[40]，グリュンのより正確な箇所もあれば，さらなる誤解を招く箇所もあるといった具合で，解釈上の問題を大いに残していた。教授資格取得論文（Habilitationsschrift）である『理性論 De ratione, una, universali, infinita』が，博士の学位取得論文（Doktor-Dissertation）「理性の無限性，一性ならびに共同性について De infinitate, unitate atque communitate rationis」としばしば混同された事情も，ボーリン・ヨードル版『全集』（BJ）の独訳の普及が後押ししたと考えられる[41]。

　その後，フォイエルバッハの一次資料の混乱を解消しようとする動きが現れ，研究史上新たな局面を迎えるようになる。先に示唆したよう

ら分かたれて己れ自身を思惟する思惟 cogitatio, quae se ipsam cogitat, ab cognitione sejuncta を，最後に思惟と認識との一性 cogitationis et cognitionis unitas を考察するであろう，そして理性がただ一にして普遍かつ無限であることを証明しようとするであろう」(FGW1, S.8, 『F 全集』① 6 頁，半田秀男訳『理性と認識衝動』下巻，渓水社，1999 年，6 頁) と述べているが，この箇所をグリュンは，「われわれはフォイエルバッハとともに，最初に純粋思想 der reine Gedanke を，それから認識から切り離されて己れ自身を思惟する思想を，最後に思想 Gedanke と思惟されたもの das Gedachte との一性――すなわち認識――を考察する」(K. Grün, a. a. O., S.207) と紹介している。冒頭の「純粋思惟」が「純粋思想」とされ，その後の箇所でも「思惟 cogitatio」はすべて「思想 Gedanke」と翻訳されている。グリュンがなぜこのような解釈をするのかは定かではないが，28 年のフォイエルバッハが「思惟 cogitatio」(FGW1, S.10, I §1) と「思想（思惟されたもの）cogitatum」(ebenda, S.12, I §2) ないし「諸思想（諸々の思惟されたもの）cogitata」(ebenda) とを区別して論じているかぎりでは，グリュンの解釈は適切さを欠いたものといわざるをえない。ちなみに，先にあげたコフートはグリュンによって紹介された『理性論』導入部をママで引用している。Vgl. Kohut, a. a. O., S.53. グリュンの用語の混乱は，ボーリン・ヨードル版『全集』(BJ) では cogitatio ⇒ Denken, cogitata ⇒ Gedanken と翻訳され，この箇所の用語の混乱は解消されているようである（vgl. BJ4, S.301, S.350, IV §21）。ところが，H－J・ブラウン（Hans-Jürg Braun, 1927-2012）の『フォイエルバッハの人間論 Ludwig Feuerbachs Lehre vom Menschen, 1971』では，なぜかグリュンと類似した用語の混乱が認められる。Vgl. H.-J. Braun, Ludwig Feuerbachs Lehre vom Menschen, Stuttgart-Bad Cannstatt 1971, S.46, 桑山政道訳『フォイエルバッハの人間論』新地書房，1984 年，48 頁。さらに，半田秀男，前掲書，上巻 186-189 頁参照。ティース版『選集』(WsB) やシュッフェンハウアー版『全集』(FGW) の独訳では，Denken と Gedanken の区別は混乱することなく堅実に訳され，ラテン語原文に対応している。

　40) 　ボーリン・ヨードル版『全集』(BJ) の独語翻訳はヨードルによるものである。1970 年の『フォイエルバッハ選集』で『理性論』は，このボーリン・ヨードル版独訳からの日本語訳（重訳）として紹介されるが，訳者の向井守が「原文の忠実な訳からほど遠い」ことを気にしている様子がうかがえる（篠田一人・中桐大有・田中英三編『フォイエルバッハ選集 哲学論集』法律文化社，1970 年，2 頁参照）。

　41) 　この事情に関しては，半田秀男，前掲書，上巻，29-45 頁参照。

に，フォイエルバッハの文献整理が始まり，フォイエルバッハの原典に即した研究が本格化するのは 60 年代半ば以降である。レーヴィット，アスケリ（Carlo Ascheri, 1936-67），ティース（Erich Thies, 1943-），シュッフェンハウアーらによるミュンヘン大学図書館に保管されていた未公開資料の整理・復元に始まり，シュッフェンハウアー版『全集』（FGW）が出始めるのは 67 年以降，アスケリ[42]とコルネール（Peter Cornehl）[43]の研究が公表されるのは 69 年，ティース編集の全 6 巻の『選集 Werke in sechs Bänden, hrsg. v. E. Thies, Frankfurt a. M., Suhrkamp, 1975f.』(WsB)[44]が登場するのは 75-76 年である。シュッフェンハウアー版『全集』（FGW）も編纂・発行の作業は進み，現在では，既刊の第 1-12 巻に，往復書簡集（第 17-21 巻，完結），さらに 1829-32 年のエアランゲン時代の遺稿講義録を収めた第 13・14 巻も発行され，35/36 年のエアランゲン時代の『近世哲学史講義——ブルーノからヘーゲルまで Vorlesungen über die Geschichte der neueren Philosophie, von G. Bruno bis G. W. F. Hegel, Erlangen 1835/36』[45]を含む遺稿を含め，残すところあ

---

[42] Carlo Ascheri, *Feuerbachs Bruch mit der Spekulation*, Frankfurt am Main 1969 (Titel der Originalausgabe: *Feuerbach 1842 : Necessità di un cambiamento*. Aus dem Italienischen von Heidi Ascheri). アスケリは，レーヴィットの門下生に位置する人物とみなされる。この著書の最後に，未公開の草稿に基づいてアスケリ自身が編纂した 1842/43 年の「変革の必要性 Notwendigkeit einer Veränderung」が収録されており，彼は，レーヴィットとともに 42 年という年がフォイエルバッハにとって重要な転換の時期と考え，41 年の『キリスト教の本質』さえも思弁的著作とみなす。これに対し，ラヴィドヴィッツとともに 39 年の断絶説を説くガーゲルン（Michael von Gagern, 1942-）は，レーヴィットとアスケリが 42 年の「哲学改革のための暫定的命題 Vorläufige Thesen zur Reformation der Philosophie, 1842」（以下，「暫定命題」と略）の時期を区切りとしていることに反論している。Vgl. M. v. Gagern, *Ludwig Feuerbach, Philosophie- und Religionskritik, Die „neue" Philosophie*, München 1970, S.28f.

41 年の『キリスト教の本質』をフォイエルバッハ人間学の完成された著作とみなさない（つまり過渡的著作とみなす）という点では，アスケリの論に首肯できるところがあるが，しかし，初期『理性論』の思弁が同書に反映されているにせよ，これらを同じものとみなそうとするアスケリの読解——この点は，あとで論じる——には同意しがたいところがある。しかし当時，彼が新資料に基づいてフォイエルバッハ研究を活性化させたことは確かである。

[43] Peter Cornehl, Feuerbach und Naturphilosophie. Zur Genese der Anthropologie und Religionskritik des jungen Feuerbach, in: *Neue Zeitschrift für systematische Theologie und Religionsphilosophie*, hrsg. v. Carl Heinz Ratschow, 11.Bd., Berlin 1969, S.37-93.

[44] Ludwig Feuerbach, *Werke in sechs Bänden*, hrsg. v. E. Thies, Frankfurt am Main 1975-1976.

[45] エアランゲン時代の『近世哲学史講義』は FGW に先立ってティースとアスケリによって編集された単行本がある。Vgl. Ludwig Feuerbach, *Vorlesungen über die Geschichte der*

第 2 節　フォイエルバッハ研究動向と論述方針　　　　　　　　　　　19

と 2 巻というところまで来ている。

　資料の充実化も相俟って，70 年代以降，フォイエルバッハ研究は国際的に活性化していった。フォイエルバッハ研究史上，大きな転機を迎えたといえるのは，フォイエルバッハ没後 100 年を記念した 1973 年の国際シンポジウム[46]であろう。このシンポジウムには世界各国の哲学者，神学者が参加しており，フォイエルバッハの一次文献の資料的制約を抱えつつも，激動する時代のなかでフォイエルバッハ哲学の現代性を問うという方針で報告が行われた。参加メンバーは，ロールモーザー（Günter Rohrmoser, 1927-2008），A・シュミット（Alfred Schmidt, 1931-2012），ザス（Hans-Martin Saß[47], 1935-），シュッフェンハウアー，H－J・ブラウン（Hans-Jürg Braun, 1927-2012），カメンカ（Eugene Kamenka, 1928-94），ウォートフスキ（Marx W. Wartofsky, 1928-97）ら総勢 36 名である。報告者 12 名のうち 5 名の演題がマルクス主義に関連しているところは時代の風潮を感じさせるが，フォイエルバッハの感性哲学の独自性や宗教批判の見なおしなど，さまざまな視点から活発な討論が行われた。特に，「フォイエルバッハ・ルネサンス」[48]を提唱したロールモーザーの基調講演は，先に触れたマルクスの唯物論的批判と K・バルトらの神学的批判に一定の応答をなすものとして注目される。ロールモーザーは，一方で A・シュミットやレーヴィットを意識しながら，自然と歴史が相互に「媒介しがたい異質性 unvermittelbare Disparatheit」[49]に突き当たっている今日の状況下では「マルクスをフォイエルバッハによって修正しなければならない」[50]と主張し，他方で，事実上キリス

---

neueren Philosophie, von G. Bruno bis G. W. F. Hegel, Erlangen 1835/36, bearbeitet von C. Ascheri und E. Thies, Darmstadt 1974.

　46）　Vgl. *Atheismus in der Diskussion, Kontroversen um Ludwig Feuerbach*, hrsg. v. Hermann Lübbe und Hans-Martin Saß, Müchnen 1975. なお，この討議内容の概略については以下のものを参照されたい。河上 1997：11-14 頁。神田順司「ヨーロッパにおける近年の研究動向」：フォイエルバッハの会編『フォイエルバッハ――自然・他者・歴史』2004 年，236-239 頁。さらに河上睦子『宗教批判と身体論』御茶の水書房，2008 年（以下，この書を河上 2008 と略），7-8 頁。

　47）　ザスの名前は，Saß と Sass の 2 通りの表記があるが，同一人物である。

　48）　G. Rohrmoser, Warum sollen wir für Feuerbach interessieren?, in: *Atheismus in der Diskussion, Kontroversen um Ludwig Feuerbach*, München 1975, S.10.

　49）　Ebenda, S.9.

　50）　Ebenda.

ト教がかつてのような意味を失い，科学と技術による人間の自然支配が可能となった現代にあっては，「宗教に代わって政治がその実現を果たさなければならない」[51]，神学者も含め現代に生きるわれわれは，宗教における人間の自己疎外を問い続けた「フォイエルバッハを潜り抜けなければならない」[52]と述べている。かつての人間が宗教において己れ自身の本質を切り離して二重化し，神との関係と取り違えてしまう「錯覚 Täuschung」[53]があったとすれば，現代は，いわばテクノロジーのリアリティーが「第二の呪縛」[54]をなし，そこから解放されるために「敏感になった肉体 der sensibiliesierte Leib」[55]の意味が問われるべきである，というのがロールモーザーの問題提起であった。神なき時代（神がかつての意味を喪失した時代）に突入した現代において，かつてフォイエルバッハが放った宗教批判の矢の意味が，マルクス主義の側からも，現代神学の側からも問われなければならず，技術化する社会における「感性の解放 die sinnliche Emanzipation」[56]という課題をわれわれが担っているとするロールモーザーの見解は，70年代初頭という時代を反映した危機意識の現れであり，かつてのフォイエルバッハ批判に対する一つの真摯な回答として受けとめることができよう。このシンポジウムが開催された73年はA・シュミットの『解放的感性 Emanzipatorische Sinnlichkeit, 1973』が出版される年でもあり，経済主義一辺倒のマルクス解釈に対する学生たちの抵抗を背景にしながら，H・マルクーゼ（Herbert

---

51) Ebenda, S.16.
52) Ebenda, S.17.
53) Ebenda, S.13. なお，この „Täuschung" という語は「欺瞞」と解釈することもできる（たとえば，河上1997：2頁）が，問題となる対象が「神学」ではなく「宗教」であること（フォイエルバッハは民衆に素朴に信じられている「宗教」と宗教に関する反省としての「神学」とを区別している），および，ロールモーザーが同じ箇所で，宗教における仮象と実在の「混同／取り違え Verwechselung」について論及していることを考慮して，筆者はこの „Täuschung" を「錯覚」と解釈した。ロールモーザーの指摘する「意味の二重化」と「錯覚」は，28年の『理性論』における神学批判および主観性哲学批判のモチーフ，すなわち意識の「二義性と錯覚 Zweideutigkeit und Täuschung」（FGW17, S.112, an J. P. Harl, Anfang Dez. 1828）としてすでに登場しているものである。もちろん，ロールモーザーが念頭に置いているのはおそらく40年代以降のフォイエルバッハであり，28年の問題意識とは異なるであろうが。
54) G. Rohrmoser, a. a. O., S.18.
55) Ebenda.
56) Ebenda, S.9.

Marcuse, 1898-1979）とともに「感性 Sinnlichkeit」の新たな受けとめ方が模索された時期であった。

　時代状況を反映した新たな視角でフォイエルバッハを読みなおそうとする動きは，1989 年 10 月 11 日の「国際フォイエルバッハ学会 Societas ad studia de hominis condicione colenda（Internationale Gesellschaft der Feuerbach-Forscher）」[57]の設立を迎えてさらに活性化する。同年 10 月 8 日から 14 日まで開催されたビーレフェルトの大会が，実質的には国際フォイエルバッハ学会の第一回目の大会となる[58]が，その際，主導的役割を果たしたのが，ザス，H－J・ブラウン，シュッフェンハウアー，トマソーニ（Francesco Tomasoni, 1947-），W・イェシュケらである。16 か国から 54 名の参加者によって構成されたこの大会は，「自然の復権」，「諸宗教の死または不死」，「人間性 Humanität と感性」，「フォイエルバッハとその時代の哲学」の四部門からなる大規模な大会であった。マルクス側からの研究が多かった 73 年よりもはるかに多彩な視点から報告が行われている事情は，旧東欧圏のイデオロギーの解体（ベルリンの壁崩壊やソビエト連邦の解体）がまさに進行しつつあった状況を反映した結果とも考えられるが，しかし，それ以上に自然環境への危機意識が注目された年でもあった。

　たとえば，ヒュサー（Heinz Hüsser）は，地球温暖化の気候変動や生物生息圏の汚染による自然環境の破局を危惧して，フォイエルバッハの自然論を現代的に読みなおすという興味深い方向性を示した。すなわち，今日の自然感覚がフォイエルバッハのそれと根本的に異なっており，かつて彼が期待を寄せた経験的客観的科学知よりも，むしろ「情意

　57）　わが国では「国際フォイエルバッハ学会」の名で通っているが，正確な表記をみると，ドイツ語名が「フォイエルバッハ研究者の国際学会 Internationale Gesellschaft der Feuerbach-Forscher」，ラテン語名は「尊敬されるべき人間の条件に関する研究のための学会 Societas ad studia de hominis condicione colenda」と記されている。特に最後の „colenda" が „colo（手入れする，耕す，栽培する，尊重する，敬慕する）" の動詞的形容詞であることから，「人間を尊重し育成する」という意味も含まれていると推察され，この学会名は強い人間的関心に基づいて創設されたことをうかがわせる。国際フォイエルバッハ学会設立の詳しい経緯は，神田順司，前掲書，239-241 頁参照。

　58）　Vgl. *Ludwig Feuerbach und die Philosophie der Zukunft. Internationale Arbeitsgemeinschaft am Zif der Universität Bielefeld 1989*, hrsg. v. H.-J. Braun, H.-M. Sass, W. Schuffenhauer, F. Tomasoni, 1990 Berlin.

の抵抗力 Widerstandskraft des Gemüts」[59]のほうが現代では優勢であるため，現代ではフォイエルバッハの予想に反したエコロジー的危機があることをヒュサーはひとまず認める。しかし，現代の「エコロジー問題の心理学的原因」[60]を探るために「西洋文化の反自然性・反肉体性 Natur- und Leibfeindlichkeit」[61]を「キリスト教的人間中心主義」[62]に結びつけたフォイエルバッハのモデルが，今日の環境問題を批判的に検討する上で有効であると主張する。また，H－J・ブラウンは，フォイエルバッハが「自然状態 status naturalis」[63]への関心を深めることによって「人間によって作られたものではない自然，しかし人間に利用され，人間によって脅かされるものとしての自然」[64]へと向かっていったように，われわれもまた，「生きのびるために，自然を大切にしながら暮らす必要性」[65]を彼の洞察から学ぶべきであることを説いている。ただし，フォイエルバッハにおいては，宗教が「不断の自己倒錯，しばしば壊滅的な自己倒錯の領域」[66]であると批判される一方で，その宗教が「人間への原初的関係性 Urbezogenheit」[67]において示される場合は「人間的なものの根底的基礎 Wurzelgrund として認識できる」[68]ことにブラウンは注意を促した。すなわち彼は，フォイエルバッハの自然への注目が単なる無神論あるいは唯物論の視点から一面的に行われているのではなく，「神－人間－自然」の三者関係を問う人間学的視点から行われていることに着目し，そこにフォイエルバッハの人間観察の深化をみようとした。ロールモーザー同様，「人間学的還元＝平板化」という従来型批判に対する応答をヒュサーやブラウンにもみることができよう。自然環境問題につい

---

59) H. Hüsser, Natur und Religion in der Religionskritik Ludwig Feuerbachs. Betrachtungen zu einem akutuellen Problem, in: *Ludwig Feuerbach und die Philosophie der Zukunft*, S.53. ここで使われている「情意 Gemüt」という語は 1839-41 年のフォイエルバッハが「心情 Herz」と区別して用いる対概念であり，ヒュサーはこの事情を意識して使っていると思われる。
60) Ebenda, S.54.
61) Ebenda.
62) Ebenda.
63) H.-J. Braun, Zum Geleit, in: *a. a. O.*, S.10.
64) Ebenda.
65) Ebenda.
66) Ebenda, S.11.
67) Ebenda.
68) Ebenda.

ては，地球温暖化や生物多様性に関する種々の国際会議が繰り返し開催されているにもかかわらず根本的な解決にはほど遠い現状を考えると，いまだに焦眉の課題といえるが，そうしたアクチュアルな課題に取り組む際にフォイエルバッハがどう読まれるべきかが，国際学会においてもその都度，問題にされてきたことになる。

その後，今日に至るまでの国際フォイエルバッハ学会主催の大会は，各大会の報告集に基づいて列挙すると，1991 年のライゼンスブルク大会（テーマ：感性と合理性 Rationalität）[69]，1992 年のチューリヒ大会（テーマ：連帯それともエゴイズム Solidarität oder Egoismus）[70]，1994 年のナポリ大会（テーマ：ルートヴィヒ・フォイエルバッハと哲学史）[71]，2004 年のベルリン大会（テーマ：グローバル化社会におけるアイデンティティと多元主義）[72]，2008 年のミュンスター大会（テーマ：フォイエルバッハとユダヤ教）[73]，2011 年のミュンスター大会（テーマ：政治的フォイエルバッハ Der politische Feuerbach）[74]と続いて今日に至っている。特に，近年のミュンスター大会で，これまであまり評価されてこなかったフォイエルバッハのユダヤ教理解やフォイエルバッハ人間学の政治性（身体・他者・承認などの問題を含む）に光が当てられたことは新しい解釈の動向として注目に値する。「ヘーゲル圏」や「マルクス前史」，あるいは従来の神学解釈にとらわれない，宗教批判，哲学史，他我論，啓蒙主義，エコロジー思想，自然哲学，性差論，文化論，身体論など，さまざまなテーマで幅広い研究が行われ，新資料を駆使したフォイエルバッハの年代史的研

---

[69] Vgl. *Sinnlichkeit und Rationalität. Der Umbruch in der Philosophie des 19. Jahrhunderts: Ludwig Feuerbach*, hrsg. v. W. Jaeschke, Berlin 1992.

[70] Vgl. *Solidarität oder Egoismus. Studien zu einer Ethik bei und nach Ludwig Feuerbach sowie Kritisch revidierte Edition „Zur Moralphilosophie" (1868) besorgt von W. Schuffenhauer*, hrsg. v. H.-J. Braun, Berlin 1994.

[71] Vgl. *Ludwig Feuerbach und die Geschichte der Philosophie*, hrsg. v. W. Jaeschke und F. Tomasoni, Berlin 1998.

[72] *Ludwig Feuerbach (1804-1872). Identität und Pluralismus in der globalen Gesellschaft*, hrsg. v. U. Reitemeyer, T. Shibata, F. Tomasoni, Münster 2006.

[73] *Feuerbach und der Judaismus*, hrsg. v. U. Reitemeyer, T. Shibata, F. Tomasoni, Münster 2009.

[74] *Der politische Feuerbach*, hrsg. v. Katharina Schneider, Münster 2013.「フォイエルバッハの会通信」第 80 号（2011 年），第 85 号（2012 年）でこの概要が紹介されている。http://www2.toyo.ac.jp/~stein/fb.html 参照。

究・各論的研究も登場するようになって，研究状況も多彩なものとなった。

しかし，このような解釈が多様になることは一面的な解釈が固定化されるのに比べればよいことではあるが，フォイエルバッハ特有のアフォリズムも手伝って，解釈の混乱を招いているようでもある。特に初期の研究に関しては，未整理ゆえの解釈の対立がいまだに続いているようである。そこで次に，わが国の研究も含めてその問題点を検討し，その問題を解消するために，本書のめざすところを明らかにしたい。

B 『理性論』解釈の混乱状況と本書の論述方針

従来の研究は主に『キリスト教の本質 Das Wesen des Christentums, 1841』や『将来の哲学の根本命題 Grundsätze der Philosophie der Zukunft, 1843』（以下，『根本命題』と略）など中期（40年代前半ころ）の著作に焦点が合わされ，（特にわが国では）中期著作をおさえればフォイエルバッハ哲学の全貌がとらえられるかのような風潮があったが，今日では河上睦子も指摘するように，40年代半ば以降の後期の宗教論や身体論，あるいは，39年の人間学的転回以前の初期を再考しようとする研究が多くなってきている[75]。資料状況の改善に伴い，新資料に基づく新しい読み方が登場するようになったことは歓迎すべきことである。しかし先に触れたように，多彩な読み方が提示される一方，かつての不用意な解釈や過剰な読み込みを招いているところもある。たとえば，28年の『理性論』に関して，ヤノウスキー（Johanna Christine Janowski, 1945-）は次のように述べていた。

> 『理性論』解釈をめぐって論争の絶えない状況は，とりわけ，人々がこの書の不明瞭な点を素通りし，明瞭さを手に入れようとすることと連動している。フォイエルバッハにおいて不明瞭に併存し混在しているものがバラバラになる，すると，明瞭だが一面的な諸テーゼが相互に対立することになる。こちらには「強く反人間

---

75) 河上1997：18-20頁，並びに，河上2008：9-10頁参照。

主義的，反人間学的な特徴」(C. Ascheri: *Feuerbachs Bruch*, 9 u. 13; vgl. I. Schultz-Heienbrok: *Versöhnung*, 136)，あちらには「全く人間から発した」思惟，「本質的に人間学的な問い」(U. Hommes, *Hegel und Feuerbach*, 92 u. 114; vgl. M. W. Wartofsky: Imagination, thought and language in Feuerbach's philosophy, in: H. Lübbe / H.-M. Saß [Hg.]: *Atheismus*, 197-217, 198)。こちらには感性と思惟との「根本的二元論」(Cornehl, Feuerbach und Naturphilosophie, in: *a.a.O.*, 43)，あちらには単純に二元論的に考えられない両者の関係(G. Hummel: Sinnlichkeit, 49)。こちらには「一にして神的なるロゴス」としての理性(Cornehl, *a. a. O.*, 47; vgl. K. Bockmühl: *Leiblichkeit*, 64)，あちらには「類の理性としての人間的思惟への思惟主体の還元」(Hommes, *a. a. O.*, 114; vgl. K. Grün: *Feuerbach*, Bd. I, 18; H.-J. Braun: *Religionsphilosophie Feuerbachs*, 38)。こちらには「みごとにヘーゲル的な思惟」(Bockmühl, *a. a. O.*, 10; vgl. M. v. Gagern; *Feuerbach*, 31; S. Rawidowicz: *Feuerbachs Philosophie*, 15ff.)，あちらにはヘーゲルに対する（まだ無意識的な）対立(Hommes, *a. a. O.*, 114) またはヘーゲルの「誤解」(Cornehl, *a. a. O.*, 44)。[76]

---

76) Johanna Christine Janowski, *Der Mensch als Mass*, Zürich, Köln, Gütersloh 1980, S.319, Teil III, Anm. 43. ヤノウスキーの出典表記に関しては，すべて正立体表記で略記されていたが，図書名のみ（論文名は除く）をイタリック体になおして統一し見やすくした。彼女がこの箇所で引用している文献は以下の通り。

C. Ascheri, *Feuerbachs Bruch mit der Spekulation*, Frankfurt am Main 1969.

Isbert Schultz-Heienbrok, *Versöhnung in Verkehrung. Zur „Umkehrung des Bewußtseins" bei Hegel und Feuerbach*, theol. Diss. masch., Berlin 1972.

U. Hommes, *Hegel und Feuerbach. Eine Untersuchung der Philsophie Feuerbachs in ihrem Verhältnis zum Denken Hegels*, phil. Diss. masch., Freiburg i. Br. 1957.

M. W. Wartofsky, Imagination, thought and language in Feuerbach's philosophy, in H. Lübbe und H.-M. Saß (Hrsg): *Atheismus in der Diskussion. Kontroversen um Ludwig Feuerbach*, München 1975.

Peter Cornehl, Feuerbach und Naturphilosophie. Zur Genese der Anthropologie und Religionskritik des jungen Feuerbach, in: *Neue Zeitschrift für systematische Theologie und Religionsphilosophie*, hrsg. v. Carl Heinz Ratschow, 11.Bd., Berlin 1969.

G. Hummel, Sinnlichkeit der Gotteserfahrung. Ludwig Feuerbachs Philosophie als Anfrage an die Theologie der Gegenwart, in: *Neue Zeitschrift für Systematische Theologie und Religionsphilosophie*, vol. 12, 1970.

K. Bockmühl, *Leiblichkeit und Gesellschaft. Studien zur Religionskritik und Anthropologie im Frühwerk von Ludwig Feuerbach und Karl Marx*, Göttingen 1961.

『理性論』は一般的には，後の唯物論的・人間学的立場からみて思弁的な著作とされ，先に触れたようにフォイエルバッハ自身も論述内容の未熟さを自認していた，あるいは初期の思弁を嫌っていたとさえいえるところがある[77]。しかも，若きフォイエルバッハのアフォリズムゆえの曖昧さ（ヘーゲルに倣っているかのようでありながら，テクニカルに使っている用語の指針がはっきりせず多義的であること）が随所に認められるため，その制約や欠点を指摘する論者も多い。しかし，後年の問題意識の転換を吟味する上では，この書の特質を原資料に即して可能なかぎり忠実にとらえる必要があり，そのとらえ方次第ではフォイエルバッハの全体像が大幅に変わりうる可能性がある。ヤノウスキーの指摘する解釈状況の混乱は，今日でも何らかの仕方で解消されるべき課題であろう。その意味で，『理性論』は（フォイエルバッハ自身の意向はともかく）研究上，避けることのできない重要な，しかし厄介な著作といえるかもしれない。

　わが国でもボーリン・ヨードル版『全集』（BJ）に依拠した解釈が長きにわたって支配的だった経緯があり，特に『理性論』に関しては，ラテン語原文を多少参照したとしても，ボーリン・ヨードル版『全集』（BJ），ティース版『選集』（WsB），シュッフェンハウアー版『全集』（FGW）のいずれかの独訳[78]に依拠した形での論及にとどまる傾向が強

　K. Grün, *Ludwig Feuerbach in seinem Briefwechsel und Nachlass sowie in seiner Philosophischen Charakterentwicklung*, Band 1 und 2, Leipzig ; Heidelberg 1874.

　H.-J. Braun, *Die Religionsphilosophie Ludwig Feuerbachs. Kritik und Anahme des Religiösen*, Stuttgart-Bad Cannstatt 1972.

　M. v. Gagern, *Ludwig Feuerbach, Philosophie- und Religionskritik. Die »Neue« Philosophie*, München & Salzburg 1970.

　S. Rawidowicz, *Ludwig Feuerbachs Philosophie, Ursprung und Schicksal*, 1. Auflage, Berlin 1931 (2. Auflege, Berlin 1964).

　77）　たとえば，「遺された箴言 Nachgelassene Aphorismen」でフォイエルバッハは「私は『神統記』，あるいは別の言葉では『宗教の本質』以外の何ものも書こうとしなかったし，他の何ものも私の死後，人類の思い出に残しておこうとは思わなかった」（BJ10, S.345, 『F 全集』③ 342-343 頁）と回想している。また，自ら編集したフォイエルバッハ版『全集』（SW）第 1 巻への「序言 Vorwort」（46 年）でも，「同一性の原理」に対立する「感性の原理」を 37 年の『ライブニッツ論』においてとらえたにもかかわらず，いまだ抽象的で「感性の様式」に反していたこと，神学批判としても一面的で不徹底だったなどの回想が述べられている（Vgl. FGW10, S.185,『F 全集』② 280-281 頁）。

　78）　ティースの『理性論』独訳については，Vgl. WsB1, S.15ff.

第 2 節　フォイエルバッハ研究動向と論述方針　　　　　　　　　　27

かったようである。いち早くフォイエルバッハの年代史的研究を日本に
知らしめた伊達四郎の著書[79]は，フォイエルバッハを「生の哲学者」と
して読むという独特の視点でつらぬかれ，しかも「日本の研究史上初め
て，初期フォイエルバッハの思想とドイツ観念論との関係を照明しよう
とした」[80]点で他に類をみなかったこと，また，今日でも読むに値する
好著であること[81]を筆者も認める。しかしやはりボーリン・ヨードル版
『全集』（BJ）を底本にした研究であったこと，また，伊達の批判的な
読み方──特に初期の[82]フォイエルバッハがヘーゲル弁証法を十分に継
承しなかった等の見方──が長きにわたってその後の研究に影響を及ぼ
したことは，日本のフォイエルバッハ研究の一コマとしてみすごすこと
のできない解釈上の制約[83]であったとも考えられる。もちろん今日では，

───────────
　79)　伊達四郎『フォイエルバッハ』弘文堂書房，初版 1939 年（第 3 版 1947 年）。本書
では第 3 版を用い，以下，引用に付記するとき，（伊達：頁）と略記する。
　80)　河上 1997：10 頁。
　81)　この点については，柴田隆行「日本のフォイエルバッハ研究史」：フォイエルバッ
ハの会編『フォイエルバッハ──自然・他者・歴史』2004 年，201-215 頁，特に 204 頁参照。
　82)　伊達四郎，前掲書，1-29 頁参照。伊達は問題の『理性論』を「ラテン語の学位兼
就職論文『統一的，普遍的，無限的な理性について』」として紹介し，「フォイエルバッハは，
ヘーゲル哲学より思弁的積極的なもののみを端的に取得し，却って其の動因をなす弁証法的
否定的なものを殆ど閑却した」（伊達：23 頁）と評している。
　83)　伊達は『死と不死』に関しても興味深い推測をしている。まず彼は，30 年に匿名
で出版されたこの書と 46 年以降のフォイエルバッハによる改訂版『全集』（SW）との間に
「多種多様の相違」があると気づいたラヴィドヴィッツが，30 年時点のフォイエルバッハが
正統派のヘーゲル思弁哲学者として「思弁哲学の方法で叙述し発展せんとしている」と評し
た点に着目する。その上で，「30 年の版を有していない吾々」にはラヴィドヴィッツの主張
──30 年のフォイエルバッハが彼岸の不死などの宗教概念に鋭い批判をまだ向けておらず，
むしろ神の宗教哲学の強調が主となっているという主張──を比較検討できないが，「彼〔ラ
ヴィドヴィッツ〕の引用せる限りの初版〔1830 年〕の語をみても，たとえば『神』なる語
を『思想』或は『思惟』に変えさへすれば──フォイエルバッハにとっては『神とは思想で
ある』──両版の相違はそれほど重要なものではないのではないかと疑はれるのである」（伊
達：28 頁）と述べている。筆者はラヴィドヴィッツとも伊達とも異なる解釈──「神とは思
想である」と断定するのはいかがなものか？──をもっているが，二つの版の相違を等閑視
する伊達の解釈は，フォイエルバッハの思想的発展をみえなくしてしまう点で問題が多く，
残念なことに，フォイエルバッハ思想全体を平板化することに寄与してしまったように思わ
れる。たとえば，わが国で広く入門書として読まれたであろう城塚登『フォイエルバッハ』
勁草書房，1972 年にも，28 年の「学位論文」──とボーリン・ヨードル版の呼称に準拠し
つつ──に「否定の契機が見当たらない」と述べられている（城塚，前掲書，38 頁）。この
指摘は，全くの誤解ということにはならないが，一歩間違えると「フォイエルバッハはヘー
ゲルの遺産継承に失敗した」という極論に走る傾向を招くとともに，この時期のフォイエル
バッハのとらえている理性観・自然観の重要な視点──本論ではあとで論じる予定──が見

先に触れた国際フォイエルバッハ学会の設立に合わせて発足した日本国内の研究者連絡組織「フォイエルバッハの会」のメンバーを中心に，従来のフォイエルバッハ研究の制約が指摘され，フォイエルバッハの思想形成を年代史的に吟味したり，今日の社会状況に合わせて新しい読み方が提起されたりするなど，地道な研究が進んできている。日本のフォイエルバッハ研究史については，同会編集の『フォイエルバッハ──自然・他者・歴史』（2004 年）でも概要が紹介されている[84]ので，ここでは本書の論述方針とかかわる研究に触れておきたい。

　前節で触れたように筆者が問題にしたいのは，後期フォイエルバッハに影響を及ぼす初期フォイエルバッハの世界観のもつ意味である。初期フォイエルバッハに関しては，わが国でも近年，柴田隆行，服部健二，半田秀男らの研究で，ドイツ観念論，とりわけヘーゲルとの異同が明らかにされてきている[85]。なかでも半田秀男著『理性と認識衝動──初

失われる可能性もある。教条主義的マルクス主義からの解放や「人間疎外の究明」という緊急課題が強く意識された時代という事情もあるのだろう（柴田隆行「日本のフォイエルバッハ研究史」：前掲書，205 頁以下参照）が，今日的視点でみると，やはり問題があるといわねばならない。

84）柴田隆行「日本のフォイエルバッハ研究史」：前掲書，201-215 頁参照。

85）初期フォイエルバッハに関する著書・論攷に限定すると，柴田隆行の研究としては，「フォイエルバッハとヘーゲルの論理学」(1) 〜 (5)：『ヘーゲル論理学研究』第 5-8 号，1999-2002 年，第 11 号，2005 年がある。服部健二の研究は『歴史における自然の論理──フォイエルバッハ・マルクス・梯明秀を中心に』新泉社，1990 年，「フォイエルバッハの『死と不死に関する思想』(1830 年) について──シュライエルマッヒャー，ヘーゲルとの関係で」『立命館文学』第 522 号，1992 年，「自我と世界の『断念』──カール・ダウプとフォイエルバッハの関係についての一考察」『立命館文学』第 529 号，1993 年，「自然の自己意識的本質──フォイエルバッハの美的世界観について」『理想』第 653 号，1994 年，「フォイエルバッハ『論理学・形而上学序論』について──ヘーゲルの主観的精神との比較」『立命館文学』第 543 号，1996 年，『西田哲学と左派の人たち』こぶし書房，2000 年，「自然観をめぐって──フォイエルバッハとマルクス」『情況』2002 年 8・9 月号，「『唯物論』の批判的検討」『季報唯物論研究』第 82 号，2002 年 11 月，「感覚概念の検討──『論理学形而上学序論』講義を中心に」『フォイエルバッハ──自然・他者・歴史』理想社，2004 年，『四人のカールとフォイエルバッハ──レーヴィットから京都学派とその「左派」の人間学へ』こぶし書房，2015 年，『レーヴィットから京都学派とその「左派」の人間学へ──交渉的人間観の系譜』こぶし書房，2016 年があげられる。また半田秀男の研究としては，「『類的存在』としての人間」(1) - (5)『人文研究』大阪市立大学文学部，1975 年，1977-78 年，1980 年，1982 年，「人間と自然──L. フォイエルバッハの場合」(1) - (5)『人文研究』大阪市立大学文学部，1988 年，1991 年，1994 年，1996 年，1998 年，『理性と認識衝動──初期フォイエルバッハ研究』上下巻，渓水社，1999 年がある。

期フォイエルバッハ研究』(渓水社,1999年)は,『理性論』を中心とする先行研究を網羅的かつ各論的に考究した上巻と,オリジナルのラテン語原文からの日本語訳を収めた下巻(詳細にして緻密な訳注つき)からなる大著であり,初期フォイエルバッハの研究の水準が格段に向上したといっても過言ではない(筆者も,これらの研究に大いに刺激を受け,参考にさせていただいた)。しかし,フォイエルバッハの用語の多義性や論理の曖昧さをどのように解釈すべきか,といった問題が未だに残存していることも事実である。古くはカメンカが「フォイエルバッハの文体に特徴的な文学的感銘や誇張は,われわれをいらだたせる」[86]と指摘し,近年では半田が「我々は若いフォイエルバッハの『論理』のみならず『心理』をもみなければならない」[87],「『論理』と『心理』の緊張的全体をこそ問題にしなければならない」[88]と繰り返し忠告しているように,多くの論者がフォイエルバッハのアフォリズム解釈に頭を悩めている事情は今日でも変わらない。先にヤノウスキーが述べていた『理性論』をめぐる論争の絶えない解釈状況というものも,フォイエルバッハ特有の考え方や用語の多義性と無関係ではあるまい。その主張に現れる論理的不整合にばかり目を奪われると,フォイエルバッハの描く世界は恐ろしく貧弱にみえるに違いない。しかし一見,曖昧とも不整合ともとれるフォイエルバッハの用語法のなかに,重要な観点——どこを重要とみるかで当然議論が分かれるが——が隠れ潜んでいることもまた確かである。われわれが初期フォイエルバッハのテキスト群から思想的エッセンスを読みとる際に,方法論上,特に留意すべきことは何であろうか。

　そのポイントは,大まかにいえば4つある。第1のポイントは,さまざまな哲学や神学の著作を引用・参照するときに,各思想の背後に潜むエッセンス——ヘーゲルのいう「理念」に相当するもの——を深いレベルでフォイエルバッハが共有し,行間に隠れている思想の核心部分を(当の思想家が語ろうとして語りきれなかった内容まで)引き出そうと努めていることである。手がかりとなるのは,37年の『近世哲学史——ラ

---

86) E. Kamenka, *The Philosophy of Ludwig Feuerbach*, London 1970, p. 38, 足立幸男訳『フォイエルバッハの哲学』紀伊國屋書店,1978年,90頁。
87) 半田秀男,前掲書,上巻,755頁。
88) 半田秀男,前掲書,同頁。

イプニッツの哲学の叙述・発展・批判 Geschichte der neuern Philosophie – Darstellung, Entwicklung und Kritik der Leibnizschen Philosophie, 1837』（以下，『ライプニッツ論』と略）で彼自身が考案したテキストの解読法である。このサブタイトルにある「叙述・発展・批判」のなかでフォイエルバッハが最も重視するのが「発展」である。彼によれば，発展とは「ある哲学の真の意味の解読」[89]であり，「その哲学のなかにある積極的なものを暴露すること，〔すなわち〕時間的に制約され有限に規定されたあり方をしている哲学理念をその内奥で叙述すること」[90]である。フォイエルバッハは「発展的叙述の理念は，有機的活動である。発展は再生産 Reproduktion・変容 Metamorphose であるべきである」[91]ともいう。先行する諸思想を解読し哲学史に発展として組み入れる作業を彼は「再生産」活動とみなすわけだが，この活動は「分析的活動と総合的活動」[92]からなり，後者が「多様なものを一つの全体へと統括することにより……理念を探し出す」[93]作業であるとすれば，前者は「語られたことのなかにあって語られていないもの，語られたことのなかで暗示的に存在するもの……をその語られたことから取り出す」[94]作業とされ，この分析的に取り出す作業がいかに困難であるかをフォイエルバッハは指摘する。「発展は困難であり，批判は容易である」[95]といわれるのはこの文脈においてである。33年の『近世哲学史──ウェルラムのベーコンからベネディクト・スピノザまで Geschichte der neuern Philosophie von Bacon von Verulam bis Benedikt Spinoza, 1833』（以下，『近世哲学史』と略）にも，同様におびただしい数の引用──論証に必要な量をはるかに超え，ヘーゲル的な体系性を重んじる人にはおそらく不整合にみえるであ

---

89) FGW3, S.4,『F全集』⑦4頁。
90) Ebenda,『F全集』⑦同頁，〔 〕は引用者による補足。
91) Ebenda, S.5,『F全集』⑦5頁。37年の『ライプニッツ論』で「発展的叙述の理念 die Idee der entwickelnden Darstellung」といわれているこの「理念 Idee」が47年の改版では「理想 Ideal」と訂正される。おそらく，理念をヘーゲル同様の活動的実体とみなす初期の思弁的立場から，理念を実体とはみなさない47年時の唯物論的立場への移行を表すものであろう。
92) Ebenda, S.4,『F全集』⑦4頁。
93) Ebenda,『F全集』⑦4-5頁。
94) Ebenda,『F全集』⑦4頁。
95) Ebenda,『F全集』⑦同頁。

ろう——が挿入されているが，その理由は，『ライプニッツ論』の言葉を借りれば，「発展」につながる「純粋に歴史的な叙述」[96]を獲得するために，「できるだけ多く哲学者自身に語らせ，己れ自身から，己れ自身によって説明させ」[97]ようと彼が努めるからであろう。

　翻って考えてみれば，『理性論』を師ヘーゲルに献呈した際の添え状で，すでにフォイエルバッハは「理念の現実化・現世化・純粋ロゴスのエンサルコシスすなわち肉化」[98]の必要性を訴え，しかも，かかる理念を実現するための哲学的思索が「近世哲学あるいは最新の哲学の精神そのもののうちに基礎づけられており，その精神そのものから現れ出てくるものでもあります」[99]と述べていた。ヘーゲルの徒として師から学んだ哲学の理念を，近世哲学のなかから引き出し，発展的に叙述しようとするスタイルは，28 年の『理性論』を執筆するころからフォイエルバッハが維持していたものと推察されるのである。

　もちろん，37 年の『ライプニッツ論』と 28 年の『理性論』とが同じ「理念の実現」の内容をもつということではない。あくまでスタイルとして連続するということであって，この後の論で確認されるように，内容的には時代とともに——ヘーゲルの理念とも距離をおいて——大いに異なっていくといわねばならない。しかし，初期フォイエルバッハの思想形成を忠実に辿ろうとするとき，この彼の研究スタイルは注目に値する。ヘーゲルの忠実な徒として，字面にとらわれずに師の精神を「真の絶対的かつ客観的な精神」[100]として継承し，「一つの国，理念の国を建設すべき」[101]という課題意識に突き動かされながら，近世哲学を読み解いていこうと試みた痕跡が，これらの文言から窺えるからである。そ

　96）　Ebenda, S.6,『F 全集』⑦ 6 頁
　97）　Ebenda,『F 全集』⑦ 7 頁。
　98）　FGW17, S.105, an Hegel, 22. Nov. 1828,『F 全集』① 87 頁，半田秀男訳，『理性と認識衝動——初期フォイエルバッハ研究』下巻，渓水社，1999 年，332 頁。以下，『理性論』に関してのみ，ボーリン・ヨードル版『全集』（BJ）を底本とした船山信一訳『F 全集』①に加え，シュッフェンハウアー版『全集』（FGW）のラテン語を底本にした半田秀男訳を追記する。両者の相違を参照しやすくするためである。また，後者の邦訳は，半田訳 87 頁というように略記する。
　99）　Ebenda,『F 全集』①同頁，半田訳 333 頁。
　100）　Ebenda,『F 全集』① 88 頁，半田訳 同頁。
　101）　Ebenda,『F 全集』①同頁，半田訳 同頁。

して，このスタイルをつらぬいた結果，39 年以降の唯物論的・人間学的転回に至ったとみると，一見，不自然にもみえる，38 年の経験論論駁と観念論擁護，あるいは 40 年代の思弁的用語の残存[102]なども，一貫したフォイエルバッハの考え方として受け入れられるように思うのである。先に半田が若きフォイエルバッハの「論理だけでなく心理をも」と注意を促していたのも，おそらくこの事情とかかわっている。少なくとも，表面的な論理的整合性のみでフォイエルバッハのテキストを読むことが，浅薄な理解につながることは確かで，この点に留意したときに一面的なフォイエルバッハ解釈を回避することが可能になるであろう。以上が第 1 のポイントである

第 2 のポイントは，フォイエルバッハ自身の回顧的な文献の扱い方の問題である。彼の思想形成について考察する際，特に気をつけるべき資料は，46 年の「自伝的断片」に登場する「1827-28 年／疑問 Zweifel」[103]と題される一節である。古くは弟子のボーリンが 1904 年の「伝記的序説」において，この „Zweifel" をヘーゲル哲学の急所を突く

---

102) たとえば「暫定命題」の「意識がはじめて現実的な存在 das wirkliche Sein である。精神と自然との実のある一性 die reelle Einheit von Geist und Natur は意識のみである」(FGW9, S.252,『F 全集』② 44 頁)という言葉に初期フォイエルバッハの思弁の残滓をみることができよう。この点に関し，亀山純生は「感性を原理とすることは，『意識が初めて現実の存在であり，精神と自然との真の統一はただ意識だけである』という「暫定命題」の議論とも関連して，かつては観念論の残滓と評価され若いころは悩まされました。しかしその後，ラッセルの認識論や現象学，特にメルロポンティ流の市川浩氏の『精神としての身体』などを検討するなかで，その妥当な二元論図式批判の問題圏を引き受けつつその"観念論"性を克服する原理は，むしろフォイエルバッハの存在論的な感性概念だと確信しました。その意味で，『真理・現実性・感性は同一』〔vgl. FGW9, S.316, §32,『F 全集』② 130 頁，松村一人・和田楽訳『将来の哲学の根本命題』岩波文庫，1967 年，68 頁——引用者註〕という論点は，かつてのレーニン主義的矮小化を脱して，より本格的に哲学的深化がなされるべきパラダイムチェンジ的な意義をもつと考えています」(「フォイエルバッハの会通信」第 82 号［2012］，3 頁，http://www2.toyo.ac.jp/~stein/fb.html 参照)と語っている。亀山のいう「存在論的感性概念」あるいは「パラダイムチェンジ的な意義」の指す内容はおそらく 40 年代後半以降のフォイエルバッハ自身の身体論の深化が念頭にある。傾聴に値する興味深い指摘である。筆者の解釈では，「暫定命題」に登場する「意識」は，『理性論』における思弁的「意識」とは異なるもの，新たな人間学的地平で再発見された「感覚」に基づく「意識」だが，46 年以降深まってゆく身体性に依拠した感覚論にはまだ到達していない，その前段階に位置するものである。しかし，過渡的な「意識」概念の「思弁」的要素を払拭しさえすれば，後年のフォイエルバッハの唯物論が得られるといった読み方は，逆にフォイエルバッハ思想全体を平板化することにつながると筆者は考える。

103) FGW10, S. 155,『F 全集』② 226 頁，半田訳 372 頁。

第 2 節　フォイエルバッハ研究動向と論述方針

決定的な相違点とみて，28 年当時から反ヘーゲルの問題意識を抱いていると論じた。「もし仮に自然が存在しないのなら，純潔の処女である『論理学』は己れから自然を生み出すことはけっしてしなかったであろう」[104]という章句を根拠に，「この言葉によって，ヘーゲル哲学からの離脱の道が紛れもなく切り開かれた」[105]と解釈したのである。

　このボーリンの解釈に対し，初学者の素朴な「疑問」程度に読んだほうがよいと反論したのがラヴィドヴィッツであった。ラヴィドヴィッツはボーリンのこのような極端な人間主義的解釈に抵抗を示して，27/28 年と記されたフォイエルバッハの „Zweifel" に「まだ成長過程にある初学者の疑問以上をみいだしてはならない」[106]，この時期のフォイエルバッハが「ヘーゲル主義者でなかったと結論づける人は誤謬のとりこになっている」[107]と警告した。ラヴィドヴィッツの言明は，しばしば指摘されるようにヘーゲルからの影響を必要以上に誇張する傾向が強いため用心して聞かねばならないが，この „Zweifel" 解釈に関する忠告は傾聴に値する。もし仮にボーリンのいうように，フォイエルバッハが 27/28 年の時点で「論理学」→「自然哲学」の移行をヘーゲル哲学の致命的欠陥と考えていたとすると，同じ時期に「思弁の精神を呼吸」[108]し，師に倣って「理念の現実化」を図ろうとしたとヘーゲルに伝えたことや，『理性論』註 24 で「感覚 sensus」に関して「ヘーゲルほど真実に，同時にまた明瞭に展開した人もいない」[109]と賛辞を送ったこと等を，どうしたら矛盾なく受けとめられるか，理解に苦しむことになるからである。ボーリンの読み方は，後年の唯物論的・人間学的立場のフォイエルバッハから，初期の思弁的要素をあえて黙殺し「人間主義的」に読み込もう

---

104) BJ12, S. 19, 斎藤信治・桑山政道訳『フォイエルバッハ』福村出版，1971 年，59-60 頁。シュッフェンハウアー版の原文と対照すると，この引用箇所ではごく些細ではあるが二箇所修正が加えられている。一つは，„Gäbe" の文字強調。もう一つは，„nimmermehr" の „nimmer" への変更である。なお，この著書の邦訳については，以下，斎藤・桑山訳 60 頁というように略記する。

105) Ebenda, 斎藤・桑山訳 60 頁。

106) S. Rawidowicz, *Ludwig Feuerbachs Philosophie, Ursprung und Schicksal*, Zweite Auflage 1964 (Erste Aufl. 1831), S.15. 邦訳，ズィモン・ラヴィドヴィッツ，桑山政道訳『ルードヴィヒ・フォイエルバッハの哲学』上巻，新地書房，1983 年，9 頁。

107) Ebenda. 桑山訳，上巻，同頁

108) Vgl. FGW17, S.104,『F 全集』① 86 頁，半田訳 332 頁。

109) FGW1, S.136, I §7, Anm.24,『F 全集』① 24 頁，半田訳 29 頁。

とする傾向があり，かなり無理を強いる解釈といわざるをえない。もちろん，„Zweifel" の疑念をフォイエルバッハが28年当時全く抱いていなかったわけでもなかろう。遅くとも30年代前半ころまでには，「うすうす気づいていた」というレベルでこの「疑念」を抱いていたとみないと，その後の唯物論的転回の動機を全くみいだせなくなるからである。しかしながら，フォイエルバッハが自ら編集した46年以降の全集（SW）において，それ以前の著作・論文に断りなく加筆・修正を加え，自らの思想形成史を塗り替えようとした事実は良く知られていることであり，この改版時の断りなき変更──ボーリン・ヨードル版『全集』（BJ）ではフォイエルバッハ版『全集』（SW）に加え，編集者による更なる変更が確認できる──の事実が „Zweifel" を抱いた時期を確定しづらくさせる要因にもなっている。この時期を特定するに足るだけの十分な資料をわれわれはみいだしてはいないが，フォイエルバッハが後年，自らの思想を回想する際になんらかの脚色や変更を交えたことは皆無であったとはいいきれない。現時点では，46年の「自伝的断片」のような資料を決定的根拠とみなさぬよう，あえて判断を保留するほうが堅実ではないか[110]と考える。以上が第2の留意点である。

　第3のポイントは，初期フォイエルバッハ，とりわけ『死と不死』に強く認められる「神秘的傾向」とそれを特徴づける用語の問題である。ラヴィドヴィッツは，『理性論』において「フォイエルバッハがヘーゲルの汎論理主義 Panlogismus を極端な形で分かちあっている」[111]といい，『死と不死』については「時としてフォイエルバッハは……，神智学的神秘主義 ein theosophischer Mystizismus や汎神論に対しても完全に受容的であったようにみえる」[112]と評していたが，それは，『死と不死』にベーメの長い引用と賛辞が認められる[113]からであろう。ラヴィドヴィッ

---

[110]　46年の「自伝的断片」については，すでに半田が「1827-28年／疑問」と「1828年／Dissertation『一にして普遍，無限なる理性について』」の二断片を特に問題視して訳出し，これらを一次資料として扱うべきでない旨，忠告している。半田，前掲書，下巻，367-372頁参照。

[111]　S. Rawidowicz, *a. a. O.*, S.18, 桑山訳，上巻，12頁。

[112]　Ebenda, S.22, 桑山訳，上巻，16頁。

[113]　ラヴィドヴィッツは，『死と不死』に関して，「フォイエルバッハはヤーコプ・ベーメとの親近性を強調することを全くはばからない」(ebenda, S.23, 桑山訳，上巻，18頁)と指摘している。また，ラヴィドヴィッツは，「対立性の問題 Problem der Gegensätzlichkeit」

第2節　フォイエルバッハ研究動向と論述方針

ツは,『理性論』に「論理性」が,『死と不死』に「神秘性」が特徴として現れているものの,「汎神論」という点ではヘーゲルとフォイエルバッハの両者に共通する見方がある——だから,フォイエルバッハはヘーゲル主義を抜け切れていない——という主張のようである。本当にヘーゲル主義を抜け切れていないかどうかは後述するとして,ラヴィドヴィッツのいう「神秘主義 Mystizismus」は,用法としていかがなものかという疑念が筆者にはある。というのも,フォイエルバッハは『死と不死』付録の「風刺詩」のなかで,自らの汎神論の物差しと相容れない同時代の神秘主義を論難するときに決まって,»Mystizismus«という語を使う一方,ベーメも含め伝統的な »Mystik« に関しては肯定的な評価もみせるという具合に,»Mystizismus« と »Mystik« を周到に使い分けている[114]からである。これらに類似する »Mystiker« や »mystisch« の語に関しては,〈古から継承された伝統的なもの〉と〈現代の変質したもの〉との両方にまたがって用いられ,どちらを指しているのか判別しにくい(または,あえて両方にかけている)箇所もあるが,しかし,»Mystizismus« を自らの汎神論的立場を指すものとして使った箇所はみあたらない。先のラヴィドヴィッツからの引用にある「神智学的」という形容詞は文脈から判断してベーメを念頭においていると解されるが,

に関するヘーゲルの理解をフォイエルバッハが『理性論』において共有しているといい,この理解がブルーノ,ベーメ,クザーヌス(Nicolaus Cusanus, 1401-64)の見方につながるとして,フォイエルバッハをヘーゲルの「汎論理主義」の支持者と特徴づける。論理として成立しえないわけではないが,ラヴィドヴィッツの論にはブルーノやベーメの理解をめぐるヘーゲルとフォイエルバッハの異同についての考察が何もない。『死と不死』がベーメと関連が深いのは確かだ——たとえば,フォイエルバッハは「ゲルリッツの靴屋よ,私が愛に関するこの思想をまさに同じ対象の君の崇高にして不死なる思想に結びつけたとしても,怒らないでほしい」(FGW1, S.229, I)と呼びかけ,ベーメの著作から長々と引用している——が,『理性論』では,ベーメ,クザーヌスに関する引用・論及が皆無であり,『理性論』とベーメ,クザーヌスとの関連ははっきりしない。さらに,ヘーゲルはトールク(Friedrich August Gottreu Tholuck, 1799-1877)に「汎神論」呼ばわりされたことを嫌って,自分は汎神論者でないといっているにもかかわらず,ヘーゲルを「汎論理主義」と規定し,しかも,「区別における統一」の論理を踏まえているだけでフォイエルバッハを「正統的ヘーゲル主義者」と断定している。こうしたラヴィドヴィッツの推理は,彼の主観が先行していて不適切といわざるをえない。少なくとも,フォイエルバッハは「正統的ヘーゲル主義者」ではない。この点はあとで論じる。

114) Vgl. Feuerbach, Xenien Nr. 46, 292, in: FGW1, S.423, 491. 前者の風刺詩 Nr.46 では,古の「神秘説 Mystik」が「高貴な言葉 das edele Wort」からなる「より深い知の秘密 das Geheimnis tieferen Wissens」として,落ちぶれた現代の信仰と対比的に描かれている。

そうだとすれば『死と不死』の神秘的傾向を特徴づける際，フォイエルバッハが受容的だったのは，»Mystizismus« ではなく，»Mystik« に対してであった，と記すべきだったであろう。

　また，これら二つの用語は，日本語に直すとどちらも「神秘主義」の語で通用するような趣があり，従来の研究ではやや曖昧に論じられてきた感――一般的にベーメを良い意味で「神秘主義思想」の論者とみなしている事情があるから誤りとはいえないが――がある。39年の「哲学とキリスト教」や41年の『キリスト教の本質』で登場する »Herz« と »Gemüt« の区別[115]に関しては，近年，服部や河上の研究によって，前者を「心情」，後者を「情意」と訳しわけることが定着しつつある――筆者もこの訳し分けに賛成である――が，»Mystik« と »Mystizismus« を意識的に区別している論者はまだ少なく，混沌とした状況がある[116]。そこで筆者は，これら二つの言葉をフォイエルバッハの文脈に即して原則区別し，前者を「神秘説」，後者を「神秘主義」と訳し分けたい。これは単に，言葉上の問題にとどまらず，――ラヴィドヴィッツは，両者を区別せず，後年の人間学の立場から批判されるべきマイナス因子としてしかみなかったようであるが――フォイエルバッハの思想的源流をみさ

---

　115)　『キリスト教の本質』初版付録の規定では，「心情 Herz」は「共感・共苦としての受苦」，「他者のために行為する」，「現実の対象のみに関わる」，「人間の自然法」などの言葉で特徴づけられるのに対し，「情意 Gemüt」は「自己感情としての受苦」，「他者を自分のために行為させる」，「夢想の対象にもかかわる」，「恣意的な実定法」などの語で描写され，両者はさしあたって明確に区別される。しかし，後者もまた「自然に根拠をもつ」ことが同時に指摘され，「自然との一致における情意は心情であり，自然との矛盾における心情は情意である。いい換えれば，心情は客観的・実在論的な情意であり，情意は主観的・観念論的な，あるいはより正確には，唯心論的な心情である」といういい方もなされている（vgl. FGW5, S.474-485, 41年初版のみ。この箇所は43年第2版では部分的に細かな改定が施されているものの，「心情」と「情意」の基本的な相違は初版同様に述べられている。しかし，49年第3版では，両概念の区別が完全に削除される）。

　116)　U・ショット（Uwe Schott）はこの用法が，この当時の流行語であることを指摘した。すなわち彼によれば，»Mystizismus« という語は本来の「神秘説 Mystik」に対してではなく，「同時代のある一定の神学的傾向」に対して用いられた。たとえば，カール・ダウプの思弁神学に反対したハイデルベルクの合理主義的神学者パウルス（Heinrich Eberhard Gottlob Paulus, 1761-1851）や，あるいは，フィヒテ（Johann Gottlieb Fichte, 1762-1814）の講座にヘーゲルが招聘されることに反対したデ・ヴェッテ（Wilhelm Martin Leberecht de Wette, 1780-1849）などが，批難の意を込めてこの流行語を使ったという。Vgl. U. Schott, a. a. O., S.34, 桑山訳，前掲書，39-40頁。フォイエルバッハの用法は，パウルス，デ・ヴェッテらに形式的に倣いつつ，内容的には批判をむしろ彼らに投げ返した形となっている。

だめる上で，極めて重要な区別である[117]。文脈にもよるが両概念を明らかに区別していると判断できる場合，「神秘説」「神秘的」「神秘家」の訳語は，（時期によって評価軸が変移するが，用法は基本的に変わらないので）その都度のフォイエルバッハの目からみた肯定的評価の訳語として用い，これに対し「神秘主義」「神秘主義的」「神秘主義者」は本来のあり方から逸脱した否定的評価の訳語として，本書では原則，使い分けることにする。

　第4のポイントは，『理性論』と『死と不死』の執筆時期および両著作の内容的異同に関する問題である。出版年に関して，前者が28年，後者が30年に発行されたことは事実である。しかし，執筆年については，後者の方が早く26年なかごろから28年初めに遂行されたのではないかという推察が，シュッフェンハウアー版『全集』（FGW）の編集者によって提示されている[118]。この問題は半田がすでに詳論しており，出版順序と執筆順序が実際は逆で，『死と不死』のほうが先ではないかという興味深い仮説を提示している[119]。しかし，どちらが先に書かれたかを確定するだけの十分な資料は未だに開示されておらず，推測の域にとどまっている[120]。そのような制約下では，執筆順より両著作の内容的差異をどう解釈するかという問題のほうが重要であろう。すなわち，『死と不死』のほうが『理性論』よりも自由奔放に書かれている[121]という形式上・表現上の問題ではなく，しばしば指摘されるように，前者の著書のほうに神秘説への接近と愛の強調が多く認められる——たとえばベーメに対する賛美的な叙述や引用と共に，神の遍在，愛の火としての

---

[117]　ただし，»Herz« と »Gemüt« の区別が一方で内容的な差異を示しながら，他方では発生的な視点から同じ自然的根拠をもつものとも解され，両者が不即不離の関係をも示すように，»Mystik« と »Mystizismus« にも共通する根はあると考えられる。一見，曖昧にみえるこの用法は，前者の »Herz-Gemüt« 関係の場合，同じ自然という土台をもつ人間の心が »Herz« と »Gemüt« に分裂してしまう素地があるからこそ，両者を恣意的に分断し固定する疎外 entfremden を生み出すことにもなるという40年代初頭の議論につながってゆく。後者の »Mystik-Mystizismus« 関係では，関連する »mystisch« という形容詞が「神秘的」と「神秘主義的」とに，»Mystiker« が「神秘家」と「神秘主義者」とに訳し分けられつつも関連しあうという意味では両義的であり，前者の関係と同様，同じ自然に根をもつものと解釈できる。

[118]　Vgl. FGW1, S. LXI-LXXII.
[119]　半田秀男，前掲書，上巻，50-89頁参照。
[120]　半田秀男，前掲書，上巻，52頁，61頁参照。
[121]　半田秀男，前掲書，上巻，970頁参照。

神の視，神と自然との緊密な結合などが説かれている——事情を，フォイエルバッハのヘーゲル受容史のなかに，どう位置づけるかという問題である。

この問題については，たとえばアスケリと半田の研究が一つの手引きになるかもしれない。前者は，初期フォイエルバッハの思弁的傾向を後年の人間学的立場からとかく否定的に評価し，『理性論』の「類」概念が 41 年の『キリスト教の本質』初版まで連続しているとみて，その非人間性・抽象性を 42 年以降の個体性重視の視点から批判する[122]。これに対し半田は，両著作の「類」概念に重要な相違があるとしてアスケリに反論するのみならず，初期フォイエルバッハの『理性論』と『死と不死』との相違点に触れ，アスケリがこの相違を等閑視していると批判する[123]。その上で，『理性論』における人間の思惟規定（「人間の類 genus humanum」で提示される「絶対的一性」の規定）が本来の思弁（「客観的思惟 cogitatio objectiva」）から「突出」しているにもかかわらず，この不自然にもみえる「突出」に若きフォイエルバッハの強い人間志向，共同性への志向がある，とみる[124]。両者を比較すると，議論の精緻さの点では半田のほうに分がある。その内容については章を改めて詳論するが，本書執筆の方法論を考える上で一点だけ指摘しておきたい。それは，——アスケリはもとより，半田にも見おとされているようなのだが——〈語り難きもの〉，〈神秘的なもの〉へ接近した，若きフォイエルバッハの思弁的アプローチの意味である。

たとえば，シュッフェンハウアー版『全集』（FGW）の編集者による先の推察を支持する半田は，フォイエルバッハが『死と不死』の脱稿直後に『理性論』の執筆にとりかかったと推定して，前者における感覚・愛の肯定が後者で理性に止揚され「純化された」[125]と解釈した。たしか

---

[122] C. Ascheri, *Feuerbachs Bruch mit der Spekulation*, Frankfurt a. M. 1969, S.9ff. アスケリは初期の『理性論』のころから「類と個の間に橋渡しできない存在論的な分裂がある」（ebenda, S.12）といい，「類概念こそが，『キリスト教の本質』に至るまで，フォイエルバッハ人間学の反人間主義的限界をもっとも良くわれわれに示すのだ」（ebebda, S.13）と主張している。

[123] 半田秀男，前掲書，上巻，769-773 頁参照。

[124] 半田秀男，前掲書，上巻，85-86 頁，754-755 頁参照。

[125] 半田秀男，前掲書，上巻，84 頁。

に，大半はそのように読めるのだが，しかしこの時期のフォイエルバッハの思想形成が——仮に半田解釈に従い，『死と不死』→『理性論』という執筆順序を受け入れたとしても——「純化された」といえるほど整合的で単線的な歩みであったかどうかは疑問である。表向きは消えているようにみえる感覚の意味が，理性に解消しきれぬまま背景として『理性論』においても存続していると解釈できるところがあるからである。自然の個別的制約を脱ぎ捨て自由な精神へと段階的に進みゆく弁証法の歩みを，フォイエルバッハが——「形式的な，字面にとらわれるヘーゲル主義者ではなかった」[126]と後に自認しているように——違和感なく，すんなりと師から継承したとは考えにくい。『死と不死』『理性論』の両著作に共通するねらいとして，絶対者の視点から有限な個体性の制限を超克しようとする志向があるのは確かだが，『死と不死』で「自然における深淵」[127]が精神の意識されざる背景として論及されたり，『理性論』でも，思弁的媒介が必要とされるような局面で直観的要請や神秘的文言が登場したりする事実は，若さゆえの論旨展開の性急さというより「語りがたきもの」への配慮，あるいは，精神に〈止揚＝廃棄〉されがたい自然の意味を汲み取ろうとするフォイエルバッハの基本姿勢——ヘーゲルとは異なる姿勢——とみることができないだろうか。つまり，若きフォイエルバッハは人間学的まなざしを獲得していない思弁的立場にあったからこそ，古の神秘説を広い視点で受容したのではないか，それゆえ，新しい見方を発掘しようとする営み——この営みは半田解釈においてもあまり重要視されていない——として初期の神秘説受容を見なおすべきではないか，ということである。

　たしかに，前節の終わりで示唆した，初期フォイエルバッハにおける神秘説受容は——アスケリの「反人間主義的」という形容が顕著だが——40年代以降の唯物論のまなざしからみるとネガティヴにみえてしまうのが常であり，かつ，「類」概念も含め自らの哲学的・思弁的用語を40年代以降，フォイエルバッハ自身が払拭しようと努めたことを最重要視するなら，初期の思弁は清算されるべき過去の残骸のようにみえ

---

126) W. Schuffenhauer, „Verhältnis zu Hegel – ein Nachlaßfragment von Ludwig Feuerbach", in: *a. a. O.*, S.511, 半田訳，下巻，388頁，『F全集』①329頁。
127) FGW1, S.285, II,『F全集』⑯61頁。

る。神秘説への思弁的アプローチを，若さゆえの神秘的なものへの熱狂か心酔のレベルで収めてしまうのなら，われわれは初期を度外視して中期以降のフォイエルバッハから彼の人間学思想・唯物論思想を学べばよいということになるであろう。しかし，第1のポイントで指摘した〈古の思想家たちが語ろうとしているが語られていないもの〉を引き出そうとするフォイエルバッハのアプローチは，神秘的なものも含め，自然のなかにある〈語られざるもの〉の意味を解読しようとする姿勢と連動しており，筆者の解釈では，この姿勢は人間学的転回が行われた後（40年代以降）も持続する。「反駁することは実に容易だが，理解することは実に難しい」[128]とフォイエルバッハ自身が語っていたように，〈神秘的なもの〉といえども理解しようとするアプローチなくして批判はできないはずである。

　要するに，初期フォイエルバッハおける古の神秘説への思弁的アプローチは，宗教に隠された自然の意味を発見するための方法として積極的な意味があったのではないか，ということである。『死と不死』と『理性論』とでは内容的に相違があるにもかかわらず，両著作は万有を包括する絶対者（前者では「神」，後者では「理性そのもの ratio ipsa」[129]または「客観的思惟 cogitatio objectiva」[130]）が有限な個別者を基礎づけるとともに絶対者への自己内還帰を促すという共通性格があった。そうした絶対者の視点から若きフォイエルバッハはG・ブルーノ，J・ベーメなどの神秘家へ受容的態度をもって接近し，〈語られざるもの〉や〈語り難きもの〉を思弁的に解読する姿勢をとった。ただし，絶対者の弁証法という視点をヘーゲルと共有していながら，絶対者の論理に解消しがたいものが『死と不死』であれ『理性論』であれヘーゲルのアプローチとは異なる様相で介在している。特に『死と不死』におけるベーメ神秘説への接近は，33年の『近世哲学史』の重要な思想家として切り出され，その解釈の困難さが『キリスト教の本質』のベーメ批判をもたらす一因になったことを予想させる。

　また，39年に「ヘーゲル哲学批判のために Zur Kritik der Hegelschen

---

128) BJ10, S.346,『F全集』③34頁。
129) FGW1, S.96, IV §18,『F全集』①68頁，半田訳71頁。
130) BJ10, S.346,『F全集』③344頁

Philosophie, 1839」の公表を皮切りに，いわゆる唯物論的・人間学的転回が開始され，41 年の『キリスト教の本質』初版以降，42 年の「哲学改革のための暫定的命題 Vorläufige Thesen zur Reformation der Philosophie, 1842」（以下，「暫定命題」と略）や 43 年の『根本命題』を通じてフォイエルバッハはいっそう人間学への志向を強めていったと解されるが，46 年の「宗教の本質」——この著作は，『キリスト教の本質』で問題にできなかった自然宗教が対象となり，「エゴイズム」や「幸福衝動」など後期思想を特徴づける分析が含まれている——を準備する時期でさえ，ケンブリッジの新プラトン主義者ヘンリー・モア（Henry More, 1614-87）やカドワース（Ralph Cudworth, 1617-88），さらにはロイヒリン（Johannes Reuchlin, 1455-1522）などのカバラ神秘説に関心を示しており，宗教に隠された意味を新たに発見しようとする姿勢の継続がうかがえる。この姿勢は，フォイエルバッハ人間学が「疎外されない状態＝本質」を先取りした，いわゆる本質還元論でないことを立証する点でも重要である。これらを考慮し，初期フォイエルバッハの神秘説への接近とその思弁的解釈は，その思弁性が後に自己批判される——「ヘーゲル哲学批判のために」で示される「発生的−批判的哲学の方法」は初期の思弁に対する批判と解される——にしても，新たな意味を「発見」する姿勢という点では積極的に評価できる要素があるということ，これが留意したい第 4 のポイントである。

　説明が長くなったので，これまで述べた 4 つの留意点を整理しておこう。

1) 過去の思想家・哲学者になるべく多く語らせ，発展的に理念を引き出そうとするフォイエルバッハ特有の解読法に即して，年代史的にそのつどの彼の問題意識を探る。
2) 46 年の「自伝的断片」などフォイエルバッハ自身による回想は，後年の人間学的脚色が混入している可能性があるため参考資料としては引用するが，着想時期を決定する一次資料としては用いない。
3) 初期フォイエルバッハの用語法を忠実に再現することを心がけ，彼が文脈で »Mystik« と »Mystizismus« を区別する際，前者を「神

秘説」，後者を「神秘主義」と訳し分ける。
4）『理性論』と『死と不死』の性格の異同には配慮するが，執筆順序については判断を保留する。また，後年の『キリスト教の本質』で提示される人間学の立場を，本来性に基づく「類」「人類」への安易な還元論とみないためにも，神秘説に対する若きフォイエルバッハの思弁的受容の態度を，宗教に隠された自然の新たな意味の解読・発見の姿勢として評価する。

以上4点を踏まえて，前節の最後に述べたⅠ-Ⅳの疑問点を解明してゆくことにする。まず，先に触れた『理性論』解釈の混迷状況の原因を探るため，この書におけるフォイエルバッハの神秘説への思弁的アプローチをヘーゲルと比較しつつ検討してみたい。先に留意点4）で触れた半田の指摘，すなわち人間の思惟規定（「絶対的一性」）が本来の思弁から「突出」しているという指摘は，改めて検討しなおすべき問題であろう。ウィルソン（Charles A. Wilson, 1947-）などは，『理性論』の思惟に「否定神学的 apophatic」な傾向をも認めている[131]が，しかし，そこに半田の指摘する「人間的共同」が思弁的志向と相反するような現世志向を含んでいるとすれば，この矛盾をどう解くかが解釈上問題となろう。厄介な問題だが，筆者の見解では，『理性論』のモデルはヘーゲルの「小論理学」にある。『理性論』のこの論述をヘーゲルの論点および『死と不死』の関連箇所と照合すると，一見，不可解にみえるフォイエルバッハの意図がみえやすくなるであろう。

以下の本論では，『理性論』における「否定神学的」傾向と「反彼岸主義的」「現世的」傾向とが混在する思惟規定の吟味を皮切りに，初期を特徴づけるフォイエルバッハの「汎神論」「ヘーゲル主義」が

---

131) Cf. Ch. A. Wilson, *Feuerbach and the Search for Otherness,* New York 1989, pp. 44-45. ウィルソンは，そこで次のように述べている。「フォイエルバッハは，理性を諸物の形式と同一視する。しかし，彼の否定神学的な傾倒 apophatic commitment は，思惟 thinking が思惟されたもの thought と統合されるように，存在 Sein の否定を要求するところの，新プラトン的にして神秘的な源泉へと彼を導いていく」（*ibid.*, p. 44）。つまり，『理性論』という著作では，この世の自然物に執着せずに諸物の存在を「否定」して，一者である「理性そのもの」への回帰をめざす神秘的傾向が顕著であるとみて，ウィルソンは「否定神学的」といっているのであろう。

どのようなものか，ブルーノ，ベーメ，マールブランシュ（Nicolas Malebranche, 1638-1715），スピノザ，ライプニッツなどの近世の思想家たちにフォイエルバッハがどのようなアプローチをし，またそれらの思想の背後にある「理念」を「発展」的に引き出していくのか，そこからどのようにして 39 年の転回が生じるのかを明らかにしてゆきたい。第 1 章では，『理性論』を中心に，「人格性」や「感覚」などの鍵概念を手がかりにその汎理性主義的性格を解明する。第 2 章では『死と不死』における「自然」がどのように扱われているかを『理性論』と比較しながら検討する。第 3 章では，30 年代の哲学史的著作に話題を広げ，ベーメとライプニッツの研究を中心にフォイエルバッハが，どのようにして思弁的考察を深め，唯物論的・人間学的転回に至るのかを明らかにし，最後に，40 年代の著作への初期の思弁の影響を確認した上で，フォイエルバッハ思想のもつ今日的な意義を考えてみたい。

第 1 章

『理性論』の汎理性主義

初期のフォイエルバッハ思想をみていく上で，『理性論――一にして，普遍，無限なる理性について De ratione, una, universali, infinita, 1828』（以下，『理性論』と略）と『死と不死に関する思想 Gedanken über Tod und Unsterblichkeit, 1830』（以下，『死と不死』と略）は，きわめて重要な著作である。一般的に概括するなら，前者は汎理性主義を，後者は神秘的愛を説く汎神論を基調とする著作といえるであろう。両著作をまずは分けて問題にする必要があろう。この第１章では前者を，次の第２章では後者を中心に論じることにする。

　ただ，この章で扱われる『理性論』については，先のヤノウスキー（Johanna Christine Janowski, 1945-）のまとめにあったように，〈人間主義 VS 反人間主義〉，感性と思惟の〈二元論 VS 非二元論〉，〈神的理性 VS 人間的理性〉，〈ヘーゲル主義 VS 非ヘーゲル主義〉といった解釈の混迷や対立があり，今もそうした状況は存続しているという難点を抱えている[1]。論者によって視点のおきどころが異なるのはもちろんだが，論争の激しさに輪をかけているのは，おそらく資料的混乱とイデオロギー的な読み込みにある。混乱を解消するには，先入見を振り払い，原典に即してフォイエルバッハの問題関心の所在をつきとめる作業が不可欠であろう。

　ただし，あまたある『理性論』解釈のなかで，ウィルソンが（Charles A. Wilson, 1947-）与えた「否定神学的」[2]という特性描写は，多くのフォイエルバッハ研究者がとらわれている人間解釈――思弁的著作であるにもかかわらず，後年の人間学的因子を無理に読み込もうとする傾向――から抜け出す意味で，一考に値する。「否定神学的」という特性は，「非人間的」「反人間的」な要素が初期の思弁に含まれていることを意味し，安易な人間学的読解に対する警鐘となるばかりでなく，半田秀男のいう

　1）　半田秀男は『理性論』を「人間学的」に読み込んだ論客として，ボーリン（Wilhelm Bolin, 1835-1924），ホメス（Ulrich Hommes），H－J・ブラウン（Hans-Jürg Braun, 1927-2012），ウォートフスキ（Marx W. Wartofsky, 1928-97），ライテマイアー（Ursula Reitemeyer, 1955-）の名を，また，「思弁哲学的」に読み込んだ論客として，ラヴィドヴィッツ（Simon Rawidowicz, 1897-1957），ガーゲルン（Michael von Gagern），ボックミュール（Klaus Bockmühl, 1931-89），アスケリ，コルネール（Peter Cornehl），ウィルソン，ニュートリング（Gregor Nüdling）の名をあげており，それぞれの解釈の問題点を考察している。半田秀男『理性と認識衝動――初期フォイエルバッハ研究』上巻，渓水社，1999年，683頁以下参照。

　2）　Ch. A. Wilson, Feuerbach and the Search for Otherness, New York 1989, pp. 44-45.

〈「絶対的一性」の突出〉を吟味する上でも有効なまなざしであろうからである。筆者は，半田と同様，『理性論』を「汎理性主義」の著作と特徴づけたいのだが，しかし，「否定神学的」という先のウィルソンの指摘は，『理性論』の主軸となる理性が──おそらくはフォイエルバッハの意図に反して──「内在的」というより「超越的」であるかのような印象を与え，半田の指摘する「現世志向」「反彼岸主義」に抵触するかのようにもみえる。しかし，この外見上の齟齬を筆者は若きフォイエルバッハの拙さゆえの矛盾というより，むしろ彼の問題意識のもたらす特有の緊張関係と解したい。この緊張が初期フォイエルバッハ哲学にあればこそ，後に彼が唯物論的・人間学的転回を遂行するに至るという，その十分な根拠があると考えるからである。この点に同意していただけるなら，おそらく旧解釈が分岐していった事情や，30年代のフォイエルバッハが哲学的思索を深める途上でロック（John Locke, 1632-1704）などの経験論に与しないわけなどについても，首肯しやすくなるであろう。

　この章では『理性論』に焦点を合わせ，若きフォイエルバッハの執筆動機を踏まえながら，ヘーゲルの見方との異同（特に宗教観についてのそれ）を確認しつつ，28年のフォイエルバッハがいかなる意味での「ヘーゲル主義者」だったのか，その輪郭を明らかにしてゆくことにする。まず，第1節では，フォイエルバッハが神学から哲学の領域に進み，ヘーゲル哲学に潜む無神論的傾向（人格批判）に感化されて『理性論』を執筆するに至る経緯を明らかにする。第2節では，ヘーゲル哲学の人格批判を『理性論』でどのように継承し，展開しているかをみる。第3節では，「感覚」が自然の制約を表す否定的傾向の強い『理性論』のなかで，唯一ヤコービ（Friedrich Heinrich Jacobi, 1743-1819）の「共感」概念だけが肯定的に評価されている点に着目し，その意味を探る。第4節では，このヤコービの「共感」概念と連動する重要な概念「何かあるもの aliquid」の両義性について考察する。そして，第5節では，第3節，第4節で指摘された「感覚」概念の両義性が思惟の飛翔力を強めている事情を分析し，『理性論』のなかにある神秘性の由来を明らかにする。これらの考察を経て，『理性論』が汎理性主義の著作であることを論証し，かつ，『死と不死』と全く異なる傾向の著作なのではな

く，むしろ相補的関係にある著作であることを第2章で確認し，初期フォイエルバッハの思弁の特性をより明確に提示する予定である。

第1節　『理性論』執筆の動機――ヘーゲルへの接近

　大学生時代のフォイエルバッハが父親の反対を押し切って神学部から哲学部へ移籍したことはよく知られているが，ヘーゲルの講義を聴講するのは，1824年から26年のベルリン滞在期である。フォイエルバッハは，46年の「わが哲学的履歴を特性描写するための諸断片 Fragmente zur Charakteristik meines philosophischen curriculum vitae, 1846」（以下，「自伝的断片」と略）で「神は私の第一の思想，理性 Vernunft が私の第二の思想，人間 Mensch が私の第三にして最後の思想であった」[3]と回顧している[4]が，この告白通りに彼が自らの思索を深めていったとすると，ヘーゲルを聴講しているころはすでに第二の「理性」期にあったことになる。23年秋の父宛書簡では，ハイデルベルク大学のプロテスタント神学者パウルス（Heinrich Eberhard Gottlob Paulus, 1761-1851）の講義に不満を覚えてその聴講をやめたこと[5]，24年1月には，思弁的神学者ダウプ（Karl Daub, 1765-1836）の講義を聴いてハイデルベルクからベルリンへの転学を希望していること[6]，24年5月には，ベルリンで実際

---

　3) FGW10, S.178,『F全集』②266頁。
　4) この「神は第一の……」の前に「1843-44年／『哲学の根本問題』」と2行にわたる表題が付されている。この「自伝的断片」に関しては，前節で触れたように書かれた年代が事実かどうかが常に問われるが，筆者は第三の「人間」の立場が43年『将来の哲学の根本命題』のころには成立していたという判断でよいと思う。ただし，これを「最後の思想」としてよいかについては若干，疑問を感じる。というのも，フォイエルバッハは自ら編集した全集（SW）第1巻への「序言 Vorwort」において「抽象的な理性本質，哲学の本質」が「自然および人類の現実的感性的本質」との矛盾として41年の『キリスト教の本質 Das Wesen des Christentums, 1841』に残っていたこと，44年の「ルターの本質」で「初めてこの矛盾は真に克服され」，「哲学者を完全に人間のなかで消滅させた」と述べているからである（vgl. ebenda, S.188,『F全集』②284頁）。41年の『キリスト教の本質』では否定的であった，宗教の実践としての「エゴイズム」が人間の「幸福衝動」と合わせて肯定的に受容されるのが46年の「宗教の本質」以降であることを考慮すると，43年の『根本命題』において，人間学の基本的な立場がすえられ，その後，自然宗教や古代宗教へのアプローチによって，宗教理解，身体理解を深めていったというのが妥当な見方ではないかと思われる。
　5) Vgl. FGW17, S.33, an Paul Johann Anselm von Feuerbach, Herbst 1823,『F全集』⑱15頁。
　6) Vgl. ebenda, S.39, an denselben, 8. Jan. 1824,『F全集』⑱25頁。

にヘーゲルを聴講し，ダウプを聞いた際に不明瞭だったものが明快になったことなどが伝えられている[7]。「自伝的断片」では「1826年」という見出しの後,「今，僕はヘーゲルを片づけた。美学を除き彼の講義をすべて聴いた。論理学は二度も聴いた」[8]と述べられている。フォイエルバッハがヘーゲルの講義にいかに魅了されていたかは，以下の父宛書簡にも認められる。

> ヘーゲルの講義は著作とは大きく異なり不明瞭ではありません，それどころか，明晰で理解しやすいといいたいところです。なぜなら，彼は，大抵の聴衆が好む考えや理解力の程度に実に多くの配慮をしておられるからです。そのうえ——ここが彼の講義の素晴らしいところなのですが——事象・概念・理念を事象そのもののなかで展開せず，ただただ，あるいは，ひたすら事象固有のエレメントのなかで展開するわけでないときも，たえず厳格に事象の核心にとどまっておられ，たとえばふさわしいイメージを得るために何マイルも離れたところから糧をもってきたりせずに，思想をそれが現れる他の形態や仕方においてのみ提示し，思想を人間の最初の最も直接的な意識と日常生活において実証していらっしゃいます。……こうして彼のもとで人々は，概念のなかに直観を，直観のなかに概念を獲得するようになるのです。[9]

興味深いことにこの翌年のダウプ宛書簡では，ヘーゲルを意識して「概念」を「絶対に聖なる正義」と呼び，「私にとっては，神学でさえ，あらゆる真理態と実在性をそれ自身の身につけている概念，その概念の学の前で消失しました」といってヘーゲルへの賛辞が送られる。ところがそのすぐあと，「シェリング哲学は，定量 Quantum の内在的に跳躍する区別ではなく，足を引きずった痛風的区別にしか至らず，そのために概念的に規定された諸体系のなかで順次配列される国へ〔定量を〕

---

7) Vgl. ebenda, S.45, an denselben, 24. Mai 1824,『F全集』⑱ 35頁。
8) FGW10, S.155,『F全集』② 225頁。
9) FGW17, S.46, an Paul Johann Anselm von Feuerbach, 24. Mai 1824,『F全集』⑱ 36-37頁。

分析することができませんでした」と，シェリング（Friedrich Wilhelm Joseph von Schelling, 1775-1854）に対してはいささか手厳しい風刺的批評が付記されている[10]。『理性論』はヘーゲルのほか，エアランゲン大学での教授資格論文審査の際にさまざまな厚意や尽力を受けていたハール教授（Johann Paul Harl, 1772-1842）と，『理性論』原註でわずかに参照が記されているシェリング[11]の三者に献呈されているが，ヘーゲルやハールの添え状に比べるとシェリングのそれは分量が短いうえ，取り立てて込み入った内容には立ち入らない，いわゆる通りいっぺんの挨拶にとどまっている。シェリング自身は 1820 年から 27 年の間，エアランゲン大学で「神話の哲学」や「近世哲学史」などの講義をしており，26-27 年の 2 年間は同じ大学にフォイエルバッハもいたわけだからシェリングの講義を聴くこともできたはずだが，その痕跡を示すような資料は今のところ見当たらない[12]。先に，『理性論』には「感覚」に関して「ヘーゲルほど真実に，同時にまた明瞭に展開した人もいない」[13]という原註があると指摘したが，ヘーゲルの諸著作への参照の多さも加味すると，やはりフォイエルバッハがベルリンへ移った 24 年からエアランゲンで教授資格取得論文『理性論』を出版するに至る 28 年までの期間は，ヘーゲルの圧倒的影響下にあったと考えられる[14]。

『理性論』におけるヘーゲルの影響は，第Ⅰ章－第Ⅲ章の構成がヘーゲル同様のトリアーデになっている点にも読み取れる。すなわち，Ⅰ「純粋思惟 mera cogitatio」→Ⅱ「意識 conscientia すなわち己れ自身を思

---

10) Vgl. ebenda, S.60, an K. Daub, 29. Jan. 1825,『F 全集』⑱ 45 頁，〔 〕は引用者による補足。
11) Vgl. ebenda, S.113f., an Friedrich Wilhelm Joseph von Schelling, 18. Dez. 1828, 半田秀男訳『理性と認識衝動──初期フォイエルバッハ研究』下巻，渓水社，1999 年，358-359 頁。
12) 半田は，シェリングへ献呈された『理性論』の添え状に，彼の講義についての話題がないことから，実際にはシェリングを聴講しなかったのではないかと推測している。半田秀男，前掲書，下巻，357 頁参照。
13) FGW1, S.136, I §7, Anm.24,『F 全集』① 24 頁，半田訳 29 頁。
14) 筆者はフォイエルバッハに対するシェリングの影響が全くなかったと主張しているわけではない。多くの論者が指摘しているように『死と不死』には，ベーメ（Jakob Böhme, 1575-1624）の賛美とともに，シェリングの自然哲学の影響が内容的には読み取れるからである（vgl. U. Schott, Die Jugendentwicklung Ludwig Feuerbachs bis zum Fakultätswechsel 1825, Göttingen 1973, S.103-105, 桑山政道訳『若きフォイエルバッハの発展』新地書房，1985 年，125-127 頁）。しかし，シェリングの功績を直接讃える叙述が見当たらないのは事実である。

惟する思惟 cogitatio, quae se ipsam cogitat[15]と認識 cognitio」→Ⅲ「思惟と認識との一性 cogitationis et cognitionis unitas」という構成[16]である。『理性論』公刊当時24歳のフォイエルバッハは，師ヘーゲルに宛てたこの書の添え状で——この著作の欠陥や至らなさを自嘲しつつではあるが——「拙論がほぼ全体にわたって，思弁の精神を呼吸することを公然と自認する意識」[17]につらぬかれていること，執筆の際には「理念の現実化・現世化・純粋ロゴスのエンサルコシス Ensarkosis すなわち肉化 Inkarnation」[18]という「哲学的思索 Philosophieren」[19]を師に倣って継承したこと，かつての「二元論の古き国」を克服して「一つの国，理念の国 Reich der Idee を築くことが今，肝要である」[20]こと，最終的には「一にして普遍的な……現実的にして遍在的な……理性」[21]の「単独支

---

15) フォイエルバッハは第Ⅱ章§8以降で，思惟と不可分ではあるが，自然諸物の認識から切り離され乖離した「意識 conscientia」，単なる「形式 forma」としての「意識」について論じ始める。この意識は「己れ自身を思惟するところの，また己れとのもっとも単純な一性であるところの〈思惟するもの τό cogitare〉としての意識」(FGW1, S.38, Ⅱ§8,『F全集』①26頁，半田訳30頁)とも呼ばれている。この意識は，内容的には第Ⅰ章「純粋思惟」の絶対的一性が中断されることによって生まれる〈狭い意味での意識〉を指すと考えられる。原註31で「われわれの時代の気質」といわれる「主観性の哲学 Philosophie der Subjektivität」(ebenda, S.142, Ⅱ§10, Anm. 31『F全集』①32頁，半田訳38頁) に特徴的なものといえる。第Ⅰ章の「純粋思惟」をも含む〈広い意味での意識〉もフォイエルバッハは想定していると思われるが，この点については第1章第3節で述べる。

16)『理性論』の導入部で，フォイエルバッハは「われわれは最初に純粋思惟を，次に認識から分かたれて己れ自身を思惟する思惟を，最後に思惟と認識との一性を考察するであろう，そして理性が唯一にして無限なるものであることを証明しようとするであろう」(ebenda, S.8,『F全集』①6頁，半田訳6頁) と述べている。これを第Ⅰ章から第Ⅲ章の内容として読むことができるということである。ただし，『理性論』には「理性の無限性」について論じた第Ⅳ章があり，引用文最後の一句「そして理性が唯一にして……」の箇所を「理性の唯一性，無限性」と解して第Ⅳ章の予告と読むことも可能であろう。ただし，この第Ⅳ章をトリアーデとどう関連づけて読むかといった細かな問題については，議論の錯綜を避けるため，ここでは立ち入らないことにする。

17) FGW17, S.104, an G. W. F. Hegel, 22. Nov. 1828,『F全集』①86頁，半田訳332頁。『理性論』が「思弁の精神を呼吸する」という意識につらぬかれているという事情は，ハール宛ての添え状にも書かれている。Vgl. ebenda, S.109, an Johann Paul Harl, Anfang Dezember 1828,『F全集』①95頁，半田訳350頁。

18) Ebenda, S.105,『F全集』①87頁，半田訳332頁。
19) Ebenda,『F全集』①同頁，半田訳 同頁。
20) Ebenda,『F全集』①88頁，半田訳333頁。
21) Ebenda, S.106『F全集』①同頁，半田訳334頁。

配 Alleinherrschaft」[22]に至らなければならないことなどが表明されている。つまり，フォイエルバッハはヘーゲル同様の思弁の立場に立ち，理性の真なる姿を現世から切り離された抽象的なものとしてでなく，現実的なもの・絶対的に一なるものとしてとらえたいと表明しているわけである。

しかし他方で，フォイエルバッハは同じ添え状の後半でキリスト教を「絶対宗教」として認められない旨を伝え，師と異なる宗教理解を示してもいる。

> それゆえ，今や問題なのは，普遍性という形式における諸概念，抽象的純粋性 abgezogene Reinheit や閉鎖的自己内存在 abgeschloßne Insichsein における諸概念の展開ではありません。〔そうではなくて〕時間・死・此岸・彼岸・自我・個体 Individuum・人格 Person・〔さらには〕有限性の外部で絶対者のなかで絶対的なものとして直観された人格（すなわち神）などに関するこれまでの世界史的な見方，正統的にして合理主義的なキリスト教的諸表象の体系の源泉やこれまでの歴史の根拠が含まれている諸々の世界史的な見方，これらの見方を真に滅ぼし，これらを撃破して真理という根底へ沈めること[23]，その代わりに，近世哲学で即自の国・彼岸の国として，裸の真理および普遍性の形式のなかに包まれているとみなされている認識を，世界を直に規定する現代の見方として定着させること，これが問題なのです。こういうわけで，キリスト教は完全なる絶対宗教としてとらえられず，そのようにとらえられるのは，理念の現実性の国，現存在する理性の国だけなのです。キリスト教は，純粋自己の宗教，人格 Person の宗教にほかなりません。〔しかも〕その純粋自己たる人格は，一なる精神 der Eine Geist として，古代世界にそもそも対立するもの，したがって古代世界の対立物にすぎないのです。[24]

---

22) Ebenda,『F 全集』①同頁，半田訳 同頁．
23) 「真理という根底へ沈めること」という訳は半田に従った．半田訳 340 頁，訳註 22 参照．
24) FGW17, S.107, an Hegel, 22. Nov. 1828,『F 全集』① 90 頁，半田訳 335 頁，〔 〕は

この文面に表れているフォイエルバッハの主眼は，キリスト教を思弁的理性のなかに包摂しよう，というよりむしろ，キリスト教を古い「世界史的見方」として完全に清算し，新しい「理性の国」を現実的なものとして実現しようとする点にある。キリスト教の「人格」が古代世界に対立する「純粋自己」に格下げされているのが印象的である。この点では，哲学とキリスト教を自らの体系のなかで「和解」させようとしたヘーゲルとは正反対の見方になっている。ヘーゲルの『宗教哲学講義 *Vorlesungen über Philosophie der Religion*』では（24 年の講義でも 27 年の講義でも），「一，宗教の概念」→「二，規定された宗教 Die bestimmte Religion」→「三，完成された宗教 Die vollendete Religion」の順に論が展開される[25]。つまり，純粋な精神としての「宗教の概念」が分裂し，「規定された宗教」として人間と神とが相互に区別された内容が展開され，最後にその分裂・対立した状態が廃棄されることで，精神の終着点たるキリスト教は「完成された宗教」として，すなわち充実した精神たる「絶対宗教」として論じられるわけである[26]。したがって，「キリスト教を絶対宗教とみなせない」という主張がヘーゲルの意にそぐわぬものになろうことは明らかであり，フォイエルバッハはそれを承知で師に異議を申し立てているかのようである。24 年の『宗教哲学講義』でヘーゲルは「哲学は真理を認識すること，神を認識することを目的とする。なぜなら，神は絶対的真理だからである」[27]，「哲学を多様な形態における宗教と和解させること……がこの講義の目的であった」[28]と述べていた。ベルリン滞在期に「美学を除きヘーゲルの講義をすべて聞いた」という先の告白にもあったように，フォイエルバッハは 24 年の師の講義を間違いなく聴講した[29]。キリスト教に対してヘーゲルが「不和・対立」ではなく「和解」の立場を採っていると知っていながら，尊敬する恩師

引用者による補足。
　25）　Vgl. HV3, S.V, HV4a, S.V, HV5, S.V.
　26）　Vgl. HV5, S.100, 179, 山﨑純訳『宗教哲学講義』創文社，2001 年，300 頁（以下，山﨑訳 300 頁 というように略記）参照。
　27）　Ebenda, S.175.
　28）　Ebenda.
　29）　フォイエルバッハは 24 年 4 月の父宛書簡で「私はヘーゲルのところで，論理学，形而上学，宗教哲学を聴講します」（FGW17, S.43, an P. J. A. v. Feuerbach, 21. Apr. 1824）と伝えている。

に，なぜ彼はこのような不満とも異議とも採られかねないような危うい主張をしたのだろうか。

　その理由は，ヘーゲルの思弁的思惟のなかに神学批判もしくは無神論の匂いを若きフォイエルバッハが嗅ぎつけ，おそらくは「先生のいいたいことは，本当はキリスト教批判にあるのでしょう」という思いを込めて「絶対宗教とみなせない」という自分の見解の正当性を主張したのではなかろうか。たとえば，『精神現象学 *Phänomenologie des Geistes*, 1807』の「Ⅶ宗教　C.啓示宗教」の章には次の一節がある。

　　神的存在者のこの人間化，いい換えれば，神的存在者が本質的に直接，自己意識の形態をもつこと，これが絶対宗教の単純な内容である。この宗教ではその存在者が精神であると知られる，いい換えれば，この宗教は精神である己れについての意識である。精神とは己れの外化において己れ自身を知ることであり，自らの他在にありながら，己れ自身との同等性 Gleichheit を維持する運動である存在者(本質)である。[30]
　　　ヴェーゼン

　フォイエルバッハがこの箇所に直接，論及しているわけではないが，引用最後の一文にある〈他にありながら己れの同等性を維持する運動としての精神〉という論旨は，彼が『理性論』でスピノザ（Baruch de Spinoza, 1632-77）を念頭におきつつ述べた一文，「理性自身が，万有をつらぬいて遍在持続し，己れに相等同等であるということは，必然的である」[31]という一文を想起させる。ヘーゲルは啓示宗教における表象の立場——神を己れの前に立てる（表象する）立場——が真に克服され概念的に把握されると，精神の自己知として彼岸と此岸の分裂が廃棄され「和解」に至る，いい換えれば，神的存在者が外化され（神が人間になり），その定在（イエス）の死を通じて「特殊者〔イエス——引用者〕の特殊態がその普遍性のなかで，すなわち，己れと和解する本質であるところの，その知のなかで消え去る」[32]と考えているのだが，フォイエ

30）HGW9, S.405, 樫山欽四郎訳『精神現象学』河出書房新社，1975年，423頁。
31）FGW1, S.82, Ⅳ, §15, 『F全集』① 58頁，半田訳59頁。
32）HGW9, S.419, 樫山訳437頁。

ルバッハはヘーゲルのいう「精神」の活動性と現実性を"actus"[33]の一語でおさえ，かつ，この活動する「精神」を——ヘーゲルのように「理性」と「精神」を段階的に区分することはせず——遍在する広い意味での「理性 ratio」とおきかえて，師の思弁精神を継承・発展させようとしたと考えられる。もちろん，フォイエルバッハの『理性論』は，「類と種」，「形式と質料」，「意識と認識」などをめぐる知のあり方を問題にし，理性の無限性を立証しようと試みた著作であり，イエスや教団に関する話題は皆無であるから，『精神現象学』「宗教」章の論旨とは内容的に異なるものではある。しかしながら，イエスという特殊態が〈和解を実現した知〉に至ると普遍性のなかで消失するというヘーゲルの骨子は，そのエッセンスの汲み取りかた次第では無神論的に読み込める内容を十分に備えている。すなわち，ヘーゲルの「精神」を，〈イエスという人格なしの神〉あるいは〈神なき理性〉として徹底したいという欲求に導かれて，「理念の現実化・現世化・純粋ロゴスのエンサルコシスすなわち肉化」を論証しようとした著作が『理性論』ではないか，と筆者は推測するのである。

　そもそもヘーゲルは，若いころテュービンゲン神学校で学んでいるが，必ずしも敬虔なクリスチャンだったわけではなく，むしろルター派正統主義神学の拠点にして保守的イデオロギーに染まっていたこの神学校への嫌悪から，旧体制を変革すべく「民衆の素朴な生活と心情のなかに息づいている宗教」としての「民衆の宗教 Volksreligion」に期待を寄せる人であったといわれている[34]。ノール（Herman Nohl, 1879-1960）の『ヘーゲル初期神学論集 Hegels theologische Jugendschriften, nach den Handschriften der Rgl. Bibliothek in Berlin, 1907』に収録された「民衆の宗教 Volksreligion とキリスト教——断片 1-5」にも「人間本性がうま

　33）　正確には"actus purus（純粋活動＝純粋現実）"であり，『理性論』におけるフォイエルバッハ特有の造語"τό cogitare（思惟すること＝思惟するもの）"と関連するキーワードといえる。『理性論』原註 23 でフォイエルバッハは，精神が"actus purus"であることを述べ，思惟が精神そのものとしての活動であることを論証したのはヘーゲルであったと指摘している。Vgl. FGW1, S.134, I.§7, Anm.23,『F 全集』① 23-24 頁，半田訳 28-29 頁。ヘーゲルの"actus"の用例としては，24 年の『宗教哲学講義』で「神は，一度世界を創造したのではなく，永遠の創造者であり，この永遠の自己顕示である。神はこのこと，この活動 Actus である」（HV5, S.105）などがある。

　34）　山﨑純『神と国家——ヘーゲル宗教哲学』創文社，1995 年，17-18 頁参照。

第 1 節　『理性論』執筆の動機　　　　　　　　　　　　　　57

れつき堕落しているとみなす神学的偏見」[35)]に反対して,「人間本性のけっして破壊されえない善意」[36)]が啓蒙的理性の視点から論じられており,後のフォイエルバッハの宗教批判を髣髴とさせる無神論的内容が認められる。もちろん,フォイエルバッハが,この初期のヘーゲルの論旨を聞き知っていたかどうかははっきりしない。しかし,ズィークムント(Georg Siegmund)が指摘しているように,人格的な神信仰を伴う「既成のキリスト教」がヘーゲルにとっては「反自然的」であり,彼が同時代のキリスト教と敵対的関係にあったことは事実である[37)]。若きヘーゲルは「天上へと投げ売りされた財宝を人間の所有物として,少なくとも理論において,返還請求するという試みが……われわれの時代に留保されていた」[38)]と語ったが,この一節に着目しつつズィークムントは,「偉大なる解放の任務を巨人族のような行動によって遂行する勇気をもっている弟子たちを〔ヘーゲルが〕呼び求めているよう」だと評している[39)]。

　この時代の風潮とこれに対抗する師ヘーゲルの息遣いにフォイエルバッハが気づき,その無神論的傾向に感化されたであろう事実は,たとえばU・ショット(Uwe Schott)が指摘した若きフォイエルバッハの「熱狂的な世界蔑視 enthusiastische Weltverachtung」[40)]にもその一端が窺える。この「世界蔑視」という語は,カール・ダウプが教え子フォイエルバッハの行き過ぎた態度を戒めて発言した言葉だが,ダウプの思いと

---

35) Hegel, Volksreligion und Christentum, Fragment 1-5, in: *Hegels theologische Jugendschriften, nach den Handschriften der Rgl. Bibliothek in Berlin*, hrsg. v. Dr. H. Nohl, Tübingen 1907, S.43,ヘルマン・ノール編,久野昭・水野建雄訳『ヘーゲル初期神学論集』第Ⅰ巻,以文社,1973年,73頁。

36) Hegel, *a. a. O.*, S.52,ノール編,久野・水野訳,前掲書,88頁。

37) ゲオルグ・ズィークムント『試練に立つ神——無神論の歴史 *Der Kampf um Gott: zugleich eine Geschichte des Atheismus*, 1960』中村友太郎訳,エンデルレ書店,1972年,334-335頁参照。

38) Hegel, Die Positivität der christlichen Religion, in: *Hegels theologische Jugendschriften, nach den handschriften der Rgl. Bibliothek in Berlin*, hrsg. v. Dr. H. Nohl, Tübingen 1907, S.225,「既成宗教としてのキリスト教の性格」,ヘルマン・ノール編,久野昭・水野建雄訳『ヘーゲル初期神学論集』第Ⅰ巻,以文社,1973年,249頁。

39) ズィークムント,前掲書,339頁参照。

40) U. Schott, *a.a.O.*, S.111,桑山政道訳『若きフォイエルバッハの発展』新地書房,134頁。

は裏腹に，ショットはこの言葉に反神学的因子を肯定的にとらえたのである。それは次のようないきさつに基づいている。ベルリンでの学生時代，フォイエルバッハは神学部から哲学部への移籍を思案して，かつて恩師だったダウプ教授（ハイデルベルク大学）の意見を伺おうとするが，――ダウプの学務の多忙を気遣ってであろう――当時ハイデルベルクで学んでいた学友コール（Wilhelm Kohl）に依頼し転部の意向を伝えてもらうことした。そのコールからの返信（25年2月6日付）には，ダウプ教授が，フォイエルバッハは将来，世間的な承認や顕彰を放棄せざるをえなくなるが，「きっと神学にとどまらずに哲学の領域へ突き進むだろう」と予測したこと，これに答えてコールが「学友フォイエルバッハは地上の財貨や喜びを一切合財蔑視しています」とダウプにいうと，「それは正しくない，それはしてはいけない。ただ，彼は断念すべきなんだ！ 若いころには珍しくない熱狂的な世界蔑視は年をとると後悔するものだ。断念はけっして後悔に転じることがないんだよ」と厳しい口調で返されたことなどが記されていた[41]，というものである。ダウプの目には，性急な若者にありがちな「世界蔑視」にフォイエルバッハがとらわれすぎていると感じ，教え子が哲学の世界へ進むにしても行きすぎた無神論に陥ってあとで後悔せぬよう，成熟した神学者の立場から「断念すべき」と苦言を呈したのであろう。しかし，このようにダウプが危うい傾向を危惧し叱責している態度にこそ，ヘーゲル哲学へと突き進む若きフォイエルバッハの強い無神論志向が表れていると解して，ショットはこれを「熱狂的世界蔑視」[42]と特徴づけたのである。

---

41) Vgl. FGW17, S.65f., von Wilhelm Kohl, 6. Feb. 1825.

42) U. Schott, *a. a. O.*, S.111, 桑山政道訳，前掲書，134頁。若きフォイエルバッハの「熱狂的世界蔑視」を指摘したショットに対し，服部は，この推理に無理があると批判している（服部健二「自我と世界の『断念』――カール・ダウプとフォイエルバッハの関係についての一考察」『立命館文學』第529号，1993年3月，120頁参照）。その論拠は，若きフォイエルバッハが「聖書を人間的に読む」というヘルダー（Johann Gottfried von Herder, 1744-1803）の態度に共鳴し，人間，世界，自然を神理解に取り入れた神学を回復すべくヘルダーに接近したとショット自身が指摘した内容，すなわち「熱狂的な宗教哲学的関心」が，先の「世界蔑視」に矛盾するというものである。しかし，筆者の考えでは，これは矛盾ではない。むしろ，この時期のフォイエルバッハの汎神論志向に特徴的な二面性ではないかと思われる。なぜなら彼は，一方で世俗の財貨を享受することを拒否するが，他方で，スピノザ主義的に真なる理性のあり方を汎神論的に追求するからである。この「汎神論」の中身についてはあとで詳しく論究するが，少なくとも，「何から何まで神」とするような俗な汎神論ではない。

第 1 節 『理性論』執筆の動機

実際，添え状の「キリスト教は完全な絶対宗教としてはとらえられず……」という文言にそうように，フォイエルバッハは『理性論』原註 31 で「われわれの時代の気質 nostri saeculi ingenium」とされる「主観性の哲学」[43]を問題視し，さらに原註 33 で「個体の不死に関する最近の神学者たちの教説」[44]を批判している。『理性論』において「主観性の哲学」の代表とフォイエルバッハがみなしているのは，ヴァイラー（Cajetan von Weiller, 1761-1826），ノヴァーリス（Novalis, 1772-1801）とヤコービの三人[45]のほか，「カント（Immanuel Kant, 1724-1804）とその足跡を追った他の人々」[46]およびフィヒテ（Johann Gottlieb Fichte, 1762-1814）であると考えられるが，批判の反響を恐れてか「個体の不死に関する最近の神学者たち」の具体名は挙げられていない。ヘーゲル，フォイエルバッハの行う同時代神学批判が同じ視角から行われているかどうかは検討を要するが，「主観性の哲学」批判という大枠において両者が共通する思弁の立場に立っていることだけは確かであろう。それは，ヘーゲルのイェーナ期の雑誌論文「信仰と知，またはカント哲学，ヤコービ哲学，フィヒテ哲学として，その諸形式を完璧につくした主観性の反省哲学 Glauben und Wissen oder die Reflexionsphilosophie der Subjectivität, in der Vollständigkeit ihrer Formen, als Kantische, Jacobische, und Fichtesche Philosophie, 1802」（以下，「信仰と知」と略）で批判的に叙述されるヤコービ，カントが『理性論』で同様に批判的に論及される点にも読み取れる[47]。

───────────
ヘーゲルはそのような〈通俗的汎神論〉理解──特に新敬虔派トールクらの理解──を批判したが，この師ヘーゲルの視点と弟子フォイエルバッハの「世界蔑視」の視点とが，筆者には重なってみえる。

43) FGW1, S.142, II §10, Anm. 31,『F 全集』① 32 頁，半田訳 38 頁。
44) Ebenda, Anm. 33,『F 全集』① 34 頁，半田訳 同頁。
45) Vgl. ebenda, S.144, 146, II §10, Anm. 35,『F 全集』① 35 頁，半田訳 39 頁。
46) Ebenda, S.64, III §13,『F 全集』① 44 頁，半田訳 47 頁。
47) 35/36 年の『近世哲学史講義』第 18 講で，ヘーゲルの経歴を特徴づけるに当たり，「カント哲学，フィヒテ哲学，ヤコービ哲学の批判 Kritik der kant'ischen, ficht'schen, jakobi'schen Philosohie」(FV, S.144, XVIII. Vorl.) から論じ始めている。フォイエルバッハが『哲学批評雑誌』に掲載されたヘーゲルの論文「信仰と知」をよく知っていた事情──ただし，この「35/36 年の講義の時点で」という限定つきだが──は，ヴェックヴェルト（Christine Weckwerdh, 1963-）も指摘している。Vgl. Christine Weckwerdh, Hegel als Theoretiker der Differenz, der pantheistisch-realistische Ausgang des jungen Feuerbach von Hegel. In: *Ludwig*

ヘーゲルはといえば，弟子のヒンリヒス（Hermann Friedrich Wilhelm Hinrichs, 1794-1861）が著した『信仰論』への「序文」[48]を公にして以降，少なくとも 27 年の『宗教哲学講義』までは，シュライエルマッハー（Friedrich Daniel Ernst Schleiermacher, 1768-1834）に対して批判的関係にあったことが最近の研究でわかってきている[49]。「もし感情が人間の根本規定をなすというなら，人間は動物に等しくされてしまう。……人間の宗教がただ感情にのみ基づくものであるなら，……犬こそが最高のキリスト者であろう」[50]と（暗にではあるが，しかし，周囲にあからさまにわかるような仕方で）シュライエルマッハーを批難して以来，ヘーゲルは 24 年の『宗教哲学講義』でも感情神学に対して批判的な態度をとっていた。この事情を，フォイエルバッハもおそらくは知っていたに違いない。30 年の『死と不死』には「感情神学」と題する風刺詩があり，そこには「舞台 Handlung は終わり，劇場は閉められる／〔ところが〕心打たれた感情 ein rührend Gefühl は，まだ大詰めがあるかと残っている」[51]という一節が記されている。この風刺が暗にシュライエルマッハーを指しているとすれば，師ヘーゲルと同じ批判的態度を共有していると考えられるのである。
　しかし，ヘーゲルがシュライエルマッハーを「主観性の反省哲学」に属する者とみなしたにせよ，『理性論』で批判されている「個体の不死に関する最近の神学者たち」[52]のなかにシュライエルマッハーを加えるのは少々難しい。『理性論』で批判されるのは〈個体そのものを不死とみなす神学者たち〉だが，少なくともシュライエルマッハーはそのような神学者ではなかったからである。逆に彼は 1799 年の匿名の書『宗教について――宗教を侮蔑する教養人のための講和 Über die Religion, Reden an die Gebildeten unter ihren Verächten, 1799』（以下，『宗教につい

Feuerbach und die Geschichte der Philosophie, hrsg. v. W. Jaeschke und F. Tomasoni, Berlin 1998, S.289.

48)　Hegel, Vorwort zu: H. F. W. Hinrichs: Die Religion, 1822, in: HGW15, S.126-143, 海老澤善一訳編『ヘーゲル批評集』1992 年，224-250 頁。
49)　山﨑純，前掲書，51-122 頁参照。
50)　HGW15, S.137, 海老澤善一訳編，前掲書，239 頁。
51)　FGW1, S.430, § VI Xenien77,『F 全集』⑯ 174 頁，〔　〕は引用者による補足。
52)　Ebenda, S.142, II § 10, Anm33,『F 全集』① 34 頁，半田訳 38 頁。

第 1 節 『理性論』執筆の動機

て』と略）のなかで，「不死に関しましては，私はたいていの人たちがそれを理解する仕方，また彼らの不死への憧れが，全く反宗教的で，宗教の精神に反しているということを隠しておくことができないのです」[53)]と述べており，フォイエルバッハが 30 年の『死と不死』で積極的に論じることになる「不死信仰批判」を先取りしているところがある。フォイエルバッハは 30 年の『死と不死』を匿名で出版し，「愛の何たるかを知っているのは真の汎神論者 der echte Pantheist のみである。汎神論以外はすべて，エゴイズム，自己発情 Selbstbrunst，虚栄，利欲 Gewinnsucht，傭兵状態 Söldnerei，偶像崇拝 Abgötterei である」[54)]と――匿名とはいえかなり危うい主張[55)]をするに至るのだが，彼の汎神論的立場とシュライエルマッハーの神学的立場とを「宇宙論」としてみると，意外にも両者は内容的に重なるところがある。シュライエルマッハーは宗教の最高目標を「人間性 Menschheit の彼岸で，人間性を超えたところで，宇宙を発見すること」[56)]としているが，この宇宙を超越神ではなく内在神として汎神論的に読み替えると，30 年の『死と不死』の立場にきわめて近い主張とも解されるのである[57)]。

---

53) Friedrich Schleiermacher, *Über die Religion, Reden an die Gebildeten unter ihren Verächten*, Hamburg 1958, S.72, 深井智朗訳『宗教について――宗教を侮蔑する教養人のための講和』春秋社，2013 年，129 頁。
54) FGW1, S.216, I, 47 年改版では削除。
55) ヤコービとメンデルスゾーン（Moses Mendelssohn, 1729-86）との間で交わされた書簡で有名になった「汎神論論争」で，ヤコービがスピノザ主義を「無神論」「汎神論」などと称して危険視したことは周知のことだが，フィヒテが最終的にイェーナ大学を辞するに至った「無神論論争」も含め，「無神論」や「汎神論」を口にすることが，当時はタブー視される時代であったことが，改めて思い起こされるべきであろう。Vgl. JW4, 1.Abt., S.1ff., besonderes S.216ff.「無神論論争」については，『フィヒテ全集』第 11 巻，晢書房，2010 年，369 頁以下，「無神論論争」の訳者解説を参照。
56) Schleiermacher, a. a. O., S.73, 深井訳，前掲書，130 頁。
57) 不死信仰批判をめぐるフォイエルバッハとシュライエルマッハーとの類似性は，先の「感情神学」と題された風刺詩の皮肉（Vgl. FGW1, S.430, §VI Xenien77, 『F 全集』⑯ 174 頁）と矛盾するようにみえるかもしれないが，シュライエルマッハー神学をフォイエルバッハの汎神論に至る過渡的なものと解釈すれば，矛盾なく理解できるであろう。すなわち，「舞台 Handlung」が思弁的思惟の「行為 Handlung」をも含意する掛け言葉であるとすると，先の風刺詩は「舞台＝思惟活動」が終わっているのに，更なるクライマックスを待ち望む観客（＝感情神学）の愚かしさが風刺されているものと読める。宇宙という舞台を超越とみるのがシュライエルマッハー神学だとすれば，これを内在的活動とみるのがフォイエルバッハの汎神論ということになる。両者が近い関係にあったことについては，服部健二「フォイエルバッハの『死と不死に関する諸思想』（1830 年）について――シュライエルマッヒャー，

『理性論』で「汎神論」に関する論及はどうかというと，原註51に次の章句が認められる。

> もし最近の神学者たちが哲学者らに汎神論という批難を投げつけるとすれば，彼ら自身が多神論と難詰されるべきである。[58]

哲学者らに汎神論の嫌疑を投げる神学者というと，この当時も影響力のあったヤコービが思い出されるが，しかし，ヘーゲルが27年の『エンツュクロペディー Enzyklopädie der philosophischen Wissenschaften im Grundrisse, 1827』第2版の序文と第573節註解において名指しで批判した人物として，トールク（Friedrich August Gottreu Tholuck, 1799-1877）の名が想起されるべきであろう。彼は，『罪悪と贖罪者についての教理，あるいは懐疑論者の真の聖別 Die Lehre von der Sünde und vom Versöhner, oder Die wahre Weihe des Zweiflers, 1823』（以下，『罪悪論』と略）を匿名で著し，そのなかでヘーゲル哲学を「概念の汎神論 Begriffs-Pantheismus」と特徴づけていた[59]。トールクをはじめとする新敬虔主義者たちが，ヘーゲル哲学に潜む不信仰の傾向を不快に思いこれに反発してヘーゲル哲学に「汎神論」の批難を浴びせたものと解されるが，フォイエルバッハのこの引用箇所は，「汎神論」を自認するまでには至らなくとも，新敬虔派からヘーゲルを弁護しつつ，自らの哲学的思弁の正当性を訴えたところだったのではあるまいか。というのも，哲学は「何から何まで神だ alles sei Gott」[60]とみなしているとする敬虔派の批難は，ヘーゲルにとっては「著しい概念の歪曲」にほかならず，「絶対的に存在する普遍性 Allgemeinheit」[61]をあるがままの経験的個物を寄せ集めた

ヘーゲルとの関係で」（『立命館文學』第522号，1992年1月，90-110頁）参照。

 58) FGW1, S.160, IV §15, Anm. 51,『F全集』① 57頁，半田訳61頁。
 59) 山﨑純訳『宗教哲学講義』，創文社，2001年，49-50頁。特に50頁の訳者註を参照。ヘーゲルがトールクの名指しの批判を目にしたのは，『罪悪論』の第2版のようである（山﨑純『神と国家』91頁参照）。この書でトールクは「概念の汎神論は，エレア派，フィヒテ，ヘーゲルに固有のものである」といっている。Vgl. Tholuck, Die Lehre von der Sünde und vom Versöhner, oder Die wahre Weihe des Zweiflers, Zweite, ungearbeitete Auflage, Hamburg 1825, S.231.
 60) HV3, S. 273, 山﨑訳，49頁。
 61) Ebenda, 山﨑訳 同頁。

第 1 節　『理性論』執筆の動機　　　　　　　　　　　　　　63

ものとしての「一切合切すべて Allheit」[62]と混同する誤解に根差したものであったからである。フォイエルバッハが上の引用箇所で「多神論と難詰されるべき」といって批難した「最近の神学者たち」が誰を指すかについては，明記されてはいないがヘーゲルのトールクに対する反批判[63]と内容的に重なることから，彼ら新敬虔派を念頭において述べたものとみる解釈は，おそらく正鵠を射たものであろう[64]。

　注意すべきは，28 年の『理性論』は汎神論を積極的に語ってはいない——少なくとも自ら汎神論者であることを明確には自認していない——が，しかし，汎神論的志向を示しているという点である。すなわち，上の引用の汎神論擁護は，汎神論以外の立場——たとえば，ヘーゲルのようにキリスト教と哲学を宥和させようとする立場——から行われているのではなく，汎理性主義という汎神論的志向に基づいて行われている[65]，ということである。それは，フォイエルバッハがキリストとい

---

62) Ebenda，山﨑訳 同頁。

63) ヘーゲルは『エンツュクロペディー』第 2 版（1827 年）で「哲学を汎神論として難詰することは，特に近世の教養，新敬虔派と新神学に属する」（HGW19, S,406, §573）と述べている。

64) 27 年のヘーゲルの『宗教哲学講義』をフォイエルバッハは聴講していないが，その年に出版された『エンツュクロペディー』第 2 版なら読むことができたはずで，「汎神論」呼ばわりする者たちから哲学を弁護するという『理性論』原註 51（上記引用箇所）の構えからいっても，フォイエルバッハの念頭にも論敵として新敬虔派があったと考えられる。トールクは「ベルリン大学ではネアンダーに師事し，シュライアーマッヘルを敬遠した」（山﨑純，前掲書，90-91 頁）といわれるが，後者と距離があるという点も，28 年当時のフォイエルバッハにとっては批判のターゲットにしやすい要素であろう。ちなみに，名指しではないにせよ同時代の「敬虔主義 Pietismus」に対するフォイエルバッハの批判は，30 年の『死と不死』の付録「風刺詩」に散見される（vgl. FGW1, S.412f. [14][15], 416 [20], 476[239], 510[343]，『F 全集』⑯ 123-125 頁，127-128 頁参照）。また，このころのフォイエルバッハの著書や論評にトールクの名は見当たらないが，10 年後のリュッツェルベルガー（Ernst Carl Julius Lützelberger, 1802-1838）への書評（1840 年）ではトールクへの名指しの批判が認められる。Vgl. Ludwig Feuerbach, »E. C. J. Lützelberger, 1) „Grundzüge der Paulinischen Glaubenslehre. Ein theologisch-exegetischer Versuch." Nürnberg 1839. – 2) „Die kirchliche Tradition über den Apostel Johannes und seine Schriften in ihrer Grundlosigkeit nachgewiesen." Leipzig 1840. Verlag von Brockhaus.«, in: FGW9, S.100ff.,『F 全集』⑮ 53-76 頁。

65) 30 年の『死と不死』では，理性だけでなく愛もふくめた汎神論の立場が表明されており，この点が『理性論』との相違点としてはあげられよう。しかし，先に（序論第 2 節 B で）示唆したように執筆順序が仮に逆転していたとしても，両著作の汎神論という特性を共有していることは事実で，その点で『理性論』と『死と不死』との関連の深さは軽視されてはならない。両著作の異同についてはあとで詳論する。

う人格神の意味を積極的に語ろうとしない点にもみてとれる。したがって，反敬虔主義という点でヘーゲルと同じ歩調をとっているかにみえる若きフォイエルバッハの汎神論的志向は，『エンツュクロペディー』第2版への序文で，三位一体説を信仰の土台とみなさないトールクに対し，ヤコービ，バーダー（Franz von Baader, 1765-1841），ベーメを引きあいに出して，三位一体の教義，とりわけ神の人間化における思弁的媒介の意義を強調したヘーゲルの志向[66]とはやはり異なるものといわざるをえない。ヘーゲルは，三位一体の人格性を思弁的媒介の要諦として重視するのに対し，フォイエルバッハはキリスト教的彼岸信仰批判，人格批判を徹底させ，キリストの人格や教団などの媒介を積極的に論及することなく，『理性論』でも『死と不死』でも別の媒介――この内容はあとで論じる――で思弁を語ろうとするところがあるからである。そうであればこそ，「キリスト教を絶対宗教とみなせない」とヘーゲルに告白せざるを得なかったとも解されるわけだが，しかし，この離齬はなぜ生じたのだろうか。半田の指摘にあった〈「絶対的一性」の突出〉がなぜ生じたのかという問題を考察するまえに，まず次節で『理性論』における人格批判の内容を検討してみたいと思う。

---

[66] Vgl. HGW19, S.15f., 松村一人訳『小論理学』上巻，岩波文庫，1978年，43-44頁。

第 2 節 『理性論』の人格批判

　ヘーゲル宛の『理性論』添え状にもあるように，フォイエルバッハがキリスト教を批判するのは，特にその教義の「人格」に対してであった。この節ではまず，汎神論の立場からのその人格批判が若きフォイエルバッハのキリスト教批判の要になっていること，その点でフォイエルバッハがヘーゲルと異なる立場に立っているにもかかわらず，師の理念を継承発展させようとしていることを明らかにしたい。すなわち，「人格」という鍵概念に着目し，キリスト教の「人格」批判によって，『理性論』のなかで「人格」概念がどのように用いられているかを吟味検討し，『理性論』の基本性格を明らかにしてゆきたいと思う。

　前節で，人格的神信仰に対して若きヘーゲルが批判的だった事情をズィークムントが指摘し，フォイエルバッハにも影響を及ぼしたであろうことを述べたが，同様の解釈は，「ヘーゲルの影響は，フォイエルバッハの最初の定式化である人格概念の批判に認められる」[67]と規定したトマソーニ（Francesco Tomasoni, 1947-）の研究にも認められる。彼は『ルートヴィヒ・フォイエルバッハと非‐人間的自然 *Ludwig Feuerbach und die nicht-menschliche Natur*, 1990』で，上記引用箇所にある「これまでの世界史的な見方を滅ぼす」というフォイエルバッハの主張が，ヘーゲルの人格概念批判の延長上にあると解釈した。もちろんヘーゲルにあっては，この人格概念がキリスト教の三位一体の教義ときわめて深い関係にあり，弁証法的媒介の要諦をなすものであった。しかし，トマソーニはこの事情を踏まえた上で，人格概念は「本質 Wesen・実体という概念と結びついて，〔同一であると〕同時に区別であるところの同一性の形式を提示する。周知のように，ヘーゲルはこの術語〔人格〕の思弁的価値を本質的に縮減し vermindern，――主体性の概念と交換することによって――この術語を全体性 Gesamtheit としての神性

67） F. Tomasoni, *Ludwig Feuerbach und die nicht-menschliche Natur*, Stuttgart-Bad Cannstatt 1990, S.72.

に分類することを好んだ」[68]と指摘する。「ヘーゲルが思弁的価値を縮減した」という評言は気になるいい回しだが，ここでいわれる「思弁的価値」が「神秘性」であるとすれば，首肯できる内容であろう。ヘーゲルは思弁的神秘性の秘密を暴いてその価値を縮減し，それによって思弁的合理性の価値を高めたと読めば筋が通る。少なくとも確認できるのは，ズィークムント同様トマソーニも，フォイエルバッハを待たずともヘーゲル哲学においてすでに無神論的傾向が示されているとみていた点である。従来の神学において，人間の思惟ではとらえきれないとされていた神的実体をヘーゲルは動的主体におきかえ，不可思議な神秘・秘密とされていたものが思弁的理性にとっては何ら神秘でないことをヘーゲルは主張していたことは，24年の『宗教哲学講義』の以下の叙述をみても明らかである。

　　神は精神である。……このことは絶対的真理であり，宗教はこの内容をもってこそ真の宗教である。キリスト教では三位一体性といわれているものがこれにあたる。……この神が三位一体であるのは，己れを区別しながら，しかしそこにおいて己れと同一であり続けるということである。この三位一体性は神の神秘 Mysterium といわれ，その内容は神秘的 mystisch，つまり思弁的である。〔しかし，〕理性にとって存在するものは，秘密 Geheimnis ではない。[69]

トマソーニは特に言及していないが，このヘーゲルの叙述はトマソーニの主張を裏づけるものとみてよいだろう。この三位一体の秘密を思弁的理性によっては把握可能であるとするヘーゲルのアプローチ[70]は，聴

---

68) *Ebenda.*
69) HV5, S.125,〔〕は引用者による補足。
70) ちなみに，27年の『宗教哲学講義』では「思弁的理念は，……感覚的な見方にとっても悟性にとっても秘儀 ein μυστήριον である。秘儀とは，すなわち，理性的なもののことである。新プラトン主義者たちのもとでは，この表現もまた，すでに思弁哲学にすぎなかった。神の本性は通常の意味での秘密 Geheimnis でない，特にキリスト教においては秘密ではない。キリスト教においては，神は自分が何であるか，己れの素性を明らかにした。というのも，神は顕わに offenbar なっているのだから」（HV5, S.205, 山崎訳329頁）といわれている。「思弁的」という語の意味が，「神秘的」と内容的に同じだが，理解できないものではないという説明は，ズーアカンプ版『エンツュクロペディー』§82補遺にもある。Vgl. HW8,

第 2 節 『理性論』の人格批判　　　　　　　　　67

講者の一人であった若きフォイエルバッハに強い刺激を与えたに違いない。ヘーゲルが三位一体の核心を「己れを区別しながら，己れと同一であり続ける」という思弁的思惟の形式としてとらえたことが，宗教において「神秘」と伝承されている三位一体の内実の暴露，すなわち「秘密ではない」という無神論的把握を示しているからである。フォイエルバッハは，間違いなくヘーゲルのこの無神論的理解に棹差して『理性論』を執筆している。たとえば，この書の原註 29 でフォイエルバッハは，プラトン（Πλάτων, 427-347 B.C.）の『ティマイオス』に依拠してアリストテレス（Ἀριστοτέλης, 384-322 B.C.）が論じた「同じようなものは同じようなものによって認識される」[71]というテーゼを引き，以下のように述べている。

　　（同じようなものは同じようなものによって認識されるという）この見解を，今でも多くの人々は心に抱いているのであって，神が理解されうることを彼らが否定するときがそうである。すなわち，そのとき人々は断言する，神を認識する人は彼自身が神でなければならない，と。しかし私が神でないというまさにその理由から，私は神を認識できるのである。というのも，認識されるべきものから私が区別されており，またそれから私を分かつのでなければ，私はその認識を獲得することはできない……からである。[72]

　区別を含む同一性が，ヘーゲルにおいては三位一体の教義に潜む思弁として語られていたが，「神は認識できない」と語る神学者たち——合理主義者パウルス，感情神学のシュライエルマッハー，トールクら新敬虔派，ヤコービに端を発する最近の主観主義など——に対してヘーゲルはすでに対決姿勢を明確に示していた[73]。フォイエルバッハもまた師の

S.178f., §82, Zusatz, 松村一人訳『小論理学』上巻，岩波文庫，1978 年，254-255 頁参照。
　71）　Aristotle, *On the Soul, Parva Naturalia, On Breath*, with an English translation by W. S. Hett, Cambridge, Massachusetts, Londen, England 1957, pp. 22-23, アリストテレス『霊魂論』第 1 巻 第 2 章：『アリストテレス全集』第 6 巻，岩波書店，1968 年，11 頁。
　72）　FGW1, S.138, II §9, Anm.29, 『F 全集』① 30 頁，半田訳 34 頁。
　73）　山﨑純，前掲書，131-134 頁参照。山﨑は，27 年以降シュライエルマッハーとヤコービに対するヘーゲルの評価が「直接性」をめぐって変化することを指摘している（山﨑

見方に倣い，神を内容空疎なものとして天上を仰ぎみるのでなく[74]，この世でその具体的な内実を思弁的に把握する立場を共有していた。それはたとえば，『理性論』においてヤコービを意識したと思われる，「無限者そのものおよびそれの認識……への意識の移行は，いわゆる死の跳躍 saltus mortalis というようなものではけっしてない」[75]という叙述にみてとれる。ヤコービは，従来の哲学的反省をすべて「間接知＝媒介知」ととらえ，「死の跳躍 Salto mortale」[76]によって信仰の聖なる領域を救い出そうとした。すなわち，人間の認識と神の認識の〈断絶〉を主張したわけだが，これに対し，フォイエルバッハはヘーゲルとともに，両者の思弁的〈連続〉を主張したのである。

しかしヘーゲルの場合は，人格神に対するキリスト教批判が初期に潜在していたとしても，『精神現象学』（1807 年）のころには，三位一体の教義は思弁的媒介のエッセンスと見られ，〈イエスの死→教団の表象→教団における聖餐〉というように段階的発展の叙述を通じて最終的な概念的把握への道が示されることになった[77]。つまりヘーゲルにおいて

純，前掲書，142-154 頁）。つまり，ヘーゲルは彼らに対する 24 年の批判のトーンを落とし，「直接知」を頭ごなしに批判するのでなく彼らを味方につけて，この宗教的直接知が「媒介をも自己内に含む直接性である」（HV3, S.307, 山崎訳 89 頁）と述べて，包括的立場に立つようになるという。フォイエルバッハが 27 年の『エンツュクロペディー』第 2 版を読んでいた可能性は高いが，しかし，同年の『宗教哲学講義』のヘーゲルの路線変更にフォイエルバッハが気づいていたかどうかは定かでない。ちなみに，『理性論』におけるヘーゲルのテキストへの言及としては，原註 1, 11, 23, 24, 32, 37, 65 の『エンツュクロペディー』（1817 年）初版の参照，原註 3, 11, 36, 37 の『精神現象学』（1807 年）の参照，原註 14, 38, 64 の『大論理学 Wissenschaft der Logik, 1812/13』初版の参照指示が認められる。

74) 『理性論』§ 6 でも「人間たちの絶対的同等性 absoluta hominum aequitas」は「思惟すること」のうちにあるのだから，それを目にしたいと思ってわざわざ「墓場へ出向き，骸骨や遺体を想いつつ星空を見上げるようなことをする必要はない」と述べられている。Vgl. FGW1, S.30, I § 6,『F 全集』① 20 頁，半田訳 23 頁参照。

75) Ebenda, S.60, II § 12,『F 全集』① 41 頁，半田訳 44 頁。

76) JW4, 1.Abt., S.59.

77) 神の人格を肯定的に評価する背景には，ヘーゲルのヤコービ評価の転換が関係している。すなわち，「信仰と知」（1802 年）の段階では，スピノザの絶対者を真なるものとみてヤコービを「主観性の反省の哲学」の一つとして批判していたが，無限な実体に有限な人間の意識がいかにして参入するかという問題を解決するために，スピノザの静的実体を自己否定する主体（＝生ける精神）としてとらえる必要があると考え，『精神現象学』（1807 年）では「真理は実体としてだけではなく主体としても把握され表現されるべきである」（HGW9, S.18, 樫山訳 23 頁）と主張されるようになったという経緯である。〈実体を主体化し，生ける精神として把握すること〉と，〈神の人格を肯定すること〉とは表裏一体であり，ヤコービ評

第2節 『理性論』の人格批判

は，三位一体の位格（人格）が内容的に批判される方向へは向かわず，むしろ「己れを区別しながら，しかしそこにおいて己れと同一であり続ける」[78]という形式を担うものとして肯定的に評価されるようになっていった。現に『精神現象学』では，「神的存在者の人間化」（受肉）が，精神の外化における自己知，すなわち「自らの他在にありながら己れ自身との同等性を維持したまま，運動している本質(ヴェーゼン)」[79]と規定されている。そうであればこそ，ヘーゲルは汎神論の嫌疑をかわし，自らを「ルター主義者」と名のることができた[80]。ところが前節で示唆したように，フォイエルバッハの場合は，ヘーゲル哲学に潜む人格批判にこそ核心があると受けとめ，これを自らの課題とし貫徹しようとしたと思われる。彼の場合，人格を活動的精神の具現として評価するようなところがあったとしても，同時代のキリスト教神学（とりわけ超越的人格）に対する批判的姿勢を一貫して崩さないため，師のように受肉や教団の肯定に結びつくような人格論を展開しないのである。彼は，キリスト教の「人格」を批判するあまり，「人格」について語ることを完全に放棄したのだろう

価がネガからポジに変わるのはそのためであると考えられる。ヘーゲルのヤコービ評価の転換と『精神現象学』におけるヘーゲルの実体理解との関係については，山口誠一「感情と精神──ヘーゲルの魂の友ヤコービ」，加藤尚武編『ヘーゲル読本』法政大学出版局，1987年，324-333頁，伊坂青司『ヘーゲルとドイツ・ロマン主義』御茶の水書房，2000年，72-74頁および77-78頁の註16参照。

78) HV5, S.125.
79) HGW9, S.405, 樫山訳423頁。
80) Vgl. HW18, S.94, 武市健人訳『哲学史序論』岩波文庫，1967年，142頁参照。この『哲学史講義』の序論で「ルター主義者」を自認する叙述は，ヘーゲル自身が敬虔な信者であることを告白する，といった内容ではない。人々が神と呼んでいるものがヘーゲルにいわせれば「神的精神」としての実体であり，それが人格を有するかぎりで活動的であってスピノザの静的実体ではない，という含みである。ヘーゲルはこの箇所で以下のように述べている。「したがって精神は理解されるものと理解するものとの統一ということになる。理解されるものである神的精神は客観的なものであり，主観的精神は理解するのである。しかし精神は受動的ではない。いいかえれば，その受動性は，単に一時的なものにすぎない。そこにあるのは一なる精神的絶対的統一である。主観的精神は活動的なものだが，客観的精神はそれ自身がこの活動性である。……神的精神はその教団のなかに生きており，またそのなかに現在している。この理解が信仰と呼ばれた。それは歴史的信仰ではない。我々ルター主義者は──私はルター主義者であるし，いつまでもそうありたい──ただの根本的信仰のみをもつ。この統一はスピノザの実体ではなく，己れを無限化し普遍性へと関係するところの自己意識における知的実体である。……神を認識することが，宗教の唯一の目的である。宗教の内容についての精神の証こそ宗教心 Religiosität そのものである」(ebenda, S.93f., 武市訳142-143頁)。

か。『理性論』の「人格」を積極的に論じているところはないのだろうか。

そこで，『理性論』で「人格」に相当する persona に言及した箇所を探してみると，愛・友情などの感覚的伝達における「諸人格 personae」としての一致[81]，「宗教」における普遍性を実現するために「二者またはより多くの人物 duo sive plures personae」が必要であること[82]，他の人々と会話をする際の私という「単独の人格 singula persona」[83]などが散見されるが，しかし，これらは「人格」というよりは感覚に縛られた「個人」という意味あいが強く，たとえそこに普遍的なものが立ち現れたとしても，「制限や例外なしに端的に普遍的」[84]である思惟の絶対的一性より劣るもの，前段階にあるものとしてとらえられるにすぎない。「人格」を積極的に述べたものと解される箇所があるとすれば，§6原註14であろう。そこではヘーゲルの『エンツュクロペディー *Enzyklopädie der philosophischen Wissenschaften im Grundrisse*, 1817』初版（いわゆる『ハイデルベルク・エンツュクロペディー』）「C. 精神哲学，第2部 客観的精神，A 法，§405」の一文が引用されている。

> 「私が人格 Person，すなわち私に対する私の無限の関係であることによって，私は私自身からの私の絶対的排斥 die absolute Repulsion meiner von mir selbst であり，他の諸人格の存在のうちにのみ私の実現をもつ。私は，そこにおいて初めて私にとって一個の現実的人格 eine wirkliche Person である」とヘーゲルはいっている（『エンツュクロペディー』〔初版〕261頁)。[85]

---

81) FGW1, S.14, I §3, 『F全集』①11頁，半田訳14頁。〈諸人格として〉一致するとは奇妙な表現だが，感覚のレベルでは複数性が残ること，つまり不完全な一致であることをこの語は含意している。フォイエルバッハは「共感 consensus, 共苦 compassio」がドイツ語では »Mitgefühl«, »Mitleiden« にあたることを確認しつつ，思惟に関して »Mitdenken« とか »Mitgedanke« などと語ることが不適切であると指摘して，思惟することが個別的な「二」や「多数」を離れた本来の一性であることを論証している。

82) Vgl. Ebenda, S.26, I §5, 『F全集』①18頁，半田訳21頁参照。この「普遍性」は思惟における「己れ自身と他者との一性 Sui Ipsius et Alterius unitas」のように「あらゆる点において絶対的なもの absoluta としては現れない」とされている。

83) Ebenda, S.32, I §7, 『F全集』①22頁，半田訳25頁。

84) Ebenda, S.30, I §6, 『F全集』①20頁，半田訳23頁。

85) Ebenda, S.130, I §6, Anm.14, 『F全集』①同頁，半田訳同頁，〔 〕は引用者による

「私自身からの私の絶対的排斥」という箇所はヘーゲルの原文にない文字強調（イタリック）が施されており，フォイエルバッハが特別な関心を示した様子が窺え，「人格」に関する叙述としては異彩を放っている。ただし，ヘーゲル自身の叙述は「第 2 部 客観的精神」において「A 法」→「B 道徳性」→「C 人倫」，さらには「第 3 部 絶対精神」へと進んでゆく[86]が，フォイエルバッハのここでの関心は，階梯的発展をめざすヘーゲルの体系的関心とは異なるものである。というのも，『エンツュクロペディー』「A 法」の章では自由な意志が「物件 Sache」のなかに「人格」を投げ入れ「所有 Eigenthum」となり，この所有物という媒辞を通じて，他の人格との間に成立する「契約」が話題となるが，その過程をみる上で重要な概念であろう「占有 Besitz」，「所有」，「承認」などについて，フォイエルバッハは何も言及していないからである。では，なぜ彼はこの箇所を注視しているのか。それは，この原註 14 が『理性論』の本文，「一者が個別的であることと多数者が個別的であること unum esse singular et plures esse singulares [87]とは一つの同じことである」[88]という一文に付けられている事情と関係している。その意味を文脈から検討してみよう。

　フォイエルバッハがこの §6 で問題にしているのは，思惟における本来的な一性，すなわち「人間の類 genus humanum」[89]あるいは「人間た

　　補足，ヘーゲルの原文にない文字強調はフォイエルバッハによる。Vgl. HGW13, S.225, §405.
　[86]　フォイエルバッハが引用した『エンツュクロペディー』の直前の節では「物件 Sache は，占有 Besitz というさしあたり外面的な占拠の判断を通して，我がものなりという述語を維持するが，この述語は，ここでは私が絶対的であるところの，私の人格的な意志を投げ入れるという意味をもっている」（HGW13, S.225, §404）といわれ，物件を独り占めにする「占有」が私という「人格」を投入することによって「所有 Eigenthum」になること，さらには，所有物としての「物件」が他の人格との「媒辞」となって他の人々との「契約」が成立する事情がさまざまな角度から吟味されている。フォイエルバッハの引用した §405 はその中間段階にあたるが，原註 14 を含め『理性論』では，ヘーゲルの論で重要な用語となっている「物件」，「所有」，「契約」などへの論及は何もない。
　[87]　この引用前半部の原語 "singular" は語尾変化がおかしい。誤植と思われる。
　[88]　FGW1, S.28, I §6,『F 全集』① 19 頁，半田訳 22 頁。
　[89]　Ebenda, S.30, I §6,『F 全集』①同頁，半田訳 同頁。ボーリン・ヨードル版『全集』（BJ）を底本にしている船山訳では，「人間の類 genus humanum」が「類的存在者としての人間 Mensch als Gattungswesen」（BJ4, S.311, I §6）と訳されている。半田はマルクス（Karl Heinrich Marx, 1818-83）の『経済学－哲学手稿』の影響を指摘し，マルクスとフォイエルバッハの相違，またフォイエルバッハの『理性論』と『キリスト教の本質』との相違を安易

ちの絶対的同等性 absoluta hominum aequitas」[90]が，実生活におけるもろもろの不和や対立とは次元を異にするものであるということ，しかし，この一性がたとえ現実からかけ離れて聳え立つようにみえたとしても，彼岸で実現されるのではなくこの世で実現されるものであるということ，ただし，その実現は個別的人間を離れた「誰でもないもの nemo」[91]という高次の思惟へ移行する点で，自然死より神聖な「生に内在する死 mors, quae in vita inest」[92]であるということ，である。先の引用で「一者が個別的であることと多数者が個別的であることとは同一」といわれるときの「一者」は，実体としての「理性そのもの」ではなく個別者としての「人間」であり，「多数者」も，やはり同じ個別的「人間」と解されよう。すなわち，私は思惟するかぎりで「個体であることをやめ」[93]ることができるとはいえ，感覚に左右されるかぎりでは一個の人間であり，多くの個別者もその点では変わりがないという含みである。ところが，先の『理性論』原註14の引用で，ヘーゲルは「人格」としての私を「私に対する私の無限の関係」と規定し，そこから「絶対的排斥」の運動が生じるとみていた。『理性論』のフォイエルバッハはこの排斥する運動の主体性・能動性を高く評価したのではなかろうか。つまり，ヘーゲルのいう「人格」を〈思惟者として無限に働きかける人間の自己関係〉と読み，〈思惟者としての私〉が〈個別者としての感覚的な

に看過するものとして警告している。半田のこの指摘には筆者も同意する。半田秀男，前掲書，上巻，17-18頁参照。

90) FGW1, S.30, I §6,『F全集』①20頁，半田訳23頁。「人間たちの絶対的同等性 absoluta aequitas」は，船山訳では「あらゆる人間たちの絶対的平等」（BJ4, S.312, I §6）となっているが，ボーリン・ヨードル版『全集』(BJ)の独訳 „Gleichheit" からの重訳とはいえ，「平等」はニュアンスとして正確でないように思われる。『精神現象学』などで「己れ自身との同等性 Gleichheit」と読むべき箇所を「己れ自身との平等」と訳すとおかしなことになるのと事情は同じである。『理性論』の場合，主体が「精神」ではなく「人間たち」であるために，後年の人間学的な視点が混入してしまうのかもしれないが，あとで詳論するように，背後に「理性そのもの」，「客観的思惟」があることに配慮すべきで，ヘーゲルの文脈と同様に「同等性」の訳語で理解したほうがよい。ちなみに，船山訳に先立ってボーリン・ヨードル版独訳から重訳された向井守訳「統一的・普遍的・無限的理性について」でも，問題の箇所は「すべての人間の絶対的平等性」（『フォイエルバッハ選集 哲学論集』法律文化社，1970年，13頁）と訳されている。

91) FGW1, S.30, I §6,『F全集』①20頁，半田訳22頁。
92) Ebenda,『F全集』①同頁，半田訳23頁。
93) Ebenda, S.8, I §1,『F全集』①7頁，半田訳9頁。

第 2 節　『理性論』の人格批判

私〉を無限に突き放し（＝絶対的排斥）て[94]個別性を抜け出し（＝内在的死），理性の一性へと還帰して「現実的人格」を実現してゆく営みこそ本来的である，とフォイエルバッハはいおうとした。ヘーゲルの場合，無限者と有限者を媒介する三位一体の人格が不可欠であったが，フォイエルバッハの場合は――ヘーゲル宛『理性論』添え状ですでにみたように――この神的人格の表象が「正統的にして合理主義的なキリスト教的諸表象」[95]を基礎づける従来の「世界史的な見方」の一つであるがゆえに根絶すべきものと受けとめられ，神的人格ではなく，地上の人間に「現実的人格」の実現をみようとした[96]，と解せば筋が通るのである。

ただしその際，めざされている「現実的人格」は，フォイエルバッハにとって最終段階の境地をさすのかどうか――この点が問題となるかもしれない。『理性論』の冒頭に当たる第Ⅰ章で，この書の枢軸をなす規定，すなわち「思惟するというひとつの活動にあっては，すべての人

---

94)　この『理性論』原註 14 には，『エンツュクロペディー』初版，§405 の引用のあと，『大論理学』(1812/13 年) 初版，存在論の「一」と「多」への移行を参照するよう指示がついている。該当箇所を読むと，「関係づけられたものが現存しているが，それは，他在の無限の廃棄作用であるところの絶対的に否定的な関係によって現存している。ゆえに一は一つの他者へと移行するのではない。そうではなく，一は己れ自身を己れから突き放すのである。一の己れへのこの否定的関係が反発 Repulsion である」(HGW11, S.94, 寺沢恒信訳『大論理学』第 1 巻，以文社，1977 年，172 頁) とある。先の「絶対的排斥」とここでの「無限の廃棄作用」「突き放し」「反発」とは，その作用が全く外から行われるのでないということ，いわゆる「外的反省」でなく，内在的な否定としての「排斥」なり「突き放し」であるという点で重なる。こうした自己への内在的な否定的関係をフォイエルバッハはヘーゲルから学び，自らの論に取り入れたと考えられる。

95)　FGW17, S.107,『F 全集』①90 頁，半田訳 335 頁。

96)　神的人格を根絶しようとするフォイエルバッハの無神論志向は，ヘーゲル『精神現象学』の「表象」批判の徹底として読むことも可能であろう。教団におけるキリストの「表象」を指して，「自己意識が概念としての自己の概念に成長していない姿」，「和解していない此岸と彼岸の分裂」(HGW9, S.408, 樫山訳 427 頁) などと評しているヘーゲルの視点をフォイエルバッハは継承していると思われる。しかし，この分断された状況を絶対精神の運動によって媒介統一しようとするヘーゲルの論点については，フォイエルバッハには同時代のキリスト教神学（合理主義・敬虔主義）の容認につながることを恐れて，フォイエルバッハは積極的に論じることを避けたのだろう。なお，初期のフォイエルバッハがヘーゲルの「表象」批判を「想像力」批判として継承発展させたという池田成一の解釈があるが，この見方はフォイエルバッハの人間学的転回をアスケリのような断絶としてではなく連続としてみるものであり，筆者の見解を補完するものと考えられる。池田成一・藤巻和夫「フォイエルバッハの想像力批判」（宇都宮大学教育学部紀要，第 35 号，1984 年，41-52 頁），特に 51 頁，註 5 を参照。

間が互いに極度に対立していようとも互いに等しい。思惟者たる私はすべての人間と結合している，あるいはむしろ一体である，いやそれどころか私自身がすべての人間である」[97]，「人間は総じて人間たちである Homo omnino est homines」[98]などの規定が力説される割には，われわれがどのようにしてその共同性を実現してゆけばよいのかについての具体的プロセスの説明が，少なくとも『理性論』ではヘーゲルほど詳細には論及されていないからである。たとえば『理性論』でフォイエルバッハは，先の「誰でもないもの」[99]に言及した直後に，「したがって，私が思惟するとき，私は……個人 persona として普遍的なのではなく，なんらの制限も例外もなくただちに普遍的なのである」[100]と述べてしまうところがあるのだが，このような記述に出くわすと，読者によっては実現しがたい共同性がたやすく実現されるかのような錯覚を抱いてしまうのではないだろうか。

　半田が指摘した「絶対的一性の突出」[101]については次の第 3 節で考察するが，関連することでもあるので，さしあたり，思惟によって人間が容易に「現実的人格」を実現できるのか，またその境地はフォイエルバッハのめざすところの最終段階なのか，という問いには明確に答えておきたい。答えは，否である。理由は二つある。ひとつは a)『理性論』の構成面，もうひとつは b) 内容面である。

　まず a) について。『理性論』の構成を再確認すると，Ⅰ「純粋思惟」，Ⅱ「意識（己れ自身を思惟する思惟）と認識」，Ⅲ「思惟と認識との一性」，Ⅳ「理性の無限性」という 4 章構成であった。最後のⅣの位置づけをどうみるかはさておき，さしあたってⅠからⅢまでの構成——あくまで

---

97) FGW1, S.18, Ⅰ§3,『F 全集』① 13 頁，半田訳 15 頁。

98) Ebenda, S.22, Ⅰ§5, 半田訳 19 頁。ボーリン・ヨードル版『全集』（BJ）の独訳は，„Der Mensch als Individuum ist der Mensch überhaupt" (BJ4, S.308, Ⅰ§5) で，これを底本とした船山訳は「個体としての人間は人間一般である」（『F 全集』① 16 頁）となっている。内容的にみると筋が通りやすくなるので誤訳ではないが，述語の「人間たち homines」の複数性が消え，原文にあった逆説的なニュアンスが失われてしまう点では問題のある訳であるように思われる。この点はあとで論じる。

99) FGW1, S.30, Ⅰ§6,『F 全集』① 20 頁，半田訳 22 頁。

100) Ebenda,『F 全集』①同頁，半田訳 22-23 頁。

101) この「絶対的一性の突出」についてはすでに触れたが，筆者は，人間の思惟規定（「絶対的一性」「人間の類」）が本来の思弁（「理性そのもの」「客観的思惟」）よりも異様に「突出」して強調されている，という意味に解している。

形式上の構成——は，ヘーゲル的なトリアーデをなすと考えてよい。ただし，「人間の類」として示される第Ⅰ章「純粋思惟」の規定は，実現されるべき指標として『理性論』の枢軸をなすものだが，それが「人間的」といわれるかぎり，実体としての「理性そ・の・も・の・」[102]または「客観的思惟」[103]——第Ⅳ章では「理性は有限なものでもなければ，総じて人間的・な・も・の・でもない」[104]と明言される——を指すものでないという点に注意が必要である。すなわち，アルファにしてオメガたる「理性そのもの」は，人間の思惟を通じて実現されるものではあるが，「人間の類」を包み超えるもの，「人間の類」に還元できない実体としてあり，この理性（または「客観的思惟」）こそが最終目標と考えられているということである。「絶対的排斥」を通じて「他の人格」のうちに私の実現をみたとしても，それは現実の生における一つの実現であり，ヘーゲルおいてもフォイエルバッハにおいても過渡的段階としてとらえられている点は共通である。よって，後者における「現実的人格」の実現が最終段階ということにはならない。

次に，b) 内容面について。いま述べた『理性論』の構成と関連するが，先の原註 14 が付けられた一文，「一・者・が個別的であることと多数・者・が個別的であることとは一つの同じことである」[105]の直後の以下の論述に現れている。

> それゆえに，私が他者を直視する aspicere とき，私は同時に，あたかも私自身に還帰しているかのように私自身を直観して intueri おり，また，私が自分を彼から区別している間にも，やはり同時に私は自分が彼と同じ本性から彼と同じものであると感じているのである。[106]

ヘーゲルの有名な「他者のなかに自己を視る」という論理を連想させ

---

102) Ebenda, S.96, Ⅳ §18,『F 全集』① 68 頁，半田訳 71 頁。
103) Ebenda, S.72, Ⅲ §14,『F 全集』① 49 頁，半田訳 53 頁。
104) Ebenda, S.78, Ⅳ §15,『F 全集』① 54 頁，半田訳 57 頁。
105) Ebenda, S.28, Ⅰ §6,『F 全集』① 19 頁，半田訳 22 頁。
106) Ebenda,『F 全集』①同頁，半田訳同頁。

る一節である。思弁的論理性を重視してこの箇所を読むなら，「他者の直視」は感覚的なものではなく，思惟による「まなざし」となろう。他者を「直視する」ことにおいて私は「私自身を直観する」のであり，そのとき私の思惟の自己内還帰が成立すると読める。『理性論』§3 ですでに指摘されていた「純粋思惟」の定式，すなわち「思惟することにおいては……私自身が我 Ego であると同時に他者 Alter でもある」[107]という定式が，「他者の直視における私の直観」として具現されているのだ，と。この文脈で読むと，先の『エンツュクロペディー』で参照した「現実的人格」の実現は思惟の「絶対的排斥」という活動性をストレートに発揮した成果であることになる。フォイエルバッハが30年代の諸著作で，何度も思惟の "purus actus"（＝「純粋活動」「純粋現実」）について言及しているが，それは師ヘーゲルの見方──特に思弁的思惟の活動性を重視した見方──に準拠しているからであろう[108]。この意味では，フォイエルバッハは紛れもなくヘーゲル主義者である。

　ところがフォイエルバッハの場合，その叙述には思弁的思惟の視点からだけではとらえきれない内容が随伴している。『理性論』§6 に戻ると，思惟者としての「私」は「絶対的排斥」を通じて理性本来の一性へと進みゆくものとされながら，感覚の制約を容易には排除できないものとしても描かれている。先の引用箇所でも，他者のなかに自己を直視するとき，「あたかも私自身に還帰しているかのように」と接続法で書かれたり，実現されるべき他者との一性について「彼と同じものと感じる」などの感覚的表現が混入したりしているところが，それである。思弁の真の主体（絶対者）を車の運転手にたとえるなら，一方で「思惟」というアクセルを踏みながら，他方で「感覚」というブレーキを踏んでいるかのような叙述である。ヘーゲルならこのようないい方はしないのではなかろうか。フォイエルバッハの用いる「人格 persona」という語──「人間 homo」という語も同様だが──には，一方では己れが己れ

---

107)　Ebenda, S.16, I §3,『F全集』① 12頁，半田訳 14頁。

108)　『理性論』原註23でフォイエルバッハは，スコラ哲学で語られていた神の思惟が「純粋活動＝純粋現実 purus actus」であったことに触れ，これを「全き精神 tota mens」の活動として展開し論証したのがヘーゲルであったと指摘している。Vgl. Ebenda, S.134, I §7, Anm.23,『F全集』① 23-24頁，半田訳 28-29頁。

自身を突き放し己れ自身に還帰するという，思惟の無限な活動性・能動性・自発性・普遍性が，他方では感覚に縛られた状態としての受動性・個別性が付与されるという両義性がある。しかも，感覚に対する思惟・理性の優位といった単純な構図をとらずに，両者の間に一種の緊張関係が生まれるような叙述が目立つ。ここに，フォイエルバッハ固有の視点があると考えられる。少なくとも彼が，個人のうちで獲得される無時間的な思惟力のみで，人間相互が共同できるなどと安易に妄想したわけではない，ということだけは確かであろう。

　だが，新たな問題が浮上している。すなわち，「感覚＝個別的制約」という思弁的視点（＝理性優位のまなざし）だけではとらえきれない側面が，ヘーゲルとは異なる位相で現れているのではないか，という問題である。もちろんそれが，若いフォイエルバッハの性急さに由来する混乱にすぎないとすれば，ヘーゲルの遺産継承の失敗とかヘーゲル弁証法の誤解といった否定的評価に至るに違いない。しかし，そのようなマイナス評価では解消できない意味が，初期フォイエルバッハの用語法には潜んでいる。すなわち，キリスト教批判（とりわけ人格批判）の徹底としてヘーゲルの思弁を継承し，理念の実現を図ろうとした結果，フォイエルバッハは師の宗教哲学にあったキリストの受肉や教団などの媒介を周到に退けつつ，汎神論の立場を追求していったのではないか，ということである。『理性論』では汎理性主義というスタイルになるが，思惟の活動を通じて自然の個別性の制約を脱ぎ捨て「無限者の認識」に至るという道程は，基本線としてヘーゲル的思弁に準拠したものである。しかし，論述の仕方に関しては師とは異なる様子が，特に「感覚」論，「人間」論に現れているのではなかろうか。そこで，次節では，『理性論』の「共感」概念に焦点を合わせ，この書におけるヤコービ評価の二面性を問題視し，半田が指摘した〈思惟における人間の「絶対的一性」の突出〉の意味と根拠を探ってみたい。

第3節 「共感」概念の両義性と「絶対的一性」の突出

これまでの論で,初期のフォイエルバッハがヘーゲル哲学に内在している人格批判を,「汎神論」という形で継承発展させようとしていたこと,「神は認識できない」と称する「主観性の哲学」への批判という視角を師と共有した点で基本的にヘーゲル主義者であったこと,しかし,三位一体の人格を哲学的思弁の要諦とみない点では師とは異なる立場をとっていた――その時点ですでに「正統的」ではない――こと,などをみてきた。前節では特に,『理性論』の "persona" 概念をヘーゲルと比較しつつ検討したが,少なくとも『理性論』では, "persona" が神と人とをつなぐキリストという「人格」(媒辞)として用いられることはなく,この語が用いられたとしても多くは「個人」すなわち「感覚的個体」として,否定的制約を表すにすぎなかった。ただし, "persona" を「人格」として肯定的に述べた『理性論』§6は別である。特に『エンツュクロペディー』初版§405の「人格」概念をフォイエルバッハは原註14で注視しており,〈私の私自身からの「絶対的排斥」を通じて,他者の人格のなかに私の実現(現実的人格)を視る〉というヘーゲルの論理を高く評価していた。この論理を踏まえて本文でも,「他者の直視＝私自身の直観」における思惟の自己内還帰が肯定的に述べられた。ところが,この〈私の人格の実現〉を示す大事な箇所を,フォイエルバッハは「あたかも私自身に還帰しているかのよう」と接続法で表現し,「他者と同じものと感じる」と感覚的に叙述していた。実現された姿を「～かのよう」,「～と感じる」などで表現することは,ヘーゲルからみて論理的に曖昧と解されかねない危うさがある。哲学的思弁の立場から克服されるべき段階としてはっきりと否定的に述べられればヘーゲルに準じた論証といえるが,そのような叙述でない――『精神現象学』における〈学知の立場 „für uns"〉と〈当事者の立場 „für es"〉の相違ともいえない――ところが問題である。一見曖昧にみえるこれらの表現を若きフォイエルバッハの未熟さに帰すのは容易いが,しかし,おそらくここには単なる未熟さに還元できない重要な視点が現れている。しかもそ

第 3 節　「共感」概念の両義性と「絶対的一性」の突出　　79

の視点が，ヤコービの「共感 Mitgefühl」概念と呼応する形で現れていると考えられるのである。ヤコービの「死の跳躍」を一方で批判しておきながら，他方で「共感」概念に関しては肯定的に評価するというフォイエルバッハの二面性を，われわれはどう解したらよいのか。この節では，『理性論』における「感覚」概念を再検討すべく，フォイエルバッハのヤコービ評価とその「共感」概念の両義性について考察し，さらに半田が指摘していた〈思惟における人間の「絶対的一性」の突出〉の問題を吟味・検討してゆく。

　まず確認したいのは，『理性論』が「絶対者」たる「理性そのもの」を実体にすえており，この実体が人間の思惟作用を通じて自己内還帰するという構図をとるかぎりで，基本的にはヘーゲル的思弁の境地に立っている，ということである。このヘーゲル思弁哲学に依拠した理性観が全体をつらぬく基調としてあることは疑いえない。先に引用した，ヤコービの „salto mortale" に関連する一節を再度引用して確認しておこう。

　　無限者そのものおよびそれの認識——この認識は，いまや無限者のそれであるから，それ自身無限なものとなるが——への意識の移行は，いわゆる死の跳躍 saltus mortalis というようなものではけっしてない。[109]

　この引用でいわれる「無限者そのものおよびそれの認識への移行」は，「類 genus と個別者 singlare」，「無限な形式と有限な質料」などの悪しき反撥・相違・乖離の状態が廃棄され，「形式と質料の一致」が完全に実現された状態への移行を指す。「無限者そのもの」はこの §12 では「精神」といい換えられてもいるから，〈無限者への移行〉を〈精神への移行〉と解釈してもよい。その移行が『理性論』では，ヤコービ的な「死の跳躍」のように断絶的にではなく連続的に行われる事情はすでにみた。ここでさらに注目したいのは，移行を成す主体が「人間」や「人格」ではなく「意識」といわれている点である。フォイエルバッハ

---

109)　FGW1, S.60, III §12,『F 全集』① 41 頁，半田訳 44 頁。

はハール宛『理性論』添え状で，「意識は個体の持ち物ではありません。個体は意識を持っているのではなく，意識のなかに在るにすぎません」と述べていた[110]が，まさしくこの「意識」が〈無限者への移行〉を遂行する主体であり，汎神論的に〈遍在しつつ生成する意識〉と解されるものである。「自然の桎梏 vincula から解かれ」[111]なおかつ「己れの質料 materia sua と一つのものとして」[112]生成した「意識」が，最終的に「精神」として「無限者そのもの」ないし「無限者そのものの認識」に至ると考えられているのである。

「無限者そのもの」は，包括的実体としての，一にして無限なる「理性そのもの」である。遍在し生成する基体としての意識が，『理性論』の全体をつらぬく〈広い意味での意識〉だとするならば，第Ⅱ章で登場する「意識」は，永続的に遍在する意識が「中断」「分断」されることにより有限化してしまった意識，いわば〈狭い意味での意識〉と呼ぶべきものであろう[113]。すなわち「認識から分かたれて己れ自身を思惟する

---

110) Vgl. FGW17, S.111, an J. P. Harl, Anfang Dez. 1828,『F 全集』① 98頁, 半田訳353頁参照。後の「ヘーゲルへの関係（遺稿から。1848年ごろ）」では，アナクサゴラス（Ἀναξαγόρας, c.500-c.428 B.C.）のヌースがとりあげられ，感性的な個体としての私から切り離された混じり気のないものであることが指摘されている（Vgl. W. Schuffenhauer, „Verhältnis zu Hegel" - ein Nachlaßfragment von Ludwig Feuerbach, in: *Deutsche Zeitschrift für Philosophie*, 4/30 Jahrgang, Berlin 1982, S.513, 半田訳,『理性と認識衝動』下巻，391頁,『F 全集』① 332頁）。「個人の持ち物ではありません」といわれている「意識」は，このヌースと同じ特性を有するものと考えられる。
111) FGW1, S.58, III §12,『F 全集』① 40頁，半田訳43頁。
112) Ebenda,『F 全集』①同頁，半田訳44頁。
113) 半田も筆者と同様，「広義の意識」と「狭義の意識」に分けて論じている。半田は，後者の意識について，『理性論』第Ⅱ章を念頭に置いて「自己内反省的思惟」（半田，前掲書，上巻，140頁）と呼び，「『対象認識』という側面を捨象した限りでの『思惟』，端的に『自己関係』である限りでの『思惟』」（半田，前掲書，上巻，142頁）と規定している。一方，前者の「広義の意識」は，後者の「狭義」でない「意識」を指すわけだが，「論文の基本的論旨を構成する要素としていわれているかというと，それはどこにもいわれていない」（半田，前掲書，上巻，144頁）とも指摘する。狭義の「意識」論は，基本的にはヘーゲル哲学的な「意識」論として「体系的展望のなかに位置をもった議論」（半田，前掲書，上巻，138頁）であると指摘されるものの，「広義の意識」についてはフォイエルバッハがはっきりと述べていない事情もあって，半田の議論も「無限者の認識」や「絶対精神」だけでなく，カント的な意味での「根源的なものとしての意識」（半田，前掲書，上巻，143頁）をも含むものとされている。「意識」を2種類に分けて論じることについては筆者も賛成で，「狭義の意識」についての見方も的確だと思うが，「広義の意識」の内容については筆者の理解と同じとはいい切れない——半田は「広義の意識」という語で広く「普遍的なもの」という意味を与えて

第 3 節　「共感」概念の両義性と「絶対的一性」の突出　　　81

思惟」[114]といい換えられるように，後者の意識は，前者の意識が個別的人間の尺度に引き寄せられ縮減された形態——カント，フィヒテ[115]，ヤコービなどの，いわゆる「主観性の哲学」が生まれる原因——とみられている。この〈狭い意味での意識〉は，一方で「無限者そのものを洞察する能力が精神から除去された」[116]状態にありながら，他方では，自然諸物を認識する思惟から切り離された「単なる形式または抽象的な自己思惟」[117]，「己れ独りに関係づけられているがごとき無規定的思惟」[118]であるために，その有限な意識を絶対化してしまうのである。フォイエルバッハが「主観性の哲学」という語を語るのは原註 31 の一箇所のみであるが，これが第Ⅱ章全体をつらぬくテーマとなっているのは明らかであり，イェーナ期のヘーゲルの「主観性の反省哲学」批判を連想させる内容にもなっていることから，少なくともカント，フィヒテ，ヤコービ——この三者の名は『理性論』に登場している——を念頭においているとみて間違いはあるまい。さらに，「主観性の哲学」が「われわれの時代の気質」[119]であるといわれていることから，シュライエルマッハー，ノヴァーリス，トールクなども加えてよいはずである。フォイエルバッハは近世に特徴的な「主観性の哲学」が世界史的に基礎づけられており，この歴史的必然ともいえる倒錯した意識の事態を潜り抜けて，無限者そのもの（一にして普遍，無限なる理性）の認識へ立ち返るべきことを論証することによって，個体の不死信仰に陥っている同時代神学——先に述べたように不死信仰への批判を先取りしているシュライエルマッハーは除かなければならないが——への批判を強めたのだろう。

　ところで『理性論』には，ヘーゲルと同じ精神優位の見方，すなわ

いるようだが，筆者の考える〈個別者に自覚されなくとも浸透し遍在しているもの〉という意味も含んでいるかが判然としない——ため，本書では〈広い意味での意識〉，〈狭い意味での意識〉の 2 語を用いることにする。

114)　FGW1, S.8, 『F 全集』① 6 頁，半田訳 6 頁。

115)　フィヒテについては，原註 25 で『知識学の新たな叙述の試み Versuch einer neuen Darstellung der Wissenschaftslehre, 1797』から，自我の自己措定，自己内還帰に関する記述が数箇所引用され，この註に対応する本文 §8 で，「認識や認識されるべき諸物にかかわらない "τό cogitare"」すなわち，自己内関係の思惟であることが述べられている。

116)　FGW1, S.44, Ⅱ §10, 『F 全集』① 32 頁，半田訳 35 頁。

117)　Ebenda, S.46, Ⅱ §10, 『F 全集』①同頁，半田訳 36 頁。

118)　Ebenda, 『F 全集』①同頁，半田訳同頁。

119)　Ebenda, S.142, Ⅱ §10, Anm. 31, 『F 全集』①同頁，半田訳 38 頁。

ち「自然は思惟しない」[120]，「諸物は総じて真の一性に達しない」[121]，「自然の真の本質は自然そのものではなく，それの外にそれを超えて存在する精神である」[122]などの叙述が数多く散見される。「感覚の伝達」について論じた§3でも「共感 consensus, συνπάθεια, Mitgefühl」や「共苦 compassio, συναίσθησις, Mitleiden」[123]にあっては，「共に」を引き起こす感覚が二人以上の個体を必要とすること，感覚的な一体化は「個人 persona」相互の結合にすぎないこと，つまり友情などの一体感があったとしても，それらは同時に「分離されている」という制約があること等が指摘される。これに対し，思惟は一般に「共思惟 Mitdenken」とか「共思想 Mitgedanke」などといわれることがないように，思想自体が「全的にかつ分割されないで」[124]かつ「どんな変更もなしに」[125]他者に伝わるものであることが強調される。すなわち，思惟するときには私は「我 Ego であると同時に他者 Alter」[126]でもある，つまり「人間の類 genus humanum」[127]になっている。それゆえに思惟活動は「永続的で一」[128]であり，その活動において「万人が相互に鋭く対立していても互いに等しい」[129]——そうした内容が「純粋思惟」の特性として述べられている。『理性論』は全編を通して，〈感覚の分離〉に対する〈思惟の一性〉の優位という論調が強く，先に触れたように半田は，感覚や愛を基調とする30年の『死と不死』に比べ28年の『理性論』のほうが理性へ止揚され「純化されている」と評し，執筆時期の逆転の可能性を示唆したのだった。

　執筆順序の件は——序論第2節Bで述べたように——深入りしないとして，いまここで問題にしたいのは，ヤコービ評価と関連する「共感」のとらえ方についてである。『理性論』原註15でフォイエルバッ

---

120) Ebenda, S.22, I §4,『F 全集』① 15 頁，半田訳 18 頁。
121) Ebenda, S.148, III §12. Anm.39,『F 全集』① 43 頁，半田訳 47 頁。
122) Ebenda, S.150, III §12. Anm.39,『F 全集』①同頁，半田訳 同頁。
123) Ebenda, S.14, I §3,『F 全集』① 11 頁，半田訳 13 頁。
124) Ebenda,『F 全集』①同頁，半田訳 14 頁。
125) Ebenda, S.16, I §3,『F 全集』① 12 頁，半田訳 15 頁。
126) Ebenda,『F 全集』①同頁，半田訳 14 頁。
127) Ebenda, S.30, I §6,『F 全集』① 19 頁，半田訳 22 頁。
128) Ebenda, S.18, I §3,『F 全集』① 13 頁，半田訳 15 頁。
129) Ebenda, S.16, I §3,『F 全集』①同頁，半田訳 同頁。

第 3 節　「共感」概念の両義性と「絶対的一性」の突出　　　　83

ハはヤコービの『ヴォルデマール Woldemar, 1779』から 2 箇所を引用して以下のように述べている。

　　ヤコービは……実にみごとにいっている。「共感は，ほとんどの場合，自己感情より高く飛翔する」，「人間は自己自身においてより，他者においていっそう多く己れを感じる」と。……あらゆる活動の最高目的は，ただ思惟のなかでのみ完成されているところのあの一性だが，それだからこそ，われわれは必然的に独自の感覚によってよりも，共感によってより高く上昇するのだ。[130]

　このヤコービ評価は，「主観性の哲学」を特徴づける „salto mortale" を否定的にみていた視角と異なるばかりか，先ほどの「共感」「共苦」を個体に縛られた低次の状態とみた§3の視角とも異なっている。たしかに，ヘーゲル的な精神優位の立場を崩してはいないが，しかし，精神がより高く高揚するための動因となる「共感」の役割が肯定的に評価されている（この評価は，30 年の『死と不死』の感覚論と共通する面がある）。『理性論』では，思惟しない自然の個体性に制約された「共感」（＝否定的評価）と，「現実的人格」の生成（思惟の飛翔）を促す動因としての「共感」（＝肯定的評価）とが両義的に並存している。この「共感」概念の両義性に，若きフォイエルバッハの汎神論を特徴づける逆説的な意味が含まれているのではなかろうか。すなわち，ヘーゲルが汎神論の嫌疑をかけられた際，スピノザを擁護して「無宇宙論 Akosmismus」[131]と呼んだ実体観を一方では共有し，他方では質料的自然のエッセンスを——ヘーゲルとは微妙に異なる仕方で——汲み取ろうとするという，フォイエルバッハ汎神論哲学の逆説があるのではないか。もちろん，この「共感」は「自己感情」との比較で評価されているわけだから，「自己感情」→「共感」→「思惟」と段階的に発展するものと解釈すれば，ヘーゲル的な見方を引き継いでいるとみることもできよう。しかし，それだけでは解消されない——つまり，精神優位の見方だけではない——フォイエルバッハ特有の感覚論へのアプローチが潜在している，と筆者は考え

130）　Ebenda, S.130, I§6, Anm.15,『F 全集』① 20 頁，半田訳 23-24 頁。
131）　HV3, S. 274, 322, 山﨑訳 52 頁，107 頁。

る。『死と不死』の感覚論と対照するとその特徴はいっそう鮮明になるが，その説明は第 2 章に譲るとして，ここでは『理性論』における「絶対的一性」の「突出」の問題——なぜ「絶対的一性」が『理性論』において突出してみえるのか——を明らかにしておきたい。

　思惟するかぎりで，私が「誰でもないもの nemo」[132]であり，個別者ならぬ他者一般，「人間の類 genus humanum」[133]であるという，第Ⅰ章「純粋思惟」の規定についてはすでに触れた。半田は，「思惟における人間の絶対的一性」が「独り『理性論』においてのみ突出している」[134]と指摘し，その根拠を探っていたわけだが，「突出」の原因のひとつとして彼が考えたのは，思惟の不思議さ，つまり思惟のなかでは他者と全く同じ内容を思想として共有できるという不思議さに，若きフォイエルバッハが心酔して飛びついているかもしれない，というものであった。若さ（『理性論』執筆時は 24 歳）ゆえの性急さが論証を不整合なものにしている可能性は，たしかに否定できないところがある。

　たとえば，かつて伊達四郎は——ボーリン・ヨードル版『全集』（BJ）の独訳に依拠してだが——第Ⅰ章の「純粋思惟」が「ヘーゲルのイデーの具體的普遍性のもつ統一性」[135]を継承したものであるとし，この「純粋思惟」から第Ⅱ章の「自己意識」——〈狭い意味での意識〉[136]——への移行に，ヘーゲルのような「否定的関係」がないと指摘し，これを理由にフォイエルバッハの叙述は「何ら辨證法的でない」[137]と評してい

---

132) FGW1, S.30, Ⅰ §6,『F 全集』① 20 頁，半田訳 22 頁。
133) Ebenda,『F 全集』① 19 頁，半田訳 同頁。
134) 半田，前掲書，上巻，85-86 頁。
135) 伊達四郎『フォイエルバッハ』弘文堂書房，第 3 版 1947 年（初版 1939 年），11 頁。
136) ラテン語の原文では "conscientia"（FGW1, S.40, Ⅱ §8, 半田訳 30 頁）であるが，ボーリン・ヨードル版『全集』（BJ）編者が „Selbstbewußtsein" と独訳しており，後者しか参照していない伊達は，これに倣って「自己意識」と呼んでいる（vgl. BJ4, S.316, Ⅱ §8,『F 全集』① 26-27 頁）。ただしこの §8 に登場する "conscientia" は，すでに見たように，内容的には〈狭い意味での意識〉——半田が「自己内反省的思惟」と呼ぶもの——であり，そのかぎりで「自己意識」と解釈すること自体は誤りではない。ちなみに，ティース版『選集』（WsB）でも §8 に登場する "conscientia" が，すべて „Selbstbewußtsein" と訳されている（vgl. WsB1, S.28f.）。しかし，ラテン語原文に忠実な訳とはいえず，混乱を与える訳であることはたしかである。ちなみに，シュッフェンハウアー版では，§8 に登場する "conscientia" は，すべて „Selbstbewußtsein" ではなく，„Bewußtsein" と訳されている（vgl. FGW1, S. 39, 41）。
137) 伊達四郎，前掲書，14 頁。

第3節　「共感」概念の両義性と「絶対的一性」の突出　　　　　　　　　85

た。伊達は，フォイエルバッハのいう「純粋思惟」の本性が「ヘーゲル哲学の始元なる純有の如きとは異つて，最初から『私と汝との統一』[138]としてすでに内容的に規定せられてゐる」[139]ことを問題視し，ヘーゲル『論理学』の論理（「否定」と「否定の否定」という否定関係）が正しくとらえられていない，と読んだわけである。ボーリン・ヨードル版『全集』（BJ）から「神秘に富んだ深處に在る一致 eine geheimnisvolle, tiefliegende Uebereinstimmung」[140]という文言――フォイエルバッハのラテン語原文では「諸物自体と思惟とのいわば隠された一致」[141]――を引

---

138) ボーリン・ヨードル版『全集』（BJ）の独訳§4に登場する „die Einheit von Ich und Du" の和訳と思われるが，ラテン語原文では "unita Unius et Alterius（一者と他者との一性）" であり，シュッフェンハウアー版の独訳も „Einheit des einen und des anderen" となっている。フォイエルバッハの原文で "Ego" は登場するが，ドイツ語の „Du" に当たる "Tu" なる語が全く出てこない点に注意が必要である。つまり，"Alterius" を „Du" に読み替えたボーリン・ヨードル版の独訳は，43年の『根本命題』で「真の弁証法は……我と汝の対話である」といわれる「汝」を『理性論』に読み込んだ結果ではないかということである。「他者」を「汝」と解しても内容的に大差ないと思われるかもしれないが，後者は人間学的立場へ転換した後に用いられる用語であるかぎりで，印象・解釈を大きく変える恐れがあり，見過ごせない。これと関連して，§14の「純粋思惟」を説明した „ein reines, nicht durch die Rücksicht auf das Ich gespaltenes [Denken]" というボーリン・ヨードル版の独訳は，下線部の「自我への顧慮によっては分断されていない」に該当する原文が全く見当たらない点で大いに問題がある。対応するラテン語原文は "pura seu cogitatione non interrupta, nec in se distincta（純粋思惟，すなわち中断されてもいなければ己れのうちで区別されてもいない思惟）" であり，対照すると原意が損なわれているのがわかる。しかも，このボーリン・ヨードル版独訳を参照して伊達は，第II章の「自己意識」を「私を顧慮して分裂せられた」思惟と読み――"das Ich" を「自我」ではなく「私」と訳している！――，「彼の思想の現實的な立場は『私』なる個體であること示してゐる」と解釈した。つまり，実在する個としての「私」を基点にしてフォイエルバッハは『理性論』を書いており，その弁証法は形だけの模倣にすぎないと解釈したのである。伊達は次のようにいっている。「彼がヘーゲルのイデーの思想を承けて，これを純粋思惟として掲げ，且つこれに私と汝との統一という實質的内容をすでに附與したのも，この私の立場からに外ならないし，またその根元的統一が宛も自己分裂をなすかの如くみえるのは，實は唯だ，その統一の一内容たる私をば，その統一を最初に掲げるところの現實の私（それはフォイエルバッハ自身であり，又，他の如何なる人でもあり得るであらう）に還して，姑く汝を外に措くに過ぎないのである」（伊達四郎，前掲書，21頁）。〈実在する私〉に引き寄せた伊達の解釈は，ラテン語原文から解釈するとかなり無理がある――〈実在する私〉を基点にする立場は，『理性論』が批判するところの「主観性の哲学」の立場であり，『理性論』の基本的立場ではない――が，このような解釈は，ボーリン・ヨードル版の自由な独訳に起因する誤訳によってもたらされ，増幅された可能性が大きい。フォイエルバッハ解釈史における不幸な一面ということであろう。

139) 伊達四郎，前掲書，14頁。
140) BJ4, S.332, III §14,『F全集』① 49頁。
141) FGW1, S.72, III §14, 半田訳53頁。

きつつ，かかる内容が最初から規定されていることは「否定の否定としての肯定の意義」[142]が失われた「単なる肯定の意義」[143]しかないと伊達はいう。そして，フォイエルバッハは「ヘーゲル哲学より思弁的積極的なもののみを端的に取得し，却つて其の動因をなす辨證法的否定的なものを殆んど閑却した」[144]と結論づけるのである。

たしかにラテン語原文に照らしても，第Ⅰ章「純粋思惟」から第Ⅱ章「意識と認識」への移行，さらには第Ⅲ章「思惟と認識の一性」への移行が，弁証法的自己否定の論理展開として整合的に叙述されているとはいいがたい。実は，この移行——特にⅠからⅡへの移行——がうまく叙述できていない事情については，48年ころに書かれたと推定される遺稿「ヘーゲルへの関係」のなかでフォイエルバッハ自身が自認するところであり，28年の『理性論』について以下のように回想していた。

> 己れ自身を活動させる普遍者として思惟を把握し規定することはヘーゲル的だが，ヘーゲル哲学の立場からみると，その課題の設定および解決は一面的・抽象的である。というのも，この立場に従うなら，……〈普遍者であるところの思惟〉と〈経験的に個別者であるところの思惟者〉との矛盾を解くために，……一にして普遍なる理性というスピノザ主義的実体が，己れを個体へ〔あるいは〕個別者へとさらに進んで規定し実現するようにしなければならなかったからである。しかしこのことは私の課題外にあった。私が課題にしたのはまさしく，理性の一性が真であり，理性だけが妥当し，理性だけが現実的であるという証明のみであった。[145]

フォイエルバッハのこの回想は，彼が正統派ヘーゲル主義者でなかっ

---

142) 伊達四郎，前掲書，19頁。
143) 伊達四郎，前掲書，同頁。
144) 伊達四郎，前掲書，23頁。
145) W. Schuffenhauer, „Verhältnis zu Hegel", in: - ein Nachlaßfragment von Ludwig Feuerbach, in: *Deutsche Zeitschrift für Philosophie*, 4/30 Jahrgang, Berlin 1982., S.514, 半田訳，下巻393頁，〔 〕は引用者による補足。シュッフェンハウアーによって，この遺稿は1848年ころのものと推定されている。Vgl. *Deutsche Zeitschrift für Philosophie,* 4/30 Jahrgang, Berlin 1982., S. 507-509.

たことを裏づけるものといえよう。伊達はフォイエルバッハの主張する「私と汝の統一が，ヘーゲルに於けるが如く主体的であるよりも，寧ろ多くスピノザに於けるが如く実体的である」と評したが，フォイエルバッハの自己評価（上の引用）と照らしても符合する点で，一面の真理をとらえている。コルネール（Peter Cornehl）が『理性論』に対してスピノザ主義的「静的二元論」[146]という評価を与えるのも同様である。弁証法の論理が首尾一貫したものに仕上がっていないために，類と種，形相と質料，普遍と個別，思惟と感覚，意識と認識などが，媒介されずに二極化したまま固定されているかのような印象が残り，結果，理性そのもの（実体）がヘーゲルのような動的主体ではなく，スピノザ的静的実体と映ってしまうのである。しかし，このような評価はフォイエルバッハを正統的ヘーゲル主義という物差しで測った場合のみえ方にすぎない。フォイエルバッハは理性の一性の真理性，妥当性，現実性を証明したかっただけだと上の回想でいっている。その真意は，ハール宛の添え状にあるように，「感性的意識の仮象・錯誤を破壊し，個々の個体がただそれだけで絶対者・無限者とみなされた時代にしか生じえなかった誤謬を暴露」[147]することにあり，同時代に蔓延していた「主観性の哲学」を改めて問題視し，これに依拠した彼岸信仰の神学に対して批判の矢を放つことだったからである。つまり，彼自身はヘーゲルと同じような体系的叙述を目的としていたわけではなかったのだから，その弁証法的展開が的確でないことをことさらに問題視してもあまり意味がないということである。叙述がうまくいっていない（整合的でない）ことは事実だが，フォイエルバッハはヘーゲルの弁証法をけっして理解できなかったわけではない。その理由は，30年代の哲学史的著作群で階梯的発展の叙述をよりヘーゲル的に示すようになるという事情もあるが，先の「現実的人格」や後述する「何かあるもの aliquid」のなかに，内在的発展の論理——ヘーゲルのいう「外的反省」とは異なるもの——が含まれて

---

146) Peter Cornehl, Feuerbach und Naturphilosophie, Zur Genese der Anthropologie und Religionskritik des jungen Feuerbach, in: *Neue Zeitschrift für systematische Theologie und Religionsphilosophie*, hrsg. v. Carl Heinz Ratschow, 11.Bd., Berlin 1969, S.44f.

147) FGW17, S.110, an J. P. Harl, Anfang Dez. 1828,『F 全集』① 96 頁，半田訳 351 頁。

いるという点にも確認できる[148]。それより，彼のヘーゲル主義のヘーゲル的でないところに新たな視角がないかを探るほうが，ここでは有意義であろう。

その点では，ボーリン・ヨードル版『全集』(BJ) の独訳の影響を受けながらも伊達が見事にフォイエルバッハの特徴をとらえた箇所，すなわち，第Ⅰ章の「純粋思惟」が「純粋」といわれながら，ヘーゲルのように無規定的でなく，「一者と他者との一性」などの規定を論述の最初から設定しているという齟齬の問題ついて検討してみるほうが，価値がありそうである。ヘーゲル的には不調和とも取れるこの齟齬に，われわれが問題にしていた『理性論』における「絶対的一性」の突出という謎を解く鍵があるように思われるからである。まず，「絶対的一性」の内容が登場する第Ⅰ章と第Ⅳ章の箇所を引いておこう。

> 思惟すること自体は，すべての人間をつらぬいて己れに一致しており，たとえ個々人によって拡散させられているようであっても，やはり連続的で，永続的で一であり，己れと同等にして己れと不可分である。それゆえ，思惟するというひとつの活動にあっては，……私自身がすべての人間 homines である。
> 　　　　　　　　　(FGW1, S.16, 18, I §3『F 全集』① 13 頁，半田訳 15 頁。)
> 人間は総じて人間たち homines である。
> 　　　　　　　　　(FGW1, S.22, I §5,『F 全集』① 16 頁[149]，半田訳 19 頁。)
> それゆえ，思惟は人間たちの絶対的本質である。
> 　　　　　　　　　(FGW1, S.90, IV §17『F 全集』① 62 頁，半田訳 65 頁。)
> 人間たちの本質はまた彼らの絶対的一性でもある，ところで思惟は本質である，ゆえに思惟者たる私は人間たちの絶対的一性に到達したのである。
> 　　　　　　　　　(FGW1, S.92, IV §17『F 全集』① 63 頁，半田訳 66 頁。)

---

148)　「何かあるもの」の内在的論理については，次節で論じる。

149)　ボーリン・ヨードル版『全集』(BJ) 独訳を底本にしている船山訳は「個体としての人間は人間一般である der Mensch überhaupt」となっている。前節で予告したように，述語の「人間たち homines」の複数性が消え，原文にあった逆説的なニュアンスが失われてしまう点で問題のある箇所である。

第 3 節　「共感」概念の両義性と「絶対的一性」の突出　　　　89

我思惟す，ゆえに我万人 omnes homines なり。
　　　　　　　（FGW1, S.94, IV §17『F 全集』① 66 頁，半田訳 68 頁。）

　人間の思惟におけるこのような「絶対的一性」の論旨に類似した記述がヘーゲルのテキストにないかと探すと，一番近い記述が『エンツュクロペディー Enzyklopädie der philosophischen Wissenschaften im Grundrisse, 1830』第 3 版，「小論理学」予備概念，§24 補遺 1 にある。

　　自然はヌースを意識しない。人間がはじめて己れを二重化し，普遍的なものが普遍的なものに対してあるようになる。そのような事態になるのは，さしあたって，人間が己れを私として知ることによってである。私が自分を私と呼ぶとき，私が私念しているのは特定のこの個人としての私だが，実際には，私の特殊なものは何ひとついい表されてはいない。他の誰もが私である Ich ist auch jeder andere。私が自分を私とよぶとき，私が私念するのはこの人間としての私だが，にもかかわらず，私は同時に全く普遍的なものをいい表している。私とは，あらゆる特殊なものが否定され，廃棄されているところの純粋な対自存在であり，意識のこの究極のもの・単純なもの・純粋なものである。私と思惟とは同じものであり，より厳密には，私とは思惟者としての思惟であるということができる。私が意識のうちにもっているものは，私に対してある。私は，あらゆるものを受け入れ，あらゆるものをそのうちに保持する空虚な容器である。[150]

　この「純粋な対自存在」をフォイエルバッハが「純粋思惟」のモデルにした可能性はないだろうか。ただし，この記述はあくまでヘーゲルの弟子のノートによって編集された補遺であり，30 年の第 3 版を基にしているという点で，肝心のフォイエルバッハがこの論旨を知っていたかどうかについての確証はない。しかし，フォイエルバッハが『理性論』執筆前に読むことのできた『エンツュクロペディー』第 2 版（1827 年）

---

150) HW8, S.82f., §24, Zusatz 1, 松村訳『小論理学』上巻，岩波文庫，1978 年，118-119 頁，下線は引用者。

予備概念 §20 の注解にも同様の論旨が認められる。

> 私 ich が〈我 Ich〉というとき，私はあらゆる他人を排除するこ・の・人・と・し・て・の・〈我〉を私念している。しかし〔このとき〕，私が語っているものは，まさしく誰でも jeder あるのだ。つまり，あらゆる他人を己れから排除する〈我〉である。[151)]

　この箇所では，「私念する meynen」と「語る sagen」とが対比され，前者が特殊な個体としての私念（私の思い込み）にすぎないのに対し，後者には「思想の労作 das Werk des Gedankens」としての「言語 Sprache」を形成する作用があるという点がポイントである。たとえ私念された〈我〉が他人を排除しているとしても，その語りによって一般化された〈我〉は，他の〈誰も jeder〉になる，とヘーゲルはいっている。この箇所だけを読むと，〈我〉が語られる内容としての〈我〉であって，語る主体としての〈我〉でないかのようだが，そのすぐあとで，「〈我〉は私の全表象に随伴している」というカントの議論に転じ，実際にはそのような〈我〉が「才能や経験など，自然のあらゆる特異性 Particularität が捨象されるように，表象 Vorstellen，感覚 Empfinden など〔意識の〕あらゆる状態が捨象されているところの，己れ自身への純粋な関係」[152)] と規定され，上記補遺 1（第 3 版）の「純粋な対自存在」とほぼ同じ内容であるとわかる。第 2 版のこの註解（§20）全体は，「感性的なもの das Sinnliche」→「表象」→「思想」→「概念」へと変えてゆく哲学の営みが話題となっており，「言語」に着目しつつ，感性的なものにまとわりついている「あらゆる特異性」を脱ぎ捨て，個別性を排除して普遍的な「思想」「概念」への移行が話題になっている。『理性論』第 I 章の「純粋思惟」論は，思うにヘーゲルのこうした議論を何らかの方法で知り，それを念頭において論じたものではなかろうか。

　たとえば，会話によって他者に伝達できない個別的な感覚でさえ，「言葉によって表現され他者に伝えられるやいなや，すでに感覚固有の

---

151) HGW19, S.47, §20,〔 〕は引用者による補足。
152) Ebenda, S.48, §20,〔 〕は引用者による補足。

第3節　「共感」概念の両義性と「絶対的一性」の突出　　　91

力を失って諸概念へと移行したのだ」[153)]という説明，あるいは「思惟するとは，一性のただなかにあって分かれていること，最高の単一性のなかにあって二重であることであり，またその逆でもある」[154)]という「純粋思惟」の定式などは，（上記引用の「補遺」も含めて）ヘーゲルの説明と酷似している[155)]。さらには『理性論』における「ヌースが最も速い，それは万物をつらぬいて走るから τάχιστον ὁ νοῦς διὰ παντὸς γὰρ τρέχει」[156)]というタレスからの引用は，思惟が感性的制約から解放されて活動することを肯定的に述べたものであり，ヘーゲルが「時間についていえば，それら〔法や法的諸規定〕は継起的といえなくもないが，内容そのものは時間に関わるものとしては生起しない」[157)]と『エンツュクロペディー』第2版で述べた内容と呼応する。あるいは「私が思惟するとき，私は個体であることをやめた」[158)]という箇所も，普遍的な思惟への移行をヘーゲルに倣って示そうとしたものと解されるのである。

　しかし，よくみると両者の用法に一見些細ではあるが重大な相違がある。ヘーゲルは „Ich ist jeder" といっていて名実ともに整合的だが，フォイエルバッハは（独訳すれば）„ich bin alle Menschen" という文法的にも内容的にも実におかしな表現をとっているからである。しかしこれは，フォイエルバッハのラテン語能力の拙さのせいではない。というのも，46年の「自伝的断片」で『理性論』を回顧する際に，まさしくこのような表現を母語のドイツ語でしているからである[159)]。つまり，フォイエルバッハはこのような文法違反をいわば確信犯的に犯しつつ，ヘーゲルの「理念の実現」を彼なりに表現したと解すべきところなのである。では，その真意はどこにあるのか？　半田は以下のように解釈している。

---

153) FGW1, S.10, I §1,『F全集』① 7頁，半田訳 10頁。
154) FGW1, S.14, I §2,『F全集』① 10頁，半田訳 12頁。
155) 対自存在の「二重化」の内容は，ヘーゲル『美学講義』にもある。すなわち人間が，一方では自然物と同じように存在し，他方で思惟する対自存在としてもある事情をとらえて，「人間は精神として己れを二重化する」（HW13, S.51）といわれている。
156) FGW1, S.16, I §3,『F全集』① 12頁，半田訳 14-15頁。
157) HGW19, S.47, §20,〔 〕は引用者による補足。
158) FGW1, S.8, I §1,『F全集』① 7頁，半田訳 9頁。
159)「自伝的断片」では，フォイエルバッハ自身が『理性論』を要約して，「思惟者として私は……ひとりの人間ではなく，……万人と一つであり，すべての人間 alle Menschen である」（FGW10, S.158,『F全集』② 230頁，半田訳 378頁）と述べている。

……実はフォイエルバッハは，一方では，神秘主義的[160]とさえいえそうな「思弁哲学」の「論理」によって，「人間」の「普遍」の境地への到達を語るのであるが，他方，その彼のなかには，そうした「思弁哲学」自体から或る意味で独立可能な独自の「思想」，「人間」の真実態を「人間の共同性」「人間の共同存在性」のうちにこそみようとする「思想」があるのである。この「思想」がいまだ曖昧で無定形であったがために，彼はさしあたりは「思弁哲学」，特に「ヘーゲル思弁哲学」に依拠し，自らの「思想」を〈「思惟」による「普遍への参与」〉というテーゼへと形態化したのである。ここでもし彼が純粋に「思弁哲学」の「論理」内に身をおくことをそれ自体として望んだのならば，彼は「人間」の契機そのものをすら止揚する表現を使ってもよかったであろう。しかし彼自身は「人間の共同性」の「思想」を形態化したかったのである。だからこそ彼は，自らのテーゼを語るときに，常に「人間」「人間たち」という言葉を捨てなかったのである。[161]

　『理性論』の特質をみごとに突いた解釈だと思う。ヘーゲル弁証法を『理性論』の内容にアレンジして適用するにしても，「論理」性を重視して継承するのであれば，第一段階を無規定的に叙述し，自己否定の論理を示しつつ次なる段階への必然的移行を展開すべきであっただろう。しかし，最初の段階にある「純粋思惟」をフォイエルバッハは「無規定的」にではなく，「私＝すべての人間」という規定を含むものとして叙述した。伊達はここにヘーゲルの具体的普遍のイデーの先取りをみたわけだが，おそらくは，ヘーゲルの「純粋な対自存在」に相当する内容が「純粋思惟」として最初に措定されたのであり，たとえ規定を含んでいるにしても，Ⅰ「純粋思惟」→Ⅱ「（狭い意味での）意識と認識」→Ⅲ「思惟と認識との一性」という構成は，「抽象的普遍」→「特殊」→「具体的普遍」というヘーゲルのトリアーデを遵守したものと解してよいと

---

　160) この「神秘主義的」はいささか誤解を招きやすい。悪しき意味での「神秘主義 Mystizismus」に解される恐れがある。ここでは，本来の「神秘説 Mystik」が念頭にあるはずで，「神秘的」か「神秘説的」と読み替えたいところである。
　161) 半田秀男『理性と認識衝動』上巻，渓水社，1999年，755頁。

思われる。最終段階の「理性そのもの」に対応する形式として「純粋思惟」を措き，第二段階で「主観性の哲学」をモデルとする「意識」（狭い意味での意識）が，倒錯した見方に陥りかつ分断されている事情を示し，最終的には，その「意識」のために分断され不和になった諸個人のひとりひとりが，本来の思惟に目覚め，己れの感覚を脱ぎ捨てて地上の他の人間に実践的にかかわること，それが真の普遍者の認識でもあるということをフォイエルバッハは示したかったのであろう。

　真なる実体＝主体は「理性そのもの」である。ただし，その理性の実現は「人間」を介してでなければ果たされない。しかも，個としての人間が普遍的な思惟の境地に沈潜するだけでは，抽象的な「純粋思惟」のままであり，自然において分散している個々人が一つになることはない。理性の実現が真に遂行されるためには，「純粋思惟」の定式が「理性そのもの」に根拠づけられた形式であることを認め，これを各人が指標として実社会で生きている具体的な他の人間へと実践的にかかわらなければならない。第Ⅳ章で「人間は，自身と他者との間に生じる結合によってようやく人間になる」[162]といわれ，「我思惟す，ゆえに我万人なり」という「純粋思惟」の定式が「道徳学説の最高命題」[163]として最後に見なおされるのはそのためである。「人間たち」の複数形は，天上の救済に思いをはせる人間ではなく，自然の制約を受けつつも〈いま・ここ〉に生きる「地上の人間」という含みがあるのではないか。人間相互の共同が実現される場は，来世ではなく，あくまで現世である。「人間は彼自身によってではなく，現在している理性，生活の共同体および生活の社会として現れる理性，そうした理性を通して思惟する理性に到達する」[164]といわれるのもヘーゲルの精神・理念を「理性の国」として具現することを目標としたからである。しかし，フォイエルバッハが直面したのは，「主観性の哲学」がいまだに幅を利かせている現状であり，神学者たちの間では「個体としてのそのもの自体……が不死とみなされる」[165]という，倒錯した見方が蔓延している世界であった。それゆえ，

---

162) FGW1, S.92, Ⅳ §17,『F全集』①63頁，半田訳66頁。
163) Ebenda, S.94, Ⅳ §17,『F全集』①66頁，半田訳68頁。
164) Ebenda, S.162, Ⅳ §17, Anm.54,『F全集』①65頁，半田訳69頁。
165) Ebenda, S.144, Ⅱ §10, Anm.33,『F全集』①34頁，半田訳38頁。

フォイエルバッハは本来の理性，汎神論的理性の一性・普遍性・無限性の証明によって，彼らの陥っている意識の「二義性と錯覚」[166]を暴露し，覚醒しようとしたのである。

　このように，具体的な人間への実践的関与を説くところに「人間」に対するフォイエルバッハの強い関心があることはたしかである。ただし，『理性論』全体の論旨を支える思惟の主体は人間ではなく，あくまで理性そのもの――「有限なものでもなければ，人間的なものでもない」[167]とまでいわれる理性――であった。ラテン語原文を読むことのできなかった伊達はボーリン・ヨードル版『全集』(BJ)の独訳に影響され，実在する個としての「私」が議論の根底にあると，『理性論』を後年の人間学に引き寄せて解釈したが，それは 28 年のフォイエルバッハの立場ではない。この時期の彼はヘーゲルの精神，理念を「理性そのもの」として継承する思弁哲学の立場に立っている。そのことは，「個別的人間は思惟しえない。もし個別的人間が思惟するとしたら，理性自身，思惟自身が個別的なものであるだろう」[168]というフォイエルバッハの言からも明らかである。28 年の彼は，あくまで思弁的理性の視点から，この世で人間の共同性を実現しようとしている。〈「絶対的排斥」によって他者の人格のなかに私の現実的人格を視る〉というヘーゲルの論旨が高く評価されたのも，フォイエルバッハの強い共同性の志向に基づいている。

　しかし，「人間たち homines」という複数表現に違和感を覚える論者も多いはずである。一性を表すイデーを何も複数形で表示しなくとも，ヘーゲルの „jeder" のように単数形の "quisque" で万人を示すことはできたわけだし，自然の域を抜け出した自由な精神がヘーゲル的にめざされたとしても，やはり現実の具体的他者に参与することになるはずだからである。改めて問いなおしたい。あえて複数形の表示を選んだ理由は何であろうか。

　ひとつはヘーゲルでは明示されなかった汎神論的な現世志向であろう。第二人格としてのキリストを仮象＝表象として廃し，教団の媒介も

---

166) FGW17, S.112, an J. P. Harl, Anfang Dez. 1828,『F 全集』① 100 頁，半田訳 355 頁。
167) FGW1, S.78, IV §15,『F 全集』① 54 頁，半田訳 57 頁。
168) Ebenda, S.162, IV §17, Anm.54,『F 全集』① 65 頁，半田訳 69 頁。

第3節　「共感」概念の両義性と「絶対的一性」の突出

斥けて，目の前の現実の人間のなかに人間の真の姿（共同性）をみようとする姿勢は，同時代神学批判の視角と表裏一体であり，30 年の『死と不死』では，忌み嫌われていた「汎神論」という語を積極的に用いることにもつながる。もうひとつは，そのような現世志向と同時にフォイエルバッハは普遍への「神秘的」志向――半田は「神秘主義的」といっていたが――をも示しているという逆説であろう。先のヤコービからの引用では，「共感」なしには意識の無限者への上昇はないという趣旨が賞揚されていたが，「他の人間との共同性」への志向と共に，精神の「神秘的」高揚がめざされてもいる。つまり，フォイエルバッハが単数の「人間」以上に複数の「人間たち」にこだわる理由は，自然的存在としての人間相互の共同が，思惟における共同に比して実現しがたいにもかかわらず，人と人とが現実に一つになるときに開示されるであろう神秘性に惹かれている可能性があるということである。『理性論』に含まれているこうした「神秘的」傾向はウィルソンによって「否定神学的」[169]とさえ呼ばれており，見方しだいでは，フォイエルバッハの反神学的現世志向に抵触するようにも，ヘーゲル弁証法の放棄につながるようにもみえる。しかし，結論を先取りするなら，これは抵触でも放棄でもない。フォイエルバッハは，先に予告した「何かあるもの aliquid」に特別の意味を認め，内在的発展のモメントを弁証法的にとらえるという点では，むしろヘーゲル的である。ただし，そのとらえ方が――先の引用で半田が「『思弁哲学』自体から或る意味で独立可能な」と示唆していたように――（精神の対極に位置する）自然の意味や価値をヘーゲル以上に汲み取ろうとする姿勢があり，その点が独特なのである。次節では問題の「何かあるもの」に潜んでいる意味を検討し，『理性論』の汎理性主義の特徴をまとめ，理性の神秘性の問題へアプローチしてみたい。

---

169)　Ch. A. Wilson, *Feuerbach and the Search for Otherness,* New York 1989, pp. 44-45.

第4節　「何かあるもの」の両義性とヤコービ評価の二面性

　前節では『理性論』の「共感」概念に，フォイエルバッハのヤコービ評価の二面性と連動した両義性，すなわち理性・思惟の下位に位置するという否定的意味と，共感なくしては思惟が高く飛翔できないという肯定的意味との両義性があり，特に後者にはヘーゲル思弁哲学の継承という枠に収まりきらない，フォイエルバッハ固有の問題性格があることを指摘した。すなわち一方では，人間が思惟することを通じて自然の感覚的個別的制約を否定し，その桎梏から解き放たれて一にして無限なる「理性そのもの」への還帰をめざす思弁哲学的意味があり，他方，思弁的理性の目からは否定的に克服されるべきであるはずの「共感」概念に，無限者への飛翔を強めるという肯定的意味——しかも「神秘的」飛翔へといざなうようなそれ——があり，このような相反する傾向が〈いま〉を生きる人間に緊張をもたらすところに，フォイエルバッハ固有の「ヘーゲル主義」があるのではないか，ということである。たとえばヘーゲルが，三位一体の内容は「神秘的 mystisch」だが理性にとっては「秘密 Geheimnis ではない」と説明する[170]とき，信仰における神と人との間の〈超越的断絶〉は，いわば〈思弁的連続〉に変換される——トマソーニもヘーゲルは「思弁的価値を本質的に縮減した」[171]といっていた——ことになるが，その論理を媒介的叙述によって段階的に辿ることができるという点に，ヘーゲル哲学の安定した〈脱神秘的〉性格があると考えられる。ところが，フォイエルバッハはヘーゲル哲学にある傾向，すなわち〈断絶〉から〈連続〉への無神論的傾向を徹底させ，神的人格の三位一体を過去のものとして背後に退けつつ，キリストや教団の媒介を経ない「現実的人格」論へと向かったわけだが，その実現に深い関係を持っている「共感」概念に，新たな「神秘的」性格が付随しているという逆説がある。この事情をわれわれはどう解したらよいのか。その謎を解く鍵が「何かあるもの aliquid」という，一見目立たないがしかし

---

170) Vgl. HV5, S.125.
171) Tomasoni, *a. a. O.*, S.72.

第 4 節 「何かあるもの」の両義性とヤコービ評価の二面性　　97

重要な概念にあると考えられる。この節では，この鍵概念「何かあるもの」の検討を通じて『理性論』の全体像を描写し，その汎理性主義の特徴をまとめたいと思う。

　その検討に入る前に，神と人との連続性に関するフォイエルバッハの論述を確認しておきたい。『理性論』原註 50 で彼は，マールブランシュ（Nicolas Malebranche, 1638-1715）の『真理の探究「解明」De la recherche de la vérité, Éclaircissements, 1678』から以下の引用をしている。

> われわれが助言を求めるところの理性は，普遍的にして無限であるだけでなく，必然的にして独立的 indépendante でもある。そしてわれわれは理性をある意味で神そのものよりも独立的であると考える。というのも，神はこの理性に従ってでしか振舞えないからである。神はある意味で理性に依存している。神は理性の声を聞き，それに従わなければならない。[172]

　フォイエルバッハはこの引用のすぐあとに続く「神は……己れの声だけを聴くのだから，理性は神と異ならない」[173]というマールブランシュの補足も参照しているが，理性が神自身より「独立的」という箇所に，間違いなく強い関心を示している。すなわちフォイエルバッハは，臆病な信仰心を破るマールブランシュの大胆な洞察力を積極的に評価し，「理性そのもの」の一性・普遍性・無限性の証拠として採用したのである。理性が神自身であるという記述が後からそえられるにしても，最高の自己意識をもっているはずの神が，己れの意識よりも深い理性の声には逆らえない，というマールブランシュの神解釈は，理性の奥深さ，理性の深淵としてフォイエルバッハの心に響いたに違いない。この内容は，これから問題とする『理性論』の記述に含まれている「神秘」性やベーメを高く評価する『死と不死』の神秘的性格と関連するばかりでなく，少なくとも 40 年代はじめころまでフォイエルバッハの心をとらえ

---

172) FGW1, S.158, IV §15, Anm.50,『F 全集』① 55 頁，半田訳 60 頁。Vgl. ŒM3, S.131, Éclaircissements X.
173) Ebenda,『F 全集』①同頁，半田訳同頁。

て離さなかった精神の本質性にも関連するという意味で重要である。た
とえば，『キリスト教の本質 Das Wesen des Christentums, 1841』初版「ロ
ゴスと神の似姿の秘密」の章には以下のような記述がある。

> 神としての神について，われわれはイメージ Bild を作ることがで
> きない。しかし，君は理性 Vernunft，知性 Intelligenz についてイ
> メージを作ることができるか。理性に姿 Gestalt があるか。その活
> 動は，もっとも把握しがたいもの，もっとも記述しがたいものでは
> ないか。神は不可解なもの unbegreiflich である。しかし君は知性の
> 本質を知っているのか。君は思惟の謎めいた業 die geheimnisvolle
> Operation，自己意識の秘められた本質 das geheime Wesen を探究し
> たことはないのか。自己意識，知性は謎のなかの謎ではないか。古
> 代の神秘家たち，スコラ学者たち，教父たちが，神の把握しがた
> さ，記述しがたさを，人間の魂の把握しがたさ，不可解さになぞら
> えて説明していなかったか。だから，〔彼らは〕真実には，神の本
> 質を魂の本質と同一視していたのではないか。[174]

この箇所は 41 年の初版にあるだけで，43 年の第 2 版でも，49 年の
第 3 版でも削除されている。一般的には，唯物論的・人間学的転回が徹
底していくプロセスで，フォイエルバッハ自身がかつての思弁的記述を
嫌って削除したとみなされるところであろう[175]。しかし，この箇所は初
期から中期（40 年代前半）への移行をみる上で重要であるばかりでなく，
フォイエルバッハの理性・意識・精神の基本的な見方や，宗教・神学に
潜む「神秘的なもの」に対する彼のアプローチの仕方をみる上でも，重
要な記述といえる。フォイエルバッハは少なくとも，古来の宗教や神学

---

174)　FGW5, S.152, 第 2 版以降削除，〔　〕は引用者による補足。
175)　フォイエルバッハは『キリスト教の本質』第 3 版（1849 年）第 9 章の註で，第 2 版（1843 年）以降，自分にとって耐え難い「主観性」などの哲学用語を追放し「心地よさ Gemütlichkeit」や「人間性」などの日常語に改めようと努めたと述べている（vgl. FGW5, S.168, Fußnote1)。「類 Gattung」「外化 Entäußerung」「疎外 entfremden」などの語も 40 年代後半になると語られなくなってゆく事情も，研究者の間ではよく知られているところであり，46 年以降，フォイエルバッハが自身で編纂した全集（SW）で初期の思弁的記述を払拭しようとしている様子は容易にみてとれる。

第4節　「何かあるもの」の両義性とヤコービ評価の二面性　　　　99

に語られている神のイメージ体験をまずは姿なき「理性」自体[176]の「把握しがたさ」として受容するところから始める。先にみた「諸物自体と思惟とのいわば隠された一致」[177]という表現——「神秘に充ちた深処に在る一致」[178]はボーリン・ヨードル版『全集』（BJ）の誇張した独訳——は，その一面を表しているが，しかしその実体は，カントのように永遠に認識できない物自体としてわれわれの意識の彼岸にあるわけではない。もし理性がそのようなものなら，フォイエルバッハに「主観性の哲学」を批判する資格はないであろうし，彼はヘーゲルがしばしば批難の意をこめていうところの「断言」に陥っているとみなされるだろう。フォイエルバッハは生涯を通じてカントのような二元論者ではなかった。『理性論』という著作は，用語の使い方や論証の点で誤解を招きやすいという難点を抱えた著作ではある[179]が，しかし，よく注意して読むと，フォイエルバッハのこだわり続けていることがらの背景にある，隠れた意図がみえてくるところがある。そのひとつが，理性そのものの神秘性ではないだろうか。B・バウアー（Bruno Bauer, 1809-82）やシュティルナー（Max Stirner, 1806-56）によって，『キリスト教の本質』の「類」に古い「実体」概念がひそんでいると論難された[180]のは周知のこ

176）「理性」「知性」「自己意識」などの用語をフォイエルバッハは厳密には区別せずに用いることがあるが，思うにそれはギリシア語の "νους" やラテン語の "ratio" が，広く哲学全般に浸透しているとフォイエルバッハがみているからであろう。
177）FGW1, S.72, III §14, 半田訳 53 頁。
178）BJ4, S.332, III §14,『F全集』① 49 頁。
179）フォイエルバッハ自身，ヘーゲルおよびハール宛『理性論』添え状で『理性論』の不完全さや，誤りや欠陥の存在——具体的に何とは書いておらず，単なる前置きに過ぎないかもしれないが——を認めている。Vgl. FGW17, S.104, an Hegel, 109, an Harl,『F全集』① 85-86, 95 頁，半田訳 331-332, 350 頁。
180）たとえば，『キリスト教の本質』緒論「人間の本質一般」の章で「人間のなかにありながら個別的人間を超えている聖なる三位一体は，理性，愛，意志の統一である」（FGW5, S.31, Einleitung,『F全集』⑨ 43 頁）とフォイエルバッハが規定したことを受けて，B・バウアーは「『人間の本質』，『本質』とは，およそ一般に，なにか到達しがたく，とらえがたく，触れられぬ，神聖にして超越的なもの，一つの実体 eine Hypostase ではないのか？」と批難している（vgl. Bruno Bauer, Charakteristik Ludwig Feuerbach. In: *Wigand's Vierteljahrschrift*, Bd. 3, 1845, S.104, 山口祐弘訳「ルートヴィヒ・フォイエルバッハの特性描写」，良知力・廣松渉編『ドイツ・イデオロギー内部論争』ヘーゲル左派論叢第 1 巻，御茶の水書房，1986 年，136 頁）。また，シュティルナーは，「たとえばフォイエルバッハにおいて，『人間』という表現が，移ろいゆく個々の自我ではなく，絶対的自我，類を指すものであることが認められる。……その人間なるもの der Mensch とは一つの理想にすぎず，類は一つの思惟されたも

とだが，人間が理性の神秘性をとらえうる存在者でないならば，上の引用にあるような議論はできない。その前提にあるのが，〈神の本質〉と〈人間の本質〉との同等性，同一性である。フォイエルバッハは，神の神秘性を「理性そのもの」の神秘性として解釈する。神の自己意識にさえ把握しがたい神秘性が神自体にあり，その把握しがたさが先の「神は理性に従ってでしか振舞えない」というマールブランシュの言葉にも表れている――そのようにフォイエルバッハは解読したのではなかろうか。「神秘性」が神と人とをつなぐ媒介であり，この媒介なしには後年のフォイエルバッハの人間学的転回はありえない。なぜ主体が理性から人間へと転回するのかについてはあとで論じるとして，『理性論』の段階では，ヘーゲルの精神に倣って，無限者へと進展（回帰）する理性そのものが神秘性を含むものとして，まずは受容されなければならない。問題は，その神秘性の受容の仕方がヘーゲルとは微妙に異なる点である。

『理性論』に立ち返ってこの問題を考察するとき，理解しがたいのはおそらく――先に指摘した問題点を別の角度から述べるが――，ヘーゲル同様の思弁の立場から，感覚的なものに含まれる通俗的な「確信」を排除しようとする否定的傾向と，思惟作用のなかに含まれている「自然な死よりも神聖な死 divinior morte naturali」[181]を神秘的に肯定する傾向とが，同時に成立しているという逆説であろう。この一見相反するかのような二つの傾向には，実は「内在」という論理が含まれており，その点に着目すると両者のつながりが――ヘーゲルとの異同も含めて――みえてくる。

この論理を追うために，まず「感覚」に関するフォイエルバッハ

のにすぎない」（Max Stirner, *Der Einzige und sein Eigentum*, Stuttgart 1972, S.200, 片岡啓治訳，『唯一者とその所有』下巻，現代思潮社，1968 年，45 頁），「フォイエルバッハが感性に栄誉をはなむけるならそれもよい。ただその際，彼の『新しい哲学』の唯物論を，従来の観念論，『絶対哲学』の遺産という衣で装うことしか知らない」（ebenda, S.383, 片岡訳，下巻，283 頁）と述べ，フォイエルバッハの類的人間の抽象性を批判している。ちなみに，アスケリが 42 年以降の個体性重視の視点から，41 年以前のフォイエルバッハを「反人間主義的」（Ascheri, *Feuerbachs Bruch mit der Spekulation*, Frankfurt a. M. 1969, S.13）といって批難するのも，B・バウアーやシュティルナーと同様，類の「神秘性」に対してであろう。アスケリについては，本書，序論第 2 節 B を参照されたい。

181) FGW1, S.30, I §6,『F 全集』① 20 頁，半田訳 23 頁。

第4節 「何かあるもの」の両義性とヤコービ評価の二面性　101

のヘーゲル評価を確認しておこう。『理性論』原註24でフォイエルバッハは，「あることがらの真理を判断することについて，諸感覚の力 sensuum vis がどのようなものであるかを，ヘーゲルほど真実に，同時にまた明快に展開した人もいないように，私には思われる」[182]と師を讃えたあと，『エンツュクロペディー』初版§370の註解および§390を参照するよう指示している。これらは章立てからいうと「C. 精神哲学，第一部 主観的精神，C. 精神」に属しており，前者は「a. 理論的精神」，後者はそのあとに続く「b. 実践的精神」の一節である。前者（a. §370）の註解では，「感覚 Empfindung」が観念論の精神の立場から先入見として批判されている。すなわち，「感覚のなかになかったものは，思惟のなかにも全くない」[183]という命題，さらには「感情のなかには思惟のなかよりも多くのものがある」[184]という命題ほど「誤った先入見はない」[185]という指摘がなされる。どちらも感覚に縛られ倒錯した見方であるわけだが，前者は，経験論または素朴実在論と解される内容であり，後者は「特に道徳的宗教的感情の見方」[186]といわれている。具体名は挙げられていないが，ヤコービやシュライエルマッハーなどが念頭にあるかもしれない。いずれにせよ，これらの感情・感覚は，己れの孤立した主観性のなかに閉じこもる「特異性 Particularität」に陥っているのであり，「理性的であることの共同性 Gemeinschaft der Vernünftigkeit を拒否してしまう」見方にすぎない。つまり，この§370註解では，「感覚」が思惟・精神の視点からもっぱら否定的に論及されている。

　そしてもう一つ，フォイエルバッハの参照指示が出ている後者（b. §390）をみると，以下のようにある。

　　〔実践的感情としての〕自由な意志 der freye Wille は，己れ自身を決定する対自存在という個別態または純粋な否定態であって，それは理性と単純に同一な，またそのことによってそれ自体普遍的な主

---

182) Ebenda, S.136, I §7, Anm.24,『F全集』①24頁，半田訳29頁。
183) HGW13, S.210, §370.
184) Ebenda.
185) Ebenda.
186) Ebenda.

体性としてあり，知性 Intelligenz としての意志である。実践的感情における意志の直接的個別態は，それゆえ，なるほどあの〔精神の自由な〕内容をもっているが，しかし直接的に個別的な，したがって偶然的かつ主観的なものとしてもっているのである。[187]

　この箇所より2節前の §388 から「b. 実践的精神」の論が始まっているが，§390 においても「自由な意志」の最初の段階，すなわち自己決定することができるものの，その決定が感情に由来するところの「実践的感情」について考察されている。すなわち，普遍的かつ客観的とされる「知性 Inteligenz としての自己決定」[188]にはまだ至っていない「直接的」な「実存 Existenz」[189]の段階である。この叙述で注目されるべきは，まず，実践の主体が感情の段階とはいえ「対自存在」として規定されていることである。われわれは本書の第1章第3節で，ヘーゲル『エンツュクロペディー』第2版，「小論理学」予備概念の「我」が，『理性論』の「純粋思惟」の規定に転用されている可能性を検討したが，フォイエルバッハの議論の基礎には，やはりヘーゲルの「対自存在」があるように思われる。つまり，『エンツュクロペディー』第2版「論理学」冒頭で説明される「対自存在」の二重性を〈我万人なり〉の命題に転用することによって，まずは第Ⅰ章「純粋思惟」を理論的に定式化し，そのあとの章では，『エンツュクロペディー』初版「精神哲学」の「対自存在」をモデルにして理論から実践への移行を論じる，というフォイエルバッハの意図があったのではないか，ということである。すでにみてきたように，『理性論』において「思惟」の活動を表す "τό cogitare" は，単に理性そのもの（すなわち無限者）の認識を可能にする理論的意味があるだけでなく，有限な我を絶対的に排斥し（＝突き放し）て具体的な他の人間へとかかわらせ，人間たち相互の共同性を「現実的人格」として実現する実践的意味をも担う概念であった。「理論的精神」から「実践的精神」への移行を扱っている「主観的精神」の「対自存在」もまた，理論と実践を同時にとらえようとするフォイエルバッハにとって好

---

187) Ebenda, S.217f., §390, 〔 〕は引用者による補足。
188) Ebenda, S.220, §393.
189) Ebenda, S.217, §389.

第 4 節　「何かあるもの」の両義性とヤコービ評価の二面性

都合な概念であったのではないだろうか。

　上の引用箇所では「実践的感情」の段階にある「自由な意志」が「純粋な否定態」といわれているが，意志の「純粋な否定作用」の具現として読むと，そこには二重の意味があると考えられる。ひとつは，自由な意志が「感情」としての「個別態」であるかぎりで「一面的，非本質的」，「偶然的，主観的」であり，従って〈否定されるべきもの〉としてある，というマイナスの意味である。しかし，もうひとつ感情には，自然に左右されながらも，「思惟」と同じ「否定する」作用が「決定する bestimmen」意志として「内在」しており，「理性的なもの」に転じうるというプラスの意味がある。ヘーゲルは，この §393 の註解で，感情は「悟性 Verstand」に対立するものであるとしながら，しかし最終的に達せられるところの「理性的なもの das *Vernünftige* は，実践的感情が有しているのと同じ内容である」[190]とも述べている。おそらくここでヘーゲルは，「悟性」をカント的な「主観性の哲学」を表す用語として用いている。その上で「感情」「感覚」を断ち切って道徳律を実現しようとする立場の限界を示し，感情のなかに理性的な思惟がすでに内在しているという持論を対置している。つまり，権利や義務などについて感情的に訴えて判断するような場合でも，一面的・抽象的な悟性が到達しないところの「総体性 Totalität でありうる」[191]点に着目して，「この〔権利や義務への〕移行を感情がはじめて己れの真理態へともたらす」[192]ともいうのである。肝要なのは，「感覚」や「感情」の判断が個別的だからといって，感覚と思惟とをカント的「悟性」のまなざしで二元的に分断してはならない，ということである。ヘーゲルのいう「理性的なもの」は「感覚」や「感情」に内在するものとして生成する。移行は断絶した両者の間を飛躍するのではなく，あくまで連続的に関連している両者の間を生成・発展する。理性を有限化する「主観性の哲学」は必ずどこかにこのような〈断絶〉を設けてしまうが，そのために「理性的なもの」への移行の道が——完全にではないにせよ，二元論にしがみついているかぎりは——絶たれてしまうのである。ヘーゲルのこうした論理

---

190) Ebenda, S.218, §390.
191) Ebenda.
192) Ebenda,〔　〕は引用者による補足。

——特に「内在」の論理——を評価して，フォイエルバッハは「諸感覚の力……を，ヘーゲルほど真実に……展開した人もいない」[193]と讃えたのではないだろうか。

　『理性論』第Ⅳ章に登場する「何かあるもの aliquid」という概念には，明らかにその視点が活かされている。日常生活においてわれわれはさまざまな判断を下すが，「われわれが言及している〔あれこれの〕ことが，たとえ有限な諸物の最低ランクに由来するものであるとしても，やはり無限性を含みかつ表現している」[194]とフォイエルバッハはいう。たとえば，私が「これはこうであって，ああではない」[195]というとき，「私はある個別的なものごとを措定している singularia quaedam pono」ことになる。あれこれの「個別的なこと」を措定するということは，最初はこの判断が〈感覚〉に左右される〈主観的なもの〉であること——§19では，「感覚」という語が出てこないが——を意味し，他者の見解を「全く考慮することなく，私は断言している affirmo」といい換えられてもいる。しかし，「何かあるものを措定すること」は，たとえそれが主観的な断言にすぎなくとも，その主張の「形式」を顧慮するかぎり——内容が妥当かどうかは別として——「無限者そのものの無限な肯定である」とフォイエルバッハはいう。この「形式」とは，任意の判断を「措定する」作用の形式，思惟の無限な形式を指す。「たしかに私は何かあるものを措定するにすぎないが，この措定する作用 illud Ponereは無限なもの infinitum である」[196]。つまり，「措定する作用」——この語の重要性は，"Ponere" と大文字表記している点にも読み取れる——の内容が，たとえ個人の判断にすぎなくとも，「主観性の哲学」の「意識」のように内に閉じこもることなく，普遍者たる理性に向かって無限に開かれる（＝客観的になりうる）ということである。先の引用でヘーゲルは，実践的感情の段階にある自由意志を「純粋な否定態」とし，何ごとかを「決定する bestimmen」かぎりで思惟の否定する作用が潜んでいることを洞察していた。フォイエルバッハも任意の判断のなかに「措

---

193) FGW1, S.136, I §7, Anm.24,『F全集』①24頁，半田訳29頁。
194) Ebenda, S.98, Ⅳ §19,『F全集』①69頁，半田訳72頁，〔 〕は引用者による補足。
195) Ebenda,『F全集』①同頁，半田訳 同頁。
196) Ebenda『F全集』①同頁，半田訳 同頁。

定する作用」を読みとり，そこに「純粋思惟」の形式が含まれているかぎりで "Ponere" を「無限なもの infinitum」と呼び，無限なる理性への道筋を示したかったのだろう。先のヘーゲルの引用では真理が「総体性 Totalität」[197]と呼ばれていたが，『理性論』でも同様の表現が理性に与えられ，その真理が「何かあるもの」に含まれているとされる。

> どんな規定された真理も，完全かつ総体的な真理そのものを含んでいる……。なぜなら，真実の何かあるもの veri aliquid は，もし真理そのものがそれに内在しているのでなければ真なるものであることはできないからである。[198]

「何かあるもの」に真理が「内在」しているという事態が，個別者としての人間と普遍者としての理性とをつなぐ媒介である。「主観性の哲学」ではその連続的媒介が切断され，思惟の永続性が中断されるとみて，おそらくは第Ⅱ章を極端な二元的対立で描写した[199]。その証拠に，第Ⅱ章§11 の後半では，真なる無限者における真なる認識から離れ，思惟の諸形式を通俗化・有限化してしまう「意識」を，フォイエルバッハは「己れのあらゆる認識を死に追いやるもの」[200]と呼んで批判している。理性の有限化をなすこの哲学が何かについては明言されていないが，『理性論』§10 の原註 35 から類推するに，特にヤコービ哲学が該当すると考えられる[201]。同じ註でフォイエルバッハは，ヤコービの「ス

---

197) HGW13, S.218, §390.
198) FGW1, S.100, Ⅳ §19,『F 全集』① 69 頁，半田訳 72 頁。
199) たとえば，『理性論』第Ⅱ章の「意識」と「認識」の分離に関しては，半田秀男，前掲書，上巻，175 頁の説明を参照。また「類－種」関係については，半田秀男訳『理性論』(前掲書，下巻) 228-233 頁，第Ⅱ章§11 原註 36 への訳者註 8 を参照。ただし，このように極端に対立したもの——たとえば，『理性論』第Ⅱ章の「意識」VS「認識」，「形式」VS「質料」など——がどうしたら媒介できるのかについて，『理性論』ではうまく論じられていない事情は，すでに半田がコルネールやウィルソンの事例をあげて考察している。半田，前掲書，上巻，779-801 頁参照。
200) FGW1, S.56, Ⅲ §11『F 全集』① 38 頁，半田訳 42 頁。
201)「主観性の哲学」批判を基調とするかぎりで，§11 の論をカントやフィヒテ相手の論として読むことも可能だが，次の §12 で「無限者への移行」が扱われ，その移行が「死の跳躍のようなものでない」(vgl. Ebenda, S.60, Ⅱ §12,『F 全集』① 41 頁，半田訳 44 頁) と述べられる文脈からいっても，おそらくヤコービが念頭にある。

ピノザ書簡」から,「人間の認識および活動すべての基本は信̇じ̇る̇こ̇と̇ Glauben だ」[202]という一文を引用し,その直後に「すなわち,ひとり私にのみ属し,また私自身から取り去られることができないところの,何かあるものの直接的感覚である」[203]と自らの解釈を挿入している。ヤコービ自身は「信をめぐるデヴィッド・ヒュームもしくは観念論と実在論 David Hume über den Glauben oder Idealismus und Realismus, 1787」のなかで「私の哲学は,現実の存在について二元論的な認識を主張するものではなく,むしろ,感覚 Empfindung による単純な認識を主張するにすぎない」[204]と表明していたが,ヤコービの「感覚」概念は独特で,〈信仰〉と〈信念〉の両方にまたがる「信 Glaube」をひとつにするという特徴がある。「物の直接的感覚」の具体例としては,たとえばヘーゲルが 27 年の『宗教哲学講義』でとりあげていた「われわれは身体をもっているということをただ信じているだけで,知っているわけではない」[205]というヤコービの言が象徴的であろう。身体であれ自然の諸物であれ,ヤコービは,哲学的な「知」によって実在する世界が無化されるのを嫌っていた[206]。ゆえに,認識内容を──フォイエルバッハ的には,思惟自体から説明すべきなのに──「自分自身から,あるいは自分の心の直接的状態から,あるいは外的客観的な諸物から得よう」[207]とし,結果,求めている対象が「信」となって固定化されてしまう。ヤコービにとっては,外なる自然の物体が〈在る〉と確信しているのも「信」であれば,神が〈在る〉と信じるのも同様に「信」であった。自然物であれ,神であれ,〈在る〉と信じるときのわれわれの「信」こそが真なる

---

202) Ebenda, S.144, II §10, Anm.35,『F 全集』① 35 頁, 半田訳 39 頁。Vgl. JW4, 1.Abt., S.223.

203) Ebenda, 半田訳 同頁。

204) F. H. Jacobi, *Schriften zum Transzendentalen Idealismus*, hrsg. v. W. Jaeschke und Irmagard-Maria Piske, Band 2/1, Hamburg 2004, S.9, 栗原隆・阿部ふく子・福島健太訳「信をめぐるデヴィッド・ヒュームもしくは観念論と実在論」『世界の視点 知のトポス』Nr. 6, 新潟大学人文学部哲学・人間学研究会, 2010 年, 26 頁。

205) HV3, S.284, 山﨑訳 63 頁。

206) この点についてヘーゲルは「信仰と知」において,「有限な物が無化されることへの〔ヤコービの〕嫌悪は, それと照応する有限なものについての絶対的な確信 Gewißheit と同様に固定化されており, ヤコービ哲学の基本性格として一貫している」(HGW4, S.351, 上妻精訳『信仰と知』岩波書店, 1993 年, 64 頁,〔〕は引用者による補足) と評している。

207) FGW1, S.50, §10『F 全集』① 34 頁, 半田訳 37 頁。

「直接知」であって，哲学的認識の「媒介知」が真なのではない。このような拡張された「信」に基づいて「直接知」が絶対化され，後者の理性的認識は限界あるものとして否認されてしまうわけである。しかしこのヤコービの見方は，ヘーゲル同様，フォイエルバッハにとっても，精神の有限化という倒錯した見方であった。このヤコービの立場は，『理性論』第Ⅱ章で論じられる「意識」（狭い意味での意識）の典型であり，最終的には，以下のようにまとめられる。

> 己れ自身を意識した単独の個体 individuum singulare は，己れのあらゆる認識と理性そのもののうちには，絶対的に真実で無限で神聖なものは何ひとつ内在しないと宣言しながら，あらゆる認識と規定から分けはなされた己れだけが無限なりと知りかつ把握し，そしてこの混じりけのない無限性のなかにありながら，己れを理性の外に，いや理性を越えて措定したのである。[208]

この論評がヤコービに対するものだとすると，重要なのは，ここに描かれている「主観性の哲学」の二面性である。ヤコービは，一方で認識を経験的実在性の領域に限定しておきながら，他方で個物の〈存在〉への「信」を通じて，人格神への「信仰」をも基礎づける。そうすることでヒューム（David Hume, 1711-76）のような懐疑論，不可知論には陥らず，スピノザの冷徹な「無神論」に奪われてしまいそうな実在性を「直接的感覚」によって回復することも可能となったわけである[209]。しかし，これはフォイエルバッハからみると意識の「二義性と錯覚」[210]に陥った姿である。すなわち，フォイエルバッハにとって「純粋思惟」はそもそも中断されざる持続的活動なのだが，ヤコービは「信」を措定するや否や，思惟の活動が中断され，個としての（狭い意味での）意識に取り込まれ，「純粋思惟」と同じ形式を共有するがゆえに己れの意識に無限の措定作用を内化しているにもかかわらず，己れを有限だと宣言

---

208) Ebenda, S.56, Ⅱ §11,『F全集』① 38頁，半田訳42頁。
209) ヤコービの「信の哲学 Glaubensphilosophie」については，伊坂青司，前掲書，63-68頁参照。
210) FGW17, S.112, an J. P. Harl, Anfang Dez. 1828,『F全集』① 100頁，半田訳355頁。

し，そうしておいて，措定されたものを絶対視する。この事態が意識の「二義性」であり「錯覚」なのである。

　それを説明するのにフォイエルバッハは一風変わった概念，"τό cogitare（思惟するもの）" と "τό Esse（存在するもの）" という２つの造語を用いる。ギリシア語の中性定冠詞を付している理由について，フォイエルバッハ自身は何も述べていないが，『理性論』の論証全体から判断して，双方ともに「理性そのもの」という実体を表す術語──つまり，理性は「思惟するもの」であると同時に「存在そのもの」でもあるということ──とみてよいだろう[211]。これら２つの概念は表裏一体であり，包括的な理性自体の一性・無限性・普遍性を表現するのにふさわしいものであって，それ以外にはそもそも用いられないはずの術語である。人間の思惟においてこれらの特性が顕示されることがあるにしても，その実体は，あくまで「理性そのもの」である[212]。したがって，"τό Esse" 自体は，フォイエルバッハの考えでは，（人間の）「意識」が「無限者の認識」へと移行することによって開示されるはずであった。ところが，ヤコービの場合は，自然物の経験的実在性に引き寄せられて「意識」が個物の「認識」へと向かうところで，まず無限な活動である "τό cogitare" の永続性が中断される。そのため，「純粋思惟」のところでいわれていた「人間の類」としての普遍的性格も失われ，制限された「種」的認識にいわば下降した状態──「自分の認識のうちには絶対的に真実なものは何もない」と宣言している状態──になる。しかし実際は，この「意識」が己れを認識から切り離し，「純粋思惟」のなかに現れるはずの「己れ自身を思惟する」という "τό cogitare" の定式を，単なる「形式」または「抽象的な自己思惟」として共有している。そこで，「意識」

---

211) 端的に表現している箇所は，第Ⅰ章原註16で，そこには「思惟するものはそれ自体存在するものである。ただし普遍性の "τό Esse"，もしくは "τό universale Esse（普遍的存在）" である」（FGW1, S.130, 132, Ⅰ§6, Anm.16,『F全集』①21頁，半田訳24頁）とある。自然の個物のように多数として拡散していない一なる実体の性格を表している。

212)『理性論』の序の部分で，「理性が個体の能力および特性として所有されるものhabeaturとする思惟様式・認識様式は……それ自体もっとも誤ったものである」（ebenda, S.6,『F全集』①5頁，半田訳6頁）といわれるのも，ハール宛『理性論』添え状で「個体は意識をもっているのではなく，意識のなかに在るにすぎません」（FGW17, S.111, an J. P. Harl, Anfang Dez. 1828,『F全集』①98頁，半田訳353頁）といわれるのも，汎神論的理性が意識を介して遍在するものであることを論証するためであると考えられる。

は「無限な自己自身を措定する ponere 一方で，理性が有限なものであると宣言し」[213]，自らが「万物の尺度」[214]になる。

　ここから先はフォイエルバッハの説明がやや不十分——というより，「主観性の哲学」すべてに当てはまるように一般化された分，抽象的——なので，筆者なりに補いながら敷衍してみる。ヤコービの場合は，筆者のみるところ，意識の自己措定力が感覚に移る。もともとは「己れ自身を思惟する」という "τό cogitare" の形式は中断されずに永続的に作用する「純粋思惟」にあるはずだが，これが人間の持ち物であると——本人も気づかぬうちに——取り違え，オモテでは〈己れの認識に限界がある〉と称しながら，ウラでは〈己れの感覚が無限である〉と思っている。その上で，自己措定力を身につけ「万物の尺度」と化した感覚が，今度は「理性そのもの」にあるはずの "τό Esse" をも，自分の所有物にして己れの外に——ひとつは感覚の外なる諸物に，もうひとつは万物を支える神に——措定してみるに至り，かくして外なる「存在そのもの」（＝神）が絶対化されてしまう，ということになろうか。"τό cogitare" や "τό Esse" は，そもそも「理性そのもの」の特性として一義的だったはずだが，それぞれが〈我が意識〉の持ち物に摩り替えられ絶対視されると，それらの一義的意味が〈オモテ〉と〈ウラ〉の意味にそれぞれ二義化し，「理性自体は個体の実体・本質として受け入れられず，むしろ個体が理性の実体として受け入れられる」[215]という錯覚に陥ってしまう。フォイエルバッハの視点に立つなら，「主観性の哲学」における意識の「二義性と錯覚」のからくりは，このようにも説明できよう。

　いずれにせよフォイエルバッハの「措定する作用 Ponere」という用語は，先ほどの「何かあるもの aliquid」を任意に判断する際の「形式」が「純粋思惟」の形式を通じて無限者へと開かれるかぎりでは，良い意味で述べられていたが，「主観性の哲学」の「意識」にみられる「措定作用」は「総体性」の連関から切り離され錯覚に陥っているため，悪

---

213) FGW1, S.48, II §10,『F全集』①33頁，半田訳36頁。
214) フォイエルバッハはプロタゴラス（Πρωταγόρας, c.490-c.420 B.C.）の言葉「人間は万物の尺度なり Πάντων χρημάτων μέτρον ἄνθρωπος」が「主観性の哲学」の「意識」を特徴づけるのに好適とみている（vgl. Ebenda,『F全集』①同頁，半田訳37頁）。
215) Ebenda,『F全集』①同頁，半田訳36頁。

しき意味で解されている。ハール宛添え状でいわれていた，意識の「二義性と錯覚」は，「措定する作用」の二義性に基づく錯覚，といい換えてもよい。この "Ponere（措定する作用）" という概念は——あまり注目されていないが——，後年（40年代前半）の人間学的立場からの宗教批判を基礎づける「自己対象化 Vergegenständlichung」論の原型をなすものとみることもできよう。本来は，真なる無限者への移行を可能にする "Ponere" だが，卑俗な仕方で誤用されると「主観性の哲学」に陥り，理性の有限化と自我の絶対視という錯覚を引き起こすという論である。ただし『理性論』の場合，その作用の真の主体は「人間」ではなく「理性そのもの」である。フォイエルバッハは，「本当は個別者らの実体であり本性であるところの，人間精神の理性」[216)]と呼んだりもしているが，「本当は profecto」という副詞のニュアンスをきちんと読めば，実体としての理性が人間精神を根拠づけ，人間精神を通じて活動するところの，包括的実体としての理性（汎神論的理性）であることは明白である。「純粋思惟」で規定されていた「人間の類 genus humanum」[217)]は実体の思惟形式を反映した「人間精神」とはいえるが，その内容を満たした実体としての「理性そのもの」ではない[218)]。人間が何か自分の特性を「所有する possidere」または「もっている habere」のと同じような仕方で，

216) FGW1, S.6, 半田訳6頁。「理性そのもの」が「客観的思惟」としての実体であり，万有を基礎づけるという意味で非人間的なものであること——このことは，ラテン語原文に即してきちんと把握されるべきである。ボーリン・ヨードル版『全集』（BJ）に基づく船山訳は「各人の実体および本質を形成している人間の類的理性 die menschliche Gatungsvernunft」（BJ4, S.301,『F全集』①5頁）となっており，まるで，「類」が実体であるかのように翻訳されている。ボーリン・ヨードル版の独訳を基にして形成された解釈史，すなわち，『キリスト教の本質』でいわれる「類 Gattung」としての「人間の本質」と『理性論』の「理性」が，「類」という点でほぼ同格にとらえられてきた誤解の解釈史があることに，われわれは最大の注意を払わねばならない。またこの引用箇所にある「人間精神」は理性の真理を受け入れ，またそれに関与する可能性があるものと解されるが，原註1では一般に「人間理性」と呼ばれているものを，古代の哲学者たちの言葉を用いて「臆見的ロゴス ὁ λόγος δοξασὸς」とか「蒙昧なる知見 ἡ σχοίη γνώμη」などと呼んで，「理性そのもの」に対置し，区別している。Vgl. FGW1, S.118, Anm.1,『F全集』①3頁，半田訳7頁参照。

217) FGW1, S.30, I§6,『F全集』①19頁，半田訳22頁。

218)「純粋思惟」，「人間の類」と「理性そのもの」との相違については，第Ⅳ章の以下の叙述をみても明らかである。「理性は現実に廃棄された思惟者としての人間たちに関してのみならず，それ自身に関してまたはそのもの自体として一なるものであり，こうして人間たちの一性は理性そのものの一性以外の何ものをも表現せず表示していないという具合なのである」（ebenda, S.96, Ⅳ§18,『F全集』①68頁，半田訳71頁）。

〈理性をもっている〉と「知らず欲せずに」思い込んでしまうことが根深く人々の意識に浸透していることを問題視して，フォイエルバッハは『理性論』を著したのだった。ヘーゲルと論じ方が異なるが，フォイエルバッハは思弁的精神の立場から「主観性の哲学」を批判する基本的視角を師に学び，自らの宗教批判に応用したとみて間違いはないだろう。

こうしてみてくると，フォイエルバッハのいう「何かあるもの」は「真実の何かあるもの」として思弁的理性の「内在」であること，また，「何かあるもの」をわれわれが「措定する」とき，真なるものの「内在」ゆえに，われわれは無限者（理性）へと断絶なしに開かれるということ，しかし，その無限者たる理性の "τό Esse" は，ヤコービのような「主観性の哲学」の「錯覚」したそれとは区別されるということ，が確認できるであろう。これらの議論をみるかぎりでは，フォイエルバッハはヘーゲルの忠実な弟子であるといえる。両者の議論は，みごとに対応している。ただし，三位一体の人格（キリスト）をフォイエルバッハは『理性論』では少なくとも語らない。そして，ヘーゲル弁証法の体系的叙述よりも「主観性の哲学」批判を重視し，理性のあり方，人間のあり方を『エンツュクロペディー』の「主観的精神」論に即して問いただそうとする姿勢が，『理性論』では目立つ。その姿勢が，彼の感覚論・思惟論を神秘的なものにみせているのではないか。次節では，『理性論』の神秘性の由来をたずね，ヘーゲルとの異同をもう少し立ち入って考察していくことにする。

第5節　感覚の両義性と理性の神秘性

　議論が煩瑣になったので，もう一度，整理しよう。われわれが前節で問題としていたのは，「共感」概念に関してフォイエルバッハがヤコービを肯定的に評価しており，この視点がヘーゲルとは異なる視角から行われているのではないか，という仮説の検証であった。そこで，「何かあるもの aliquid」という概念をヘーゲルの『エンツュクロペディー』初版「精神」章の「主観的精神」論とつき合わせて考察してきたわけだが，まず明らかになったのは，ヘーゲルが「感覚」「感情」に対して否定的な態度をとるにしても，それらを排除しているわけではない，ということだった。「理性的なものは，実践的感情が有しているのと同じ内容である」[219]という言葉が意味するところは，感情に左右された判断の中にも理性的なものの内容が潜在（＝内在）しているということ，感覚と思惟との関係は，後者によって克服されるにしても，両者の間が連続的な関係でなければ理性的なものへの移行が不可能であること，逆に，カント的悟性によって感覚と思惟とを分断することは真なるものへの移行を困難にしてしまうということであった。こうしたヘーゲルの思弁的視点は，「主観性の哲学」への批判と重なるものであり，『理性論』の「何かあるもの」にも活かされていることが確認された。「感覚の力を，ヘーゲルほど真実に展開した人もいない」と師を讃えていたわけだから，当然といえば当然だが，「真実の何かあるもの veri aliquid は，もし真理そのものがそれに内在しているのでなければ真なるものであることはできない」[220]というテーゼにヘーゲルの思弁の視点が継承され，主観的な「断言」と解される判断――他者の意見とは食い違う可能性をフォイエルバッハが気にしている点でこれは「感情的」「感覚的」なものといえる――に「措定する作用 Ponere」を認め，そこから「無限者への移行」を可能にする道が開かれることをみた。「主観性の哲学」がこの「措定する作用」を誤用してしまうのは，「理性そのもの」を人間の「所

---

219) HGW13, S.218, §390.
220) FGW1, S.100, IV §19, 『F全集』① 69頁，半田訳 72頁．

第 5 節　感覚の両義性と理性の神秘性

有物」と思い込んで有限化することに由来するが，それによってこの哲学は連続的にとらえられるべき種々の二者関係——感覚と思惟，人間と神，類と種，認識と質料など——を二元的に分断して固定化し，真なる無限者（理性）の相でみることを不可能にしてしまうのだと，フォイエルバッハはみていた。ヘーゲルとフォイエルバッハの両者の論を比較してみると，ここまでのところは基本的に，両者に大きな相違は認められない。問題はこの先である。感覚に対する思弁的なとらえ方が共通していても，その感覚に神秘的性格が強く出てくるところはフォイエルバッハ固有といえるからである。〈神秘性〉に注意しながら両者の相違点をみていくことにしよう。

　フォイエルバッハは，理性的なものへの階梯的発展の論理（弁証法）をヘーゲルから学び知っているはずだが，先にも述べたように『理性論』では，ヘーゲルのように細分化した段階的説明を与えているわけではない。ヘーゲルの「客観的精神」における「私自身からの私の絶対的排斥」には強い関心がみられたが，法，契約，人倫の諸形態への叙述はあまり認められず，それらの叙述よりはむしろ「主観的精神」で展開されている人間の道徳的実践のあり方のほうにフォイエルバッハの関心は移っていったようである。すなわち，「措定する作用」にみられたように，思惟の具体的な働きかけを通して，主観的な「我」がいかにして他の人間との共同を実現するか，という問題のほうがフォイエルバッハにとっては重要だったのではないかということである。先にみた§19の「何かあるもの aliquid」は任意の私の判断が無限者とのかかわりで論じられていたが，『理性論』という著作は，単に認識の問題を扱う理論哲学の書であるだけではなく，その認識が同時に他の人間への道徳的かかわりを問題とする実践哲学の書でもあった。そのため，第Ⅲ章，第Ⅳ章は，道徳的実践に関する論及が多くなっている。「何かあるもの」に真理が「内在」しているという指摘はすでにみたが，これと関連する重要な概念が「不在 absentia」である。§13 原註 43 では以下のように述べられている。

　　ところで一般にいかなる不在 absentia も，純粋空無な不在 mera et inanis absentia ではない。たとえば暗さは，熱の不在でも空気の不

在でも……なく，光というこのひとつの規定されたものの不在である。それゆえ，それは規定された特殊な不在，いわば肯定的もしくは具体的不在であって，純粋な不在ではない。したがって不在そのもののなかに，不在であるものが，ある程度は内在していなければならない。[221]

この「純粋空無な不在」がありえないという見方は，『理性論』第Ⅰ章の「純粋思惟」がなぜヘーゲルのように完全な無規定態でなかったのか，という問いに対するひとつの答えであるかもしれない。「純粋思惟」は，質料性がないという意味で純粋な「形式」であり，「あらゆる人間において少なくとも形式に関しては純全無瑕疵のもの integra illibataque として現れる」[222]とされているのだが，この「純粋思惟」を「空無な」形式，全く無規定な形式にしてしまうと，人間相互の共同という指標的意義が失われてしまうからである。人々が指標を「表象」できなくなるという感覚的意味でいっているのではなく，全く何もないところからは，「どこへ」向かうのかがわからない（方向性の欠如）という論理的意味でいっているのである。「我思惟す，ゆえに，我万人なり」が「道徳学説の最高命題」[223]といわれるのは，そのテーゼが規定された純粋形式（形相）としてあり，その規定された内容（質料）を満たすほうへ，人間の共同性を実現するほうへと方向づけられているからである。この論理的必然性を示すために，「対自存在」的な規定を含む「純粋思惟」で論を開始したのではないか，そう解釈すると『理性論』全体が整合的にみえてくるのである。

「何かあるもの aliquid」という用語にしても同様である。フォイエルバッハはこの語で全く無規定的な何かを述べたのではなく，「あれこれの」規定された「何かあるもの」を述べていた。先の引用では，「何かあるもの」に真理が「内在」しているといわれていたが，より正確には，「何かあるもの」には真理が「不在」という形で内在している，ということだろう。この〈不在の内在〉という逆説と関連して，『理性論』

---

221) Ebenda, S.152, 154, Ⅲ §13, Anm.43 『F 全集』① 47 頁，半田訳 51 頁。
222) Ebenda S.70, Ⅲ §14, 『F 全集』① 49 頁，半田訳 52 頁。
223) Ebenda, S.94, Ⅳ §17, 『F 全集』① 66 頁，半田訳 68 頁。

原註 44 には，やや意味深長な一文がある。

> 得ようと努めることによって，われわれには，或るモノ res が内在している。そのモノは，なるほどそれ自体で per se ipsa 在るようなものではないが，しかし，それの姿 species，あるいは像 imago や影 umbra ではある。[224]

この「モノ res」は，当人にとってそれが何であるかが判然としないにもかかわらず，真なる実体の〈ある痕跡〉と感じられるものであり，「何かあるもの aliquid」とほぼ同義で用いられている。「モノ」には普遍者（真理）の痕跡が「姿」・「像」・「影」として残されており，「それ自身で per se ipsa」存する実体の〈歪められたた何か〉だが〈手がかり〉としてわれわれのなかにあるがゆえに，われわれは謎めいて映し出されているモノの本当の姿を求めずにはいられなくなる，とフォイエルバッハは考えるのである。

> それゆえ願望のうちには，不在であるものが，現在している。さらにいえば，無限者を認識しようという熱求 studium のなかにこそ，無限者自体が含まれている，ただし，無限者の内容 argumentum とは全く合致していない形式のもとで，ではあるが……。[225]

フォイエルバッハは，私が何かを認識したいという「熱求 studium」や「渇望 appetitus」を覚えるとき，当の対象の「欠乏 penuria」を「認識する」のではなく，「感じる」ことに注目している。

> 私が認識することの熱求 studium にとらえられているとき，私は或るモノ res の欠乏を感じる。そう感じるのは，当のモノをすでに認識してもって habere いたり，かつて所有して possidere いたりするからではない。認識してもいなければ，もっていたことも，もって

---

224) Ebenda, S.154, III §13, Anm.44,『F 全集』① 47 頁，半田訳 51 頁。
225) Ebenda, S.68, III §13,『F 全集』① 46 頁，半田訳 49 頁。

いることもないから，渇望する appetere のである。[226]

　この箇所は「認識する」ことと「感じる」こととが対になっており，後者にアクセントがおかれている点に注意して読む必要がある。求めるべき「モノ」は最初からわかっているわけではない。ここでもまた，フォイエルバッハは「もっている habere」「所有している possidere」という語を用いて，求めるべき「モノ」の信号（真なる無限者のそれ）を見落としてしまうことへの警告を発しているようである。未知なる「モノ」が自分に欠乏していることを感̇じ̇る̇こと（＝気づくこと）が，「無限者の認識」を可能にする。真なる「モノ」が欠けているということの感覚的な気づきが起点である。その導きの糸によって思惟が無限者へと開かれ，「人間たちの絶対的一性に基づいて」他者を愛し共同体を実現するようになると，フォイエルバッハは考えているのである。

　　人間は，自然によって分けはなされている他者と……己れを結合させたいという，抑えがたく熱求に燃えている。彼は他者を願望し要求し，何か内的な隠れた力 obscura vis と潜勢力 potentia とにより，他者を愛することへと駆りたてられる[227]，いやむしろ他者と共にでなければ存在しえないのであって，そのために人間は己れと他者との間に生じる結̇合̇ conjunctio によって初めて人間になるほどである。[228]

　この箇所の「何か内的な隠された力と潜勢力」という言葉は，かなり神秘的ないい回しでヘーゲルの論証的態度とは異なる叙述である。「隠

226）Ebenda, S.154, III §13, Anm.45『F全集』① 47 頁，半田訳 51 頁，下線は引用者による。

227）ボーリン・ヨードル版『全集』(BJ)の独訳を底本にした船山訳では，「人間は神秘に充ちた〈生命の威力〉eine geheimnisvolle Lebensmacht によって，他者を愛するように駆りたてられる」(BJ4, S.342, IV §17,『F全集』① 63 頁）と訳されている。この „geheimnisvoll" という語は，24 年の『宗教哲学講義』でヘーゲルが，三位一体の「内容は神秘的 mystisch……だが，理性にとって存在するものは秘密 Geheimnis ではない」(HV5, S.125) と述べたことと対照的である。ボーリン・ヨードル版の独訳は，やや恣意的ではあるが，この箇所に関しては，内容をとらえた訳とみればかならずしも誤訳とはいえない。

228）FGW1, S.92, IV §17, 半田訳 66 頁。

れた力 obscura vis」とか「潜勢力 potentia」といわれているのは，一言でいえば，人間にとっては測りがたい〈理性の神秘の力〉であろう。「当事者にとって」という視点と，「われわれにとって」という学知の視点と区別し，後者の立場から一貫して論述するならヘーゲル的だが，フォイエルバッハの場合は，前者の位置価が時おり強くなり，独特の緊張を生む構図になっている。それは〈人間に測りがたい理性〉と〈それを予感する人間〉との間に走る緊張である。この緊張によって，彼の「感覚」概念は，自然の制約という〈負の価値〉に神秘的「力 vis」という〈正の価値〉が加わって，ヘーゲルとは異なる両義性を帯びるようになったと考えられる。前節で指摘した〈「共感」の両義的並存〉を振り返るなら，その意味するところは以下の二つであった。

A1）自然の個体性に制約された「共感」（=否定的，§3）
A2）「現実的人格」の生成（思惟の飛翔）を促す動因としての「共感」（=肯定的，§6）

さらに，本節で別の角度から規定しなおした二傾向は以下の通りである。

B1）感覚的なものに含まれる通俗的な「確信」を排除しようとする否定的傾向
B2）思惟作用のなかにある「神聖な死」（§6）を神秘的に肯定する傾向

A1）はB1）に，A2）はB2）に，それぞれ対応する内容である。後者の対は，A2）のほうが二人の人間を必要とするのに対し，B2）のほうは一人で思惟できる点が異なってはいるが，「神秘的傾向」という点では内容的に重なる。上記引用の「他者を愛することへと駆りたてられる」という「熱求 studia，衝動 Triebe」[229]を強めているのは，もちろんA2）B2）である。というより，人間相互の「結合」は，A1）B1）を

---

229) Ebenda, S.152, III §13, Anm.41, 『F全集』① 46頁，半田訳50頁。

踏まえつつ，A2）B2）の事象が同時に（しかも，十字架のイエスなしに）生起しなければならない，とフォイエルバッハ自身は考えている。これらの事象をとらえてか，かつてザス（Hans-Martin Saß, 1935-）は『理性論』が「神秘的－全体論的思惟 mystisch-holistisches Denken の大きな潮流に完全に掉さしている」[230]と評したが，この点は，この書の特徴を良くとらえたものといえよう。

しかし，さらに続けて，「フォイエルバッハの思考過程は思弁的－弁証法的なものではなく，むしろ彼は現象学的に議論している」[231]と述べた。すると，このザスの評価を受けて，イェシュケは「『神秘的－全体論的思惟』の伝統の内部にあるフォイエルバッハの思考過程は，ヘーゲルの仕方での思弁的－弁証法的ではなく，一部は演繹的に，一部は現象学的理性によって議論している」[232]とザスの論を要約した。さらにその後，この要約についてウィルソンが「イェシュケは『理性論』の全体的－神秘論的要素が，思弁的－弁証法的要素に逆らって働いているという。彼の論点は，弁証法的志向の挫折 collapse を説明するがゆえに的確である」[233]と指摘し，フォイエルバッハの「否定神学的」傾向を論難するに至った。ここにはザスに始まり，イェシュケ（Walter Jaeschke, 1945-），ウィルソンへと続く一連の傾向，すなわちヘーゲル弁証法の遺産継承にフォイエルバッハが挫折したかのような，いわゆる〈失敗論〉的解釈の系譜[234]がある。いずれにせよ，A2）B2）の論を基点として現

---

230) H.-M. Sass, *Ludwig Feuerbach, mit Selbstzeugnissen und Bilddokumenten*, Hamburg 1978, S.37. ザスはこの箇所で，シレジウス（Angelus Silesius, 1624-77）が汎神論的に述べた言葉「人間にはすべて alles がある。人間は万物 alle Ding である」（vgl.FGW1, S.140, II §9, Anm.29,『F全集』① 30 頁，半田訳 34 頁）をフォイエルバッハが『理性論』で参照している点に着目し，「理性 Ratio」に匹敵するような，独立の自然（普遍的理性の部分でないような自然）などありえない，とフォイエルバッハがみていることを，「神秘的－全体論的思惟」の根拠にしている。

231) Sass, *a. a. O.*, S.37.

232) W. Jaeschke, Feuerbach redivivus. Eine Auseinandersetzung mit der gegenwärtigen Forschung im Blick auf Hegel, in: *Hegel-Studien, In Verbindung mit der Hegel-Kommission der Rheinisch-Westfälischen Akademie der Wissenschaften*, hrsg. v. Friedhelm Nicolin und Otto Pöggeler, Bd. 13, Bonn 1978, S.210.

233) Ch. A. Wilson, *op. cit.*, p. 55.

234) 正確には，ザス→イェシュケの特性描写に端を発し，彼らの描いたフォイエルバッハの〈非ヘーゲル的要素〉をウィルソンが誇大に解釈して，持論の批判材料に変えたというべきだが，彼らの間で解釈が少しずつずらされながら，最後にウィルソンがこの「失敗

第 5 節　感覚の両義性と理性の神秘性　　　　　　　　　119

れる，フォイエルバッハの〈神秘的 – 全体論的思惟〉は，ヘーゲルとの相違点であると同時に，悪しき退行とも解されかねない要素があって，大いに問題のある箇所なのである。われわれはこの問題にどう答えるべきであろうか。

　ウィルソンの解釈傾向には，おそらく弁証法を体系的階梯的に叙述しないかぎりヘーゲルを理解したことにはならない，といった「正統派」的な見方が根底にある。しかし，フォイエルバッハは思弁の体系的叙述を主眼にして『理性論』を著したわけではなく，そこにこだわらずに師の理念の実現をめざしたのだから，体系的叙述の不首尾や，議論の適用範囲の狭さ（たとえば，客観的精神の展開がない等）を問題にしてもあまり生産的ではない，とわれわれは論じてきたのだった。弁証法に関しては，少なくとも「何かあるもの」や「措定する作用」に含まれる弁証法的モメントへの着眼がフォイエルバッハにはあり，また，『理性論』の論旨構成にしても，フォイエルバッハ独自の構成──無規定的な「純粋有」を始元とする『論理学』の構成でもなければ，感性的確信の「意識」から「精神」への道を段階的に進展する『現象学』の構成でもないもの──として見なおす必要があった。したがって，問題にすべきは，ザスが最初に指摘した「神秘的 – 全体論的思惟」──これを筆者は適切な特性描写と解するが──によって，フォイエルバッハがヘーゲルとは異なる，どのような新しい見方を提示したのか，である。

　まず，確認しなければならないのは，思弁的思惟を基調としながらも最終的に神秘的な愛の感覚論を提示している点で，たとえば，ヘーゲルが『精神現象学』で批判しているようなドイツ・ロマン派への返り咲きに陥っていないか，という問題である。この点は，はっきり否といえる。たとえばノヴァーリスの「愛は徹頭徹尾，病である」という言葉を「ある種ののり越えがたい限界の感覚」[235]といって，フォイエルバッハもその「障害の感覚」の意義を一定，認めはするが，この愛によって成

論」にたどり着く事情を，誤解の解釈史の一系譜と筆者は位置づけたいのである。ザスは「神秘的 – 全体論的思惟」という言葉で，おそらくスピノザ的汎神論を念頭においており，「否定神学的」要素を『理性論』の顕著な特徴とみるウィルソンとは，明らかに立場が異なっている。

　235)　FGW1, S.164, IV §17, Anm.55.,『F 全集』① 66 頁，半田訳 70 頁。

就される一性が「特殊で制限されたもの」である点，つまり，ノヴァーリスのいう「愛」によって結合されている二者が「二者のままにとどまっている」という制約から，本来の思弁的一性には至っていないとみなされる。フォイエルバッハのいう愛はこれとは異なり，思惟の洞察に基づいて理性そのものの一性へ還帰しようとする「愛」である。ロマン的な愛へ返り咲くどころか，むしろ逆に彼はそれを批判している。この点では，やはりヘーゲル的である。フォイエルバッハの主張する愛が，ノヴァーリスの「愛」やヤコービの「感情」に転化することはありえない。それは，A1) B1) の思弁的理性の洞察が絶えず背景として持続するからである。フォイエルバッハの主張する「愛」が，理性の洞察，理性の「衝動」に基づく愛であるところに『理性論』の特徴があるのはたしかである。

では，ヘーゲル同様のロマン主義批判があるのは良しとして，先の「神秘的－全体論的思惟」にヘーゲルとは異なるフォイエルバッハのオリジナリティをみるとすれば，いったいそれは何か。「神秘的」傾向と関連する思想家として，『理性論』で言及されているのは，シレジウス（Angelus Silesius, 1624-77），タウラー（Johannes Tauler, c. 1300-61）のほか，ブルーノ（Giordano Bruno, 1548-1600），プロティノス（Πλωτῖνος, c.205-270），ヤコービ，そして，スピノザ，マールブランシュなどであるが，なぜかベーメの名は挙げられていない。『理性論』で言及のないベーメはとりあえず外すとして，残りの7名すべてにウィルソンは「否定神学的」という性格を与えている[236]。ところが，その論

---

236) ウィルソンは，フォイエルバッハが「主観性の哲学」を批判する際に，「古典的伝統を特別，否定神学的に受容するなかで」これを行ったといい，この遂行にふさわしい人物としてフォイエルバッハが選んだのがプロティノスを除く6名だという。ただし，最初の4名「タウラー，ヤコービ，シレジウス，ブルーノ」は主たる神秘家だが，あとの2名「スピノザとマールブランシュ」は「一元論的／汎神論的」であるとしている（Cf. Ch. A. Wilson, *op. cit.,* p.45）。プロティノスがこの6人から外されているのは，『理性論』の「手稿本」（博士の学位取得論文）だけに付けられていた原註15（教授資格取得論文『理性論』として出版された際に削除された註）と関係があるかもしれない。というのも，この註には『アリストテレスの神学または神秘哲学』と題されたアラビア語の著書について言及されているのだが，半田の解説によれば，実はこの書はプロティノス『エネアデス』の後半3巻から抜粋されたもののアラビア語重訳である。にもかかわらず，アラビア世界では長い間，アリストテレスの書と信じられてきた（半田秀男，前掲書，下巻，197-198頁，§9への訳者註18参照）。もちろん，フォイエルバッハはこの違いに気づいているのだが，アリストテレスの「形相」を

第 5 節　感覚の両義性と理性の神秘性　　　　　　　　　　　121

及のほとんどは理性が汎神論的であることの論証材料として使われているにすぎない。

　たとえば，タウラーからの引用は，「魂はそれのうちにひとつの霊的な geistlich 場をもっており，そのなかに魂は万物を質料なしにもっている」という『説教集』の一節であり，思惟の絶対的一性のなかでは，自然物の質料性が廃棄されて「思惟されたもの」としてある，という論証に使われている――「霊的な場」という語には何の言及もなしに――にすぎない[237]。また，プロティノスについては，ヘーゲルの「反省」概念を髣髴とさせるようなエーテルの自己内還帰といった内容に，何かしら言及があってもよさそうだが，そのようなことは全く触れられておらず，また，プロティノスの神秘的な叙述を引用したり，気にしたりする様子もない。アリストテレスが『霊魂論』で「ヌースは諸形相の形相であり，霊魂は諸形相の場所である」[238]と述べている内容との関連で，プロティノスの「諸物の本質はもっぱらそれらの形相のうちにあり，この形相はこれまた物のイデアにほかならない」[239]という言葉が引かれ，思惟と諸物の一性が思惟のなかに包括されてあることの論証として優れているといわれるだけである。唯一，神秘性を感じさせる引用は，ブルーノからのそれであろう。ただし，28 年時点では，フォイエルバッ

プロティノスの「一者」に引きつけて解釈している可能性をウィルソンは考えているようである。それはたとえば，彼の次の評言に表れている。「フォイエルバッハは，(存在 being に対する) 理性の形式的性格 reason's formal character をアリストテレスの形相概念 notion of form と厳密に同一視し，存在の真理が思想そのもの thought itself の真理であると主張する。精神 Geist は物 thing と思想〔思惟されたもの〕との一性ではなく，思惟 thinking と思想〔思惟されたもの〕との一性である。ふたたびフォイエルバッハはアリストテレスを参照するが，しかし，プロティノスとある神秘主義グループを参照する関連で，そうするのである」(Cf. Ch. A. Wilson, *op. cit.*, p.44,〔　〕は引用者による補足)。ちなみに，ウィルソンの著書は英語で書かれているが，ラテン語原文を参照した上で，論が展開されている。

　237)　Vgl. FGW1, S.140, II §9, Anm.29,『F 全集』① 30 頁，半田訳 34 頁。
　238)　Ebenda, S.140, 142, II §9, Anm.29,『F 全集』① 31 頁，半田訳 35 頁。フォイエルバッハはこの引用を『霊魂論』第 5 章 (c.5 de ani.) から行ったとしているが，半田も指摘しているように，巻数の表記がない上，第 1 巻～第 3 巻の第 5 章をすべて調べても該当箇所は見つからない。ただし，前半と後半に分ければ該当箇所はある。前半の「理性は諸形相の形相である」は『霊魂論』第 3 巻，第 8 章 432a2 に，後半の「霊魂は諸形相の場所である」は同巻，第 4 章，429a28 にある (cf. Aristotle, *op. cit.*, p.180 & p.164,『アリストテレス全集』第 6 巻，岩波書店，1968 年，108 頁，98 頁参照)。
　239)　FGW1, S.142, II §9, Anm.29,『F 全集』①同頁，半田訳同頁。

ハがイタリア語を習得していない[240]ため，フュレボルン（Georg Gustav Fülleborn, 1769-1803）の『哲学史への寄与 Beiträge zur Geschichte der Philosophie』第6編から，以下の引用をしている。

> さて，この精神の目標と使命はどんなものか。悟性にとって最高の真なるものに到達すること，意志にとっては最高善に達することである。事情がそのようであることは，すでに人間悟性と欲求能力 Begehrungsvermögen の飽くことのなさ Unersättlichkeit に示されている。さらにある真理を，さらにある善を予感する ahnden[ママ][241]ところへと，われわれは探究心 Erforschng や願望 Wünsche を向ける。人間にとって完全性への衝動は生来のものである。……人間の感覚 Sinn は無制限であり，彼の想像力も無制限である，なぜなら，彼はどこへ行こうとも，至るところで自分が中心にいるとわかるから。そして，完全を求める精神のこの努力は，空虚 leer でも無根拠 ohne Gegenstand でもない。[242]

原註40でこの引用をする際，フォイエルバッハは「わたしはジョルダーノ・ブルーノのいくつかの素晴らしい箇所を公にせずにはいられない」と前置きをしているが，たしかにこのブルーノからの引用には，フォイエルバッハの思想の中核を突くような内容がある[243]。「探究心 Erforschng」は「熱求 Studium」に相当するものと読めるし，「人間の感覚が無制限」というのも，遍在する意識が感覚の制約を受け，「措定する作用」が想像力と化して無限に飛翔すると読めば，かなりフォイエル

---

240) フォイエルバッハがブルーノを読むためにイタリア語を本格的に学び始めるのは30年代半ばである。36年の恋人ベルタ（Bertha Löw）に宛てた書簡で，「まだ全く翻訳されていないジョルダーノ・ブルーノの主著を理解できるように，イタリア語を始めました」(FGW17, S.258, an Bertha Löw, Feb. 1836,『F全集』⑱ 120頁）というフォイエルバッハの言が認められる。

241) この „ahnden" は「手稿本」（博士の学位取得論文）では，„wünschen" となっている (vgl. FGW1, S.151, Fußnote6)。おそらく „ahnen" の間違いであろう。半田訳も船山訳もここは「予感する」と訳されている。

242) FGW1, S.150, III §13, Anm.40,『F全集』① 45頁，半田訳49-50頁。

243) 不思議なことに，ウィルソンは，ブルーノを主たる神秘家の一人にあげたにもかかわらず，この重要な引用には全く言及していない。

バッハの思想に近い。そして何より，努力が「空虚でない」こと，何らかの対象に「真理を予感すること」は，「隠れた力によって他者愛へ駆りたてられる」というフォイエルバッハの主張に重なっている。ブルーノ思想はフォイエルバッハによって，30年代前半の哲学史的著作でたびたび引用され，35年のベルタ宛書簡で，ブルーノは「精神的にもっとも近い人」[244]と呼ばれるようになる。彼は，37年の『ライプニッツ論』でもたびたび引用されており，初期の汎神論を特徴づける重要な位置を占める思想家の一人なのである。

　ブルーノへの言及を含め，改めてヘーゲルとフォイエルバッハの相違点は何かと考えると，この感覚に託されている「隠れた力」が神秘的であればあるほど，ヘーゲルの弁証法的記述を妨げ，直観に訴えているようにみえるところではないかと思う。半田は，〈人間が「思惟」によって存在界の普遍性を洞察しこれに参与する〉ということが「人間の絶対的本質」の実現の姿であるかのような叙述が『理性論』に多くみられることを挙げ，この見方が「ほとんど『知的直観』に等しい」といい，「時としてシェリング的であるとされる所以である」[245]と評している。「知的」とはいえ，論証的とはいえない「直観」重視の性格がフォイエルバッハにあるとすると，この態度をわれわれはどう評価すべきだろうか。

　たしかに，先にみたウィルソンの読み方は，「否定神学的」という言葉と合わせて，弁証法的展開の弱さを突く論旨になっていた。彼によるとフォイエルバッハはヘーゲルの „Aufhebung" を「特殊者の思弁的総括としてよりも，むしろそれの死として構想する」[246]のであり，コルネールのフォイエルバッハ批判も重なるところがある。彼はスピノザ主義的「静的二元論」[247]という評価を与える点で，ウィルソンの「否定神学的」という評価とは見方がいささか異なるが，弁証法的媒介の弱さを突く点では共通するところがある。コルネールの論旨はやや図式的なところがあるが，フォイエルバッハが「個別者と普遍者，感性と思惟がは

---

244) FGW17, S.217, an Bertha Löw, 11./13. Januar 1835,『F全集』⑱ 95頁。
245) 半田，前掲書，上巻，262頁。
246) Ch. A. Wilson, *op. cit.,* p.44.
247) Cornehl, Feuerbach und Naturphilosophie, in: *a. a. O.*, S.44f.

じめから二者択一的に固定されているので，媒介は実際全く眼中に現れることはない」[248]と述べて，フォイエルバッハの弁証法論理の不十分さを明快に突いているような印象を与える（率直なところ筆者自身も，コルネールの論を初めて読んだとき，『理性論』の曖昧さが払拭されるような爽快感を味わった）。しかし，このふたりの議論は，弁証法の展開の是非という一点に注目しすぎたために，残念ながら『理性論』に潜む他の大事な側面を脱落させてしまった感が強い。

　先の半田の指摘では，「シェリング的」といわれたのは「知的直観」についてであった。「感覚」の両義性に伴う〈無限者と個別者との緊張〉を通じて開かれる「思惟」の自己措定力は，たしかに知的である。しかし，その「思惟」の直観的飛翔を支えているのは「感覚」であり，さらにその「感覚」を支えているのは「自然」である。初期フォイエルバッハに関してしばしば指摘される「シェリング的」という形容は，その「直観」だけでなく「感覚」の背景として広がる「自然」にもあるのではないか。フォイエルバッハの場合，「感覚」，「自然」に対して「思惟」，「精神」が常に優位にあるわけではなく，後者の活動を支える背景としての意味が「自然」にあり，「精神」の論理に回収されない圏域で，現在の〈生〉に，形而上学的な〈死〉が神秘的な緊張を走らせているとも考えられるからである。一言でいえば，「精神」以上の意味が「自然」にある——もちろん，その意味内容が何であるかが問題だが——ということである。そこにヘーゲルとの相違が際立ってくる。たしかに，〈隠れた意味〉を読み解こうとする受容的姿勢が〈神秘的なもの〉を呼び込むのではあるが，その思弁的読解のアプローチから，フォイエルバッハの立場そのものに変更を迫るような因子が——特に「自然」とのかかわりで——現れてくると筆者は考える。ただ『理性論』の叙述だけではその点——特に先の論証で指摘してきた A2）B2）における「神秘性」の〈背景をなす自然〉の意味——がみえにくく，さらに 30 年の『死と不死』は 28 年の『理性論』よりも「感覚」や「愛」の神秘性が強調されるため，コルネールやウィルソンのような見方を採る者たちには，ヘーゲル思弁哲学からの退行としてしかみえない[249]のである。

---

248) *Ebenda*, S.44.
249) コルネールやウィルソンは，『死と不死』の執筆が『理性論』より前だった可能性

第 5 節　感覚の両義性と理性の神秘性

　先に，28 年の『理性論』にベーメの論及がないと指摘したが，30 年の『死と不死』には，強いベーメ志向と感覚と愛の「神秘性」が示されている。執筆年が，『理性論』よりも前だったとすれば，『死と不死』のベーメ論をいったんは封印し，その後，30 年に匿名でそれを公にするという流れになるが，そうだとすると，『理性論』にはベーメの神秘説的要素がその感覚概念に潜在しているという解釈──『理性論』と『死と不死』の執筆年を気にする論者が少ないため，こうした論をあまり目にしないが──が，今後は出てくるかもしれない。半田は，この感覚的傾向が『理性論』の理性へ止揚され「純化されている」と評した[250]のだったが，筆者もその見解にはひとまず同意する。しかし他方で，筆者は両著作に共通する〈自然の意味〉──しかも，神秘性の背後に隠された意味──がやはりあるのではないかとも考える。つまり，『理性論』で純化し切れていない要素が，感覚論にともなう自然として残っており，共通する問題性があるのではないかという疑念がある。『理性論』では「自然は思惟しない」という側面が強く出ているが，〈思惟が自然を脱ぎ捨てる〉という見方に簡単に移行できているのなら，その後のフォイエルバッハ思想も，正統派ヘーゲル主義の叙述に寄せてもっと体系的なものになったのではなかろうか。そして，自由奔放に筆を走らせていると解釈されがちな『死と不死』のほうが，フォイエルバッハの自然概念をみる上では，『理性論』よりも彼らしい重要な視点を提示していると解釈できる面が，随所に認められるのである。

　次章では，『死と不死』を主にとりあげ，『理性論』との差異だけでなく共通性にも着目しながら，ヘーゲルとの相違点をより詳しく検討してみたい。

に関する配慮がなく，フォイエルバッハが神秘性を強めてヘーゲル弁証法の継承を断念したと判断しているようである。

250）　半田のこの解釈は整合的にみえるが納得しがたい面もある。たとえば，『死と不死』付録である『風刺詩』に「ブルーノ，ベーメ，スピノザ」の三者を，自然と精神との和解に貢献した気高い人物たちとして讃えられている（Vgl. FGW1, S.463, Xenien, Nr. 195, ただし 47 年改版では削除される）ところがあるが，なぜ『死と不死』で絶賛されているベーメだけが一時的に 28 年のころだけ言及されなくなるのかという点が不可解である。

第 2 章

『死と不死』における「自然」の位置価

前章では，教授資格取得論文『理性論―― 一にして，普遍，無限なる理性について De ratione, una, universali, infinita, 1828』（以下，『理性論』と略）がヘーゲルの人格批判を継承・発展させた汎理性主義の書であることを論じてきた。ヘーゲルの思弁的理性の影響を強く受けていた事情については，思弁的理性の全体論的視野に立って論じるという姿勢が一貫していること，また，この書の〈理論哲学＋実践哲学〉のベースとなる人間論が，ヘーゲル『エンツュクロペディー』の「対自存在」をモデルとして構想されている可能性があること，がまず挙げられよう。たとえば，第Ⅰ章「純粋思惟」における「我思惟す，ゆえに我万人なり Cogito, ergo omnes sum homines」の規定は，『エンツュクロペディー Enzyklopädie der philosophischen Wissenschaften im Grundrisse, 1827』第2版「小論理学」における „Ich ist Jeder"（内容的に「対自存在 Fürsichsein」）の定式および内容と酷似していた。また，原註24でフォイエルバッハが参照指示を出している『エンツュクロペディー Enzyklopädie der philosophischen Wissenschaften im Grundrisse, 1817』初版「主観的精神」論（§370註解，§390）には，「感覚」から「理性的なもの」への連続的移行を可能にする「対自存在」を扱った箇所があり，ヘーゲルの「感覚」理解に対してフォイエルバッハが高い評価を与えていることも確認した。「実践的感情」がたとえ「主観的なもの」として「個別的」「偶然的」だったとしても「決定する bestimmen」作用に真理が含まれているように，フォイエルバッハが肯定的な意味で使う「措定する作用 ponere」に無限者の認識へ到達するための真なる否定作用が含まれている点が，議論として重なっている。真理が「総体的なもの」であり，そこに至る道を「断絶」ではなく「連続」としてとらえた点は，「全体論的 holistisch」世界観として，忠実なヘーゲルの徒の側面が出ている。

　そして「何かあるもの aliquid」の判断または「共感 consensus, Mitgefühl」には，〈自然的制約（否定）〉と，〈思惟作用の誘発（肯定）〉という二重の意味があった。両側面の緊張のなかで，意識は「何かあるもの」ないし「モノ res」に隠されている〈不在の内在〉の意味を探ろうとする。すなわち，その本質が判然としない「モノ」は「姿 species」・「像 imago」・「影 umbra」という，いわば〈普遍者の痕跡〉で

あり,〈在るべきものがない〉という「欠乏 penuria」の感覚を抱かせるものである。この感覚から発せられる「隠れた力 obscura vis」に導かれ,ひとは理論的には無限者を「熱求 studium」する「衝動 Trieb」に駆られ,実践的には他者愛へと向かい,自らの現実的「人格」を実現しようと努めるようになる。「純粋思惟」の定式「我思惟す,ゆえに我万人なり」が「道徳学説の最高命題」[1]とみなされたのは,こうした文脈においてであった。

しかし『理性論』において,人間に「現実的な人格」の形成へと駆り立てる真の主体は「理性そのもの」であり,他者愛へと向かう「現実的人格」が生成するのは「無限者の認識」と同時に生起する「自然死よりも神聖な死 divinior morte naturali」[2]においてである,と考えられていた。ここにザス(Hans Martin Saß, 1935-),イェシュケ(Walter Jaeschke, 1945-),ウィルソン(Charles A. Wilson, 1947-)らに指摘された『理性論』の「全体論的 holistisch - 神秘的 mystisch」性格がある。前者の「全体論的」性格はヘーゲル哲学と共有しうる思弁哲学の基本的立場であるが,しかし後者の「神秘的」性格はヘーゲル哲学との相違点であるに違いない。ただ,問題なのは,後者の性格をどう評価するかである。フォイエルバッハがヘーゲル弁証法を忠実に体系的に叙述していないことは確かだが,彼なら弁証法の展開をヘーゲル的にやろうと思えばできたはずなのに,あえて独自の方法を——神秘的なものも含めて——採用したのは何故なのか,この問題を見定めなければ,有意義なフォイエルバッハ像を獲得することはできないであろうからである。

第1章第5節で,われわれはシェリング的な「直観」がフォイエルバッハの「思惟」論に現れている,という半田の指摘に触れた。人間の思惟における普遍者の直観によって,具体的な人間愛に目覚め倫理的にかかわることが,あたかも〈絶対的一性〉の実現であるかのような叙述は,たしかに『理性論』後半部に行くにしたがって散見される。この直観が弁証法的記述(論証)を妨げていると評価した論客が,ウィルソンやコルネール(Peter Cornehl)であった。しかし,すでに指摘したように,「直観」が思惟の直観であるかぎりで「知的」といわれるにせ

---

1) FGW1, S.94, IV §17,『F全集』① 66頁,半田訳 68頁。
2) Ebenda, S.30, I §6,『F全集』① 20頁,半田訳 23頁。

よ,「思惟する」あるいは「措定する」活動の知的上昇の動因となったのは「共感」であり，その背景には個別性に制約された（つまり，感覚に縛られ，おのおのの個体に分断された）自然がある。たしかにフォイエルバッハは，理性のなかにある神秘的なものに引きつけられているのではあるが，論理的に説明しきれない意味が「何かあるもの」や不可解な「モノ」のなかにあると感じられるがゆえに，他方で自然にも引き寄せられ，結果，両者の間の緊張を高めるという構造がある。

　この章では,『死と不死に関する思想 Gedanken über Tod und Unsterblichkeit, 1830』（以下,『死と不死』と略）における「自然」の問題を扱う。『理性論』と対照しながら，28 年の書において十分な説明を与えられていなかった「自然」の意義が『死と不死』で明確になることを明らかにしたい。新たに注目すべき用語は「魂 Seele」である。『理性論』でも „Seele" に相当する "anima" は 5 箇所ほど語られているが，どちらかというと「心」――〈自然に制限された感覚〉との関連で述べられるにせよ，無限者の「ことがら自体 res ipsa」が内在している〈場所〉を意味するにせよ――を意味していて，自己意識・理性に生成する「魂」という意味が必ずしも明確ではない。『死と不死』では，自然と精神とをつなぐ媒辞という生命ある「魂」の役割が，より鮮明に描かれるのである。ただし，この「魂」の媒介的役割は 30 年初版においてのみで，フォイエルバッハ版『全集 Ludwig Feuerbachs Sämmtliche Werke, Dritter Band, 1847』第 3 巻（SW3）に「死の思想 Todesgedanken」とタイトルを変え，目次構成も含め大幅に加筆・修正された 47 年改版[3]では削除される（改版における「魂」の削除という点を主題的に扱った研究は見当たらない）。この „Seele" という用語は，十字架のイエスという人格を媒介にせずに，汎神論的思弁をつらぬこうとする 30 年の立場を象徴するも

---

[3]　この「死の思想」は，実質的には 30 年の『死と不死に関する思想』をもとにした改作である。しかし，フォイエルバッハは O・ヴィーガント（Otto Friedrich Wigand, 1795-1870）のもとで自ら編纂した『全集』第 3 巻（SW3）の目次で「死の思想 Todesgedanken」を 1830 年の作品として紹介し，ボーリン・ヨードル版『全集』（BJ）でも同様の作品名および年代表記がなされている（Vgl. BJ1, Inhalt）。フォイエルバッハ自身が自らの過去の思想遍歴そのものに変更を加えた痕跡といわねばならない。47 年時の改作であるはずの「死の思想」が 30 年時の作品であるかのようにフォイエルバッハ自身の手によって偽装され，ボーリン・ヨードル版にも受け継がれたことで，年代表記に齟齬と混乱が生じている。拙著では文献の成立年に配慮し,「死の思想」を 30 年『死と不死』の 47 年改版として扱うことにする。

のであると同時に，この媒概念が後の人間学的立場からみると，人間の具体的現実をとらえるのにふさわしくない概念と化して放擲される——そのように解釈するとき，非常に重要な意味を帯びてくるはずである。以上の問題を念頭におきつつ，『死と不死』における，1)「神」の「人格」と「場」，2) 三位一体説の潜在化と神秘的汎神論，3) 魂の「目的」性と自然の「先在」性，の順に考察し，『死と不死』の汎神論的性格と「神」，「精神」，「自然」の三者関係における「自然」の位置価を見定めたい。

第1節　神のなかの「人格」と「場」

　28年の『理性論』と比べて，30年に公刊される『死と不死』で，まず目立つのが神秘的な「愛 Liebe」の高揚である。「思惟」「理性」を基調とする『理性論』とは大きな相違である。『死と不死』の「愛」は「感情 Gefühl」，「感覚 Empfindung」も含めた広い意味での〈感性的なもの〉である。たしかに，『理性論』でも「愛」について述べられてはいた。しかし，「共感」「共苦」を含め，自然の制約としての感覚に制約された愛は，思惟に至らないものとして否定的に扱われることが主だった。この書で肯定的に述べられたのは，理性の「隠れた力」に駆り立てられた他の人間への「愛」であり，内容的に実践哲学の立論として大きなウエイトがおかれている割には，最終章でわずかに述べられたにすぎない。また，ヤコービ（Friedrich Heinrich Jacobi, 1743-1819）やノヴァーリス（Novalis, 1772-1801）などのロマン主義的感情の愛は，「主観性の哲学」批判の視角でみられる場合は間違いなく退けられ，ヤコービの「共感」が評価されるのは，思惟や措定する作用に上昇力を与えるかぎりにおいてであった。28年でやや影の薄かった「感覚」や「愛」は，30年の『死と不死』では，より積極的かつより神秘的に述べられるようになる。前章で問題視していたのは，神秘的な思惟の飛翔を強める感覚の意味であった。『理性論』では，判然としない「モノ」に走る予感や両義的な「感覚」に「神秘性」が含まれていることを確認したが，その「神秘性」はいったいどこからやってくるのだろうか。「理性そのもの」のとらえがたき神秘なのか。ならば，ヤコービの「共感」概念を「みごとにいっている」とまでほめたたえたのはなぜか。『理性論』の神秘性は，普遍者と個別者，理性と感性的自然との間に走る緊張として現れるのが特徴だが，前章で「共感」「感覚」の背景にある自然の意味を探ろうとした動機は，そのような疑問からであった。

　残念ながら，『理性論』では自然に関するフォイエルバッハの肯定的言及が少ないため，「感覚」「自然」への評価はわずかに垣間みられたにすぎない。しかし，このテーマは『死と不死』では主題化されている。

第1節　神のなかの「人格」と「場」

思弁哲学の「全体論的」なまなざしは維持されたままではあるにせよ，『理性論』であまり論及されなかった〈自然の肯定的意味〉および〈思想全体のなかでの自然の位置価〉が論及されているのである。執筆時期が『理性論』より前だったかもしれないという問題はあるが，その後のフォイエルバッハの哲学史的著作にも影響を及ぼす要素として，『死と不死』の自然理解はみすごせない論点といえよう。

ただ，解読の際に厄介なのは，28年の『理性論』では〈理性 VS 自然〉，〈思惟 VS 感覚〉などの二者関係で論じられることが多いのに対し，30年の『死と不死』では，a. 神，b. 理性（精神，自己意識）と愛，c. 自然の三者関係が考察されているという点である。『理性論』では「理性そのもの」が実体であることが明らかだが，『死と不死』では，aとbのどちらが実体なのかが明確には論じられていない（半田が『死と不死』のほうが先に書かれたのではないかと推測する理由の一つでもある）。また，bの「理性」と「愛」は『理性論』の思惟と感覚とが対立するのではなく並立ないし融合している。キリスト教の神を汎神論的に読み込もうと模索する態度と体系的整合性にとらわれない姿勢に由来するのであろうが，『死と不死』では諸概念が整理されていない印象を受ける（『理性論』のほうが何を意図して書いているかが，比較的読み取りやすい）。また，それぞれの基本的性格でいえば，『理性論』では「汎理性主義」が示されてはいたが，フォイエルバッハが自ら「汎神論者」を名のることはなかった。『死と不死』でははっきりと自分が「汎神論者」であることを宣言し，同時代の合理主義，敬虔主義，神秘主義の神学に対する批判を強めていくようになる（その様子は，付録の「風刺詩 Xenien」にはっきりと認められる）。ただし，汎神論を徹底しようとするフォイエルバッハが，ヘーゲルのように十字架のイエスという「人格」を〈個と普遍の媒介〉として用いることはない。それは28年，30年の両著作に共通することである。しかしながら，『死と不死』において，「神の人格」への論及が消えるわけではない。むしろ，その論及は『理性論』よりも多い。ただ，神の「人格」が汎神論的な「愛」という視点から概して批判的に考察されるのである。この問題をヘーゲルとの対比で考えてみよう。

周知のようにヘーゲルは，初期の「キリスト教の精神とその運命 Der Geist des Christentums und sein Schicksal, 1798-1800」で，イエスの山

上の垂訓を例に，キリストの愛における「運命の和解の可能性」[4]を展望してこれに期待を寄せたが，『精神現象学 Pänomenologie des Geistes, 1807』では，直接には何の区別もない区別としての「純粋思惟」[5]を指して「両者が本質的には対立していないような，愛〔による相互〕の承認 ein Anerkennen der *Liebe*, worin die beyden nicht ihrem Wesen nach sich *entgegensetzen*」[6]といい，愛に対し批判的な見解を述べるようになった。つまり，表面的な区別があっても対立（あるいは対立に至る実質的区別）のない「愛による和解」は媒介が不十分とみなして，後に「対立」を含む思弁的な媒介知の立場へと移行したということである。たしかに『大論理学 Wissenschaft der Logik, 1812/13, 1816, 1832』をみるかぎりでは初期にみられるような愛の肯定的な記述がみあたらないし，愛の不十分さを克服する思弁の立場があるとも解されるが，近年の研究ではヘーゲルの書評「ヤコービ著作集第3巻について [Über] Friedrich Heinrich Jacobis Werke. Dritter Band, 1817」[7]におけるヤコービ評価の転換（ヘーゲル自身がヤコービ評価を否定的なものから肯定的なものへと転換したこと）を機に，ヤコービの生ける精神への接近が説かれるようにもなってきている。ヘーゲルのヤコービに対する肯定的評価とは「ヤコービは，絶対的実体から絶対精神へのこの移行を，彼の心の奥底で遂行し，確信の抗しがたい感情にかられて神は精神であり，絶対者は自由で人格的である，と叫んだ。……神は生ける以上のものであり，それは精神であり永遠の愛である」[8]というものである。「絶対的実体から絶対精神へのこ

---

4) HW1, S.345, 伴博訳『キリスト教の精神とその運命』平凡社ライブラリー，1997年，114頁。

5) ここでいわれているヘーゲルの「純粋思惟」は，フォイエルバッハの『理性論』のそれと全く異なる。ヘーゲルは「純粋思惟」という言葉で，「ストア主義の抽象的な個別一般をみすてた思惟」や「懐疑論の不安な思惟」などの抽象的な思惟を考えている（vgl. HGW9, S.125, 樫山欽四郎訳『精神現象学』河出書房新社，1975年，132頁）。

6) HGW9, S.411, 樫山訳430頁，〔 〕は引用者による補足。

7) [ ] は HW4 編者による補足。以下，「ヤコービ論評」と略。

8) HGW15, S.11, 海老澤善一訳編「ヤコービ著作集第三巻」『ヘーゲル批評集』梓出版，1992年，161頁。さらに，伊坂青司『ヘーゲルとドイツ・ロマン主義』御茶の水書房，2000年，77-78頁，註16を参照。『エンツュクロペディー』第2版以降に見られる「スピノザの絶対的実体はまだ絶対的精神ではないから，これに対して神は絶対的精神として規定されなければならないという要求をするのは確かに正しい」（HGW19, S.66f., §50）という箇所は，このヤコービの肯定的評価と対応する。もちろん，精神が実体であると同時に主体としても

第1節　神のなかの「人格」と「場」

の移行」といわれているのは，スピノザ的静的実体から動的実体（＝主体）への移行のことである。フランクフルト期における〈運命の前で挫折せざるをえなかった「愛」〉とは異なる理解が，この17年の「ヤコービ論評」では，自由な人格としての精神（＝愛）として示されている。すなわち，愛は，感性的なものとして単純に捨て去られるのではなく，――若きヘーゲルが「人格」に対して批判的だったのとは対照的に――媒介知をなす生きた人格としての精神，すなわち概念的に把握された愛になるといわれている。神が「人格的」であると規定されることによって，ヘーゲルの精神は思弁的媒介の "actus" と生命を獲得したといってもよい。論敵だった相手を味方につけたかのようである。ヤコービ哲学に対するヘーゲルの見方は，「主観的反省の哲学」というマイナス評価から，「絶対者＝人格的」というプラス評価に間違いなく転換している。

フォイエルバッハの場合は，超越的な「神的人格」に対する批判を緩めない点がヘーゲルとは異なる。たしかに，ヤコービ哲学に対し，一方で「主観性の哲学」にすぎないというマイナス評価を示し，他方で，精神の "actus" をプラスに評価する，という二面性がある点は，ヘーゲル，フォイエルバッハの両者に共通するところのようにもみえる。しかし，後者の評価内容がヘーゲルでは「人格」，フォイエルバッハでは「共感」を起点としている点が異なっている。評価の仕方も，フォイエルバッハの場合は〈論敵を味方につける〉というより，そもそも彼自身が「何かあるもの aliquid」の分析を通して〈理性そのもの〉と〈感性的自然〉との両方に引きつけられ，その両価的意識からヤコービ評価も二面的になっている可能性が強い。理性と自然への関心を同時に抱いているからこそ，〈思惟の直観〉が〈感性的自然〉を背景とする神秘的緊張のなかで瞬時に飛翔するという，ヘーゲルとは異なる見方が現れているようである。

そこで，『死と不死』におけるフォイエルバッハの「神的人格」論をもう少し立ち入って検討してみたい。まず，「神は愛なり」というテーゼをめぐるヘーゲルとフォイエルバッハの見解を比較検討してみることにしよう。フォイエルバッハが聴講したであろう24年の『宗教哲学講

とらえられるという『精神現象学』の見方とも重なる。

義』においてヘーゲルは，次のように述べている。

　　〈神は愛なり〉は非常に適切な表現である。神は感覚のなかに現にある。神が人格であり関係であるのは，一方の意識が他方の意識のなかでのみ己れをもつような仕方においてであり，神は他者のなかで——ゲーテがいっているように絶対的な外化のなかで——のみ，己れを意識する。これは，感情の形式における精神的な一性である。友情，愛，家族の関係には，ある者と他の者とのこの同一性が現前している。[9]

　最後の「友情，家族」に関しては，「しかしこの和解 Aussöhnung は抽象的な内容であり，実体的，普遍的な人倫的関係一般である」[10]という限定がつくかぎりでは過渡的[11]だが，しかし，神の「身代わり Anderssein，〔すなわち子なるキリストという〕第二の者が永遠の愛のなかで廃棄される」[12]という段階では「精神」とひとつになる。「他者のなかで己れをもつ」という人格の関係は，〈父なる神〉と〈子なるキリスト〉との結合の関係でもあり，「その結合は愛であり精神である」[13]といわれるからである。

　そもそも，ヘーゲルにとってキリスト教の神の「人格」は，生命としての精神の運動，すなわち根源的分割という意味を含む「判断 Urteil」[14]を表示するための不可欠の契機であった。すなわち，神の「顕わにすること Offenbaren」は，ヘーゲルによれば，「己れを規定すること，他者に対して für ein Anderes あること」[15]と同義であり，三位一体の論理は，他者を措定し廃棄する運動，「精神の永遠の運動」[16]，「疎外

---

9) HV5, S.126.
10) Ebenda.
11) 愛や友情のなかで人々は「人格」という「表象」をもつかぎりで過渡的だが，しかし，愛によってこの人格が「人格性」「主体性」としてとらえられると，「神性 Göttlichkeit」が現れ，精神に至るとヘーゲルはみている（vgl. ebenda, S.127）。
12) Ebenda, S.161，〔　〕は引用者による補足。
13) Ebenda, S.146.
14) Ebenda, S.105.
15) Ebenda.
16) Ebenda.

Entfremdung を消滅させる運動」にほかならなかった[17]。精神のこうした活動をキリスト教の三位一体と関連づけて論じるとき，ヘーゲルは「人格 Person」と「人格性 Persönlichkeit」とを巧みに使い分け，前者に対立を，後者に媒介・和解をみようとする。たとえば，「神は三位一体 dreieinig である」とキリスト教でいわれるときの „dreieinig" という語は，「悟性にとって最大の虐待」[18]であり，「矛盾」[19]である。しかしそのようにみえてしまうのは，ヘーゲルによれば「3が1になりえない」と思い込む悟性の，諸規定への「しがみつき Festhalten」[20]によるもので，「父」なり「子」なりの「位格 Person」が「それだけで存在するもの Fürsichsein」[21]として固定されてしまうことに基づく。したがって，一方で「〈人格 Person〉はそれだけで存在するものの極度の緊張」[22]をもたらすが，しかし他方，「人格性 Persönlichkeit はその対立 Gegensatz が絶対的に取り去られうるということ……を言表しており，まさにこの絶頂ではじめて己れ自身を廃棄する」[23]のである。

もちろんヘーゲルの場合，こうした三位一体の内実はいきなり論理として獲得されるのではなく，最初は人々の「感性的確信 sinnliche

---

17) Vgl. Ebenda, S.107. 27 年の『宗教哲学講義』でも，「この永遠なる理念は聖なる三位一体と呼ばれるものとしていい表された。それは永遠に三位一体的な神そのものである。精神はこのようなプロセス・運動・生命である」(Ebenda, S.201, 山﨑訳『宗教哲学講義』創文社，2001 年，324 頁）と述べられている。

18) Ebenda, S.126. ヘーゲルの「悟性にとって最大の虐待である」という言葉は――ニュアンスが異なるが――『理性論』にある「意識はあらゆる己れの認識の破壊女 deletrix である」（FGW1, S.68, III §14,『F 全集』① 48 頁，半田訳 52 頁）という一文を連想させる。前者の「悟性」をカント（Immanuel Kant, 1724-1804）に代表される「主観的反省の哲学」に属すもの（Hegel)，後者の「意識」を同様に「主観性の哲学」にとらわれたもの（Feuerbach）と読むと，表裏一体の関係になる。もちろん，ヘーゲルのいう「虐待」は絶対者の思弁を理解できない悟性に対する虐待だが，フォイエルバッハのいう「破壊」は無限者の認識を妨げる主観的意識の行う破壊であって，各行為を行う主体が異なっている。一見，全く違うことをいっているようだが，行為のベクトルの起点と方向が違うだけで，内容的には「虐待」「破壊」という語のもたらす極度の緊張という点が共通している。さらに，この緊張に真なる思弁的一性への衝動があるとみる点でも，両者の論は重なっている。

19) HV5, S.126.
20) Ebenda.
21) Ebenda, S.127.
22) Ebenda.
23) Ebenda.

Gewißheit」[24]として現れる。すなわち，「直接的な自己意識」[25]としての「教団」のなかで，さしあたって「理念の鏡」[26]として表象されるにすぎない。しかし，神人一体の理念が十字架のイエスとして，歴史のなかに「現象」し「新しい世界，新しい宗教」[27]として受けとめられた歴史的事実にヘーゲルは注目する。「キリストの受難と死」[28]のなかに「否定の契機」[29]が直観され，「この子〔キリスト〕が神の右側に昇天した」[30]という事蹟が教団によって本質的に認識される点に「否定の否定」[31]の契機をみようとするわけである。こうして神は，自らを「永遠の愛」[32]すなわち精神として具現するのである。

さて，フォイエルバッハの『死と不死』ではどうか。愛を重視するところはヘーゲルと共通するが，そのとらえ方はかなり異なっている。この書は，〔序〕，Ⅰ神，Ⅱ時間・空間・生命，Ⅲ精神・意識，〔Ⅳ死への脚韻詩〕，〔Ⅴ〕結論，〔Ⅵ付録─〕風刺詩という構成になっているが[33]，問題の「神は愛なり」については，第Ⅰ章の冒頭で述べられている。

　　神は愛なり。人間は愛するが，神は愛である。人間はなお一個の主体であり，己れの愛の外にもう一つ固有の存在をもっており，彼のもとでは愛は特性，浄福──なぜなら愛は浄福だから──であり，つかの間の状態，瞬間である。さて人間において部分であるものを全体として，特性であるものを主体，人格 Person，実体として，瞬間であるものを永続的存在として考えてみよ，そうすると君は<u>神の直観</u>をもつ。神は完全に愛であり，愛は静的ではなく純粋に活動 Tätigkeit であり，愛は焼き尽くすもの verzehrend，犠牲にするもの，

---

24) Ebenda, S.157.
25) Ebenda, S.155.
26) Ebenda, S.156.
27) Ebenda, S.147.
28) Ebenda, S.150.
29) Ebenda.
30) Ebenda, S.151.
31) Ebenda.
32) Ebenda, S.161.
33) 〔 〕の箇所は，シュッフェンハウアー版『全集』(FGW) 編集者による補足。

第 1 節　神のなかの「人格」と「場」　　　139

燃え上がるものであり，愛は火 Feuer である。[34]

　最後の「愛は火である」という箇所はヘーゲルとは異なるフォイエルバッハのベーメ評価が垣間みられるが，この点はあとで詳論するとして，ここではまず下線部の「神の直観」に注目したい。この直観は，「一切を神において視る」というマールブランシュ（Nicolas Malebranche, 1638-1715）の思想を想起させるところがある。『理性論』§22 では，「マールブランシュのように，われわれはひたすら神のうちにのみ万物を直観しかつ視てとると，そして無限者そのものからすべての有限者を認識するということができる」[35]といわれているが，「部分を全体として視る」という視点は，スピノザ（Baruch de Spinoza, 1632-77）と同様に──『理性論』においてマールブランシュとスピノザはほぼ同格に扱われている──〈全体から部分を視る〉，つまり〈全体としての理性から部分としての有限者を視る〉という視点と表裏一体をなすものであった。その理性が，『死と不死』では「神」といわれている。その「神の直観」が，「特性を人格，主体，実体として視る」ときにも得られるという。神は精神（または愛）の "actus" として万有に現れ出ると解するなら，ヘーゲルの視点と重なるようでもあるが，しかし，もうひとつ重要な指摘が付加される。

　　神は人格である，しかし神は人格より多くのもの，人格よりも無限に多くのものでもある。神は純粋な愛である人格である。それゆえ，神のなかには，あらゆる特殊な存在者，全被造物がひとつとなっており，それらが焼き尽くされ廃棄されているところの，いわばひとつの場 Ort が存在していなくてはならない。[36]

　万物が廃棄されている「ひとつの場」が，神の「人格」の背景をなすという点に注目したい。神はたしかに精神の活動として「人格」であることをフォイエルバッハは否定しない。しかし，神は単なる人格ではな

---

34)　FGW1, S.203, I, 47 年改版では削除。
35)　Ebenda, S.112, IV §22,『F 全集』① 77 頁，半田訳 80 頁。
36)　Ebenda, S.204, I, 47 年改版では削除。

い。「人格より無限に多くのもの」が「ひとつの場」をなしており,そして「ひとつの場」に廃棄される前の「あらゆる特殊な存在者」「全被造物」すなわち自然が背景をなしていると考えられる。フォイエルバッハが神の「人格」に対して批判的なのは,近世以降のキリスト教が「敬虔主義」「合理主義」への傾向を強め[37],この「場」から「人格」を切り離し,内面的に純化された「人格」を神として信仰するに至った点である。

> 神が単に人格——この規定は,無限である,至高である,絶対的である,完全である,神聖であるなどの補足や述語によっては変更できない規定だが——としてのみ思惟され規定されるならば,神については自己意識・自由・意志・決断・意図以上の何ものも考えられておらず,語られてもいない。しかもそこには,神をこれらの諸規定のなかでしか精神の対象にしない人々が採用している意味や意義しかない。とすれば,神は表面的な存在者 ein *oberflächliches Wesen* としてしか思惟されない。神がこのようであると深み Tiefe がなく,人間に人間を反映させる平面でしかない。神は人間の人格性の原像 Urbild だが,同様にまた人間の人格性の似姿 Ebenbild でもある。なぜなら,私の真なる芸術的な肖像画は,単に似姿であるわけではないからである。その肖像画が私の自然な自己を美化し,理想化する,つまり,私の個体性の本質である精神を,隠蔽し制限する混合から,自然の現存在の汚点と欠陥から,それだけで für sich 際立たせ,直観の対象にもたらし,真理態において私の原像であるからこそ,神はかの諸規定においてのみ考えられているのであり,原像であるにもかかわらず,同時に似姿でもあるのだ。だから,有限な人格性のなかに存在しないものは,神のなかに全く存在しない。神のなかにあるのと同じことがら,同じ内容が人間のなかにある。[38]

この箇所は,『理性論』でいわれていた同時代神学への批判と重なる内容だが,神と人間との類比に関する『死と不死』固有の視点が表れて

---

37) フォイエルバッハの近世のキリスト教理解については次節で触れる。
38) FGW1, S.207f., 47年改版では一部削除・改訂あり,『F全集』⑯27-28頁参照。

いる点で興味深い。「神は認識できない」と断言していた同時代の神学者に対して，『理性論』では「私が神でないというまさにその理由から，私は神を認識できる」といわれていた。その理由は，「認識されるべきものから私が区別されており，またそれから私を分かつのでなければ，私はその認識を獲得することはできない」というものだった[39]。もっぱら思惟の区別する作用の普遍性，思弁的理性そのものの普遍性の立場から，〈認識できない神〉なるものを想定することの愚かさを批判していたわけである。しかし，上の引用箇所では，神と人間との「似姿」関係が逆転することを根拠にして，形骸化した神の「人格」を批判している。この当時，人格に関して，〈神は人間の原像なり〉というのは一般的だが，〈神は人間の似姿なり〉というのは，無神論の嫌疑をかけられかねない点で，かなり危険な主張である。神と人とを連続的にとらえるのは，ヘーゲルゆずりのフォイエルバッハの思弁であるにしても，後者の〈神＝人間の似姿〉という主張には徹底した人格批判の内容がある。たとえばヘーゲルが『エンツュクロペディー』第3版で示している「神の自己－知 Sich-wissen は人間における神の自己意識である。そして神についての人間の知はさらに神のなかの人間の自己－知へと進む」[40]という見解——フォイエルバッハが『死と不死』を執筆しているころはまだ知らなかったであろう見解——を超えて，一歩先に進めた批判内容がある。ヘーゲル哲学に無神論的傾向が認められるとしても，「有限者のなかにないものは，神のなかにもない」とまでは，さすがにいわないであろうからである。

　しかも，この危険な無神論的見方は，一歩間違えるとフォイエルバッハが『理性論』で批判していた「主観性の哲学」，すなわち普遍者の"τό Esse"を〈我が意識〉の持ち物に摩り替え，絶対視してしまう「主観性の哲学」よりも浅薄な見方に転落してしまいかねない危うさがある。しかし，フォイエルバッハはヘーゲル同様，思弁的精神の立場を堅持していたはずである。なぜこのような，言葉の誤用ともとられかねない危うい表現をしたのだろうか。実は，この不可思議な表現のなかには彼特有

---

39) Vgl. ebenda, S.138, II §9, Anm.29, 『F全集』① 30頁，半田訳34頁。
40) HGW20, S.550, §564, 船山信一訳『精神哲学』ヘーゲル全集3, 岩波書店, 1996年, 512頁。

の汎神論的自然観が潜んでいる。前章から問題にしている若きフォイエルバッハの〈自然への関心〉が，〈神は人間の似姿なり〉という見方の背後に隠れているのである。

U・ショット（Uwe Schott）が若きフォイエルバッハに無神論的傾向を認め，恩師カール・ダウプ（Karl Daub, 1765-1836）の言葉を借りてその傾向を「熱狂的な世界蔑視 enthusiastische Weltverachtung」[41]と特徴づけていたことを思い出していただきたい。フォイエルバッハは，「どこにでも神はいる」というような安易な汎神論を唱えたわけではなかった。汎神論の嫌疑をかけられたスピノザを擁護して，その哲学を「無宇宙論」[42]と呼んだヘーゲルの視点をフォイエルバッハも共有していた。人間的なものを超える思弁的精神が，『理性論』と同様に『死と不死』においてもその根底にある。ただし，その根底にあるものが，「理性そのもの」から「神」へとシフトするとき，同じ実体としてみることを許さない要素，すなわち神の人格の背景にある「場」が別の根源性をもって現れる。少し長くなるが，フォイエルバッハは神が「二重の存在者」であることを人間との類比で以下のように述べている。

　　それゆえ，もし神自身のなかに神からの区別がないのなら，神は己れのなかに……己れの人格性から区別された存在者 Wesen を含んでおらず，この己れの存在者のなかに己れの対立 Gegensatz を含んでいないことになる。そうであれば，神はたしかに区別されているが，この区別は神自身の活動の成果ではない。というのも，そもそも自己活動的な存在者 ein selbsttätiges Wesen であるのは，ただ己れ自身のなかで己れから区別された存在者，己れのなかで二重である存在者 ein in sich zweifaches Wesen だけだからである。何によって人間は精神であるのか。人間が自然から区別されていることによってではない。そうではなく，人間の自然からの区別 Unterschied が人間の自己活動的な区別作用の成果であることによってである。人間は己れの本性 Natur——この本性は，彼がこの区別をとらえ，最初から開始し，行い，あたかも彼が区別されてい

---

41) 本書第 1 章第 1 節を参照。
42) HV3, S.274, 322, 山﨑純訳『宗教哲学講義』創文社，2001 年，52 頁，107 頁。

第 1 節　神のなかの「人格」と「場」

なかったかのように，この区別を区別作用から初めて生成させ帰結させるというものだが——によって自然から区別され，人間は己れの精神であり，己れの精神の業 Werk である。しかしこの区別作用の可能性はどこにあるのか。〔その可能性は〕単に彼が人格であり，自己意識的であるということにあるのではない。そうではなく，彼がそこから己れを区別するところのものであること，彼がそこから己れを区別しつつ，それの人格，自己意識であるところのものであること，〔つまり〕自然，魂 Seele，本質 Wesen であること，己れ自身のなかでこれらでありこれらをもっているということ，に〔人間の区別作用の可能性は〕ある。仮に自然が人間のなかになかったとするなら，というより人間自身が自然でなかったとするならば，活動や区別の刺激，とっかかり，きっかけも彼の外にあったであろうし，彼は自己活動的でない，没精神的な存在者であったことだろう。[43]

　引用前半の「自己活動的な存在者」を神と読むとき，「己れのなかで二重である存在者」の「二重」とは，人格としての精神であると同時に，その背景をなす自然の本質でもある，という意味である。先の引用の言葉を用いていい換えるなら，神が「人格」であると同時に，全被造物が焼き尽くされ廃棄されているところの「場」でもあるという意味である。「人間は己れの精神であり，己れの精神の業 Werk である」が出てくるまでの引用前半は，ヘーゲル的な叙述である。自然は神の被造物であるかぎりでは，神の "actus" こそが根源的であり，「人格的」であることが神の主要事象であり，その背景は副次的事象になるであろう。ヘーゲルの体系において，精神哲学が自然哲学のあとにやってくるのは，そのままでは「自然は無力で，概念を細かいところまで堅持することができない」[44]からである。このヘーゲルの見方を受けて，フォイエ

---

[43]　FGW1, S.210f., I, 47 年改版で一部削除・改訂あり，『F 全集』⑯ 29-30 頁参照，〔　〕および下線は引用者による。

[44]　HGW19, S.187, HGW20, S.240, §250, 加藤尚武訳『自然哲学（哲学体系Ⅱ）上巻』ヘーゲル全集 2a, 岩波書店, 1998 年, 37 頁。

ルバッハも『理性論』では「自然は思惟しない」[45]、「自然の真の本質は自然そのものではなく、それの外にそれを超えて存在する精神である」[46]と論じていた。しかし、『死と不死』では自然の地位が復権される。〈精神＝能産〉VS〈自然＝所産〉という優劣図式だけではとらえきれない意味が引用後半部では現れ、少なくとも対等な関係としてとらえられるようになる。

　まず下線を引いた箇所をみてみよう。「自然、魂 Seele、本質 Wesen」の３つが並んでいるが、これはいい換えである。『死と不死』では「自然」と「魂」は区別されない。「自然は純粋な魂、完全に魂であり、物質あるいは外面的必然性の鎖につるされ絞殺されて死んだ諸物や存在者の集積では全くない。自然が真に思惟されるなら、君は自然と魂を区別できない」[47]といって自然を「魂」としてとらえる[48]。もちろん、「真に思惟されるなら」と条件がついているから、これだけでヘーゲルの精神論と矛盾するわけではない。むしろ、生成発展する「魂」の諸段階を想定し、「素のままの感性的なもの das roh Sinnliche」[49]を振り捨て、思想のなかで真にとらえられると、「魂は、思惟・自由・意志・理性・自己意識である」[50]ともいわれているから、この文脈ではヘーゲル的生成論に準じている。

　ところが「しかしこの区別作用の可能性はどこにあるのか」と問いかけたあとの後半部は、「人格」優位、「精神」優位の発想ではない。むしろ、精神と自然との関係は逆転している——主語が神から人間に変わっているが——。一言でいえば、〈精神あっての自然〉から〈自然あっての精神〉という論旨に変わっている。後半の論旨に即して敷衍すると、人間が自然なき人格であるとしたら、「刺激、とっかかり、きっかけ」

45）　FGW1, S.22, I §4,『F 全集』① 15 頁、半田訳 18 頁。
46）　Ebenda, S.150, III §12, Anm.39,『F 全集』① 43 頁、半田訳 47 頁。
47）　Ebenda, S.211, I, 47 年改版では削除。
48）　自然を「魂」としてとらえる見方は『理性論』でも示されており、そのかぎりでは『死と不死』の見方との齟齬はない。『理性論』原註 29 ではフォイエルバッハはタウラー（Johannes Tauler, c.1300-1361）の「魂は万物を質料なしにもっている」という言葉やアリストテレスの「霊魂は諸形相の場である」という言葉が参照されている（vgl. ebenda, S.140, 142, II §9, Anm.29,『F 全集』① 30-31 頁、半田訳 34-35 頁）。
49）　Ebenda, S.314, II,『F 全集』⑯ 78 頁。
50）　Ebenda,『F 全集』⑯同頁。

を得ることができない。区別することが可能となるには，区別される対象が必要であり，人間の場合，区別する精神自身が区別される自然でもあることによってその活動が可能となる。前章からわれわれが問題にしていたのは，〈区別する精神〉と〈区別される自然〉との間に連続性があり，かつ自然が自己活動的な区別作用の成果であると一方ではいわれながら，他方で自然それ自体の価値にも着目し，この背景的自然なしには区別作用は成立しえない[51]という，一種独特の緊張関係が認められるということであった。この緊張が，死の瞬間に「神秘的」直観を呼び込む——その裏にはベーメ（Jakob Böhme, 1575-1624）の汎神論的神秘説への接近がある——のだが，その検討は次節に譲るとして，ここでは自然の位置をもう少し確認しておきたい。

　もうひとつ前の引用，「有限な人格性のなかに存在しないものは，神のなかに全く存在しない。神のなかにあるのと同じことがら，同じ内容が人間のなかにある」という内容に戻ろう。この最後の一文だけを読むと，まるでフォイエルバッハが「神人同形説」に依拠して，神と人の地位を対等に扱ったかのようにみえるが，よく読むと神と人との内容が同一であると彼がいっているのは，「人格」に関してのみである。しかも，その神の人格は「自己意識・自由・意志・決断・意図」等の人間的規定でとらえられたものであり，そのような神学——おそらく，敬虔主義や合理主義の神学——の神は「表面的な存在者」でしかない，と彼が述べている点に注意が必要である。神の人格が実質的な „Wesen" のない表面的存在としてのみ解釈されているからこそ，「人間を反映させる平面」や「芸術的な肖像画」にたとえて〈神の人格は，人間の人格の似姿なり〉と喝破できた[52]。そのように読まなければ，つじつまが合わなくな

　51）　この視点は 42 年の「哲学改革のための暫定的命題 Vorläufige Thesen zur Reformation der Philosophie, 1842」（以下，「暫定命題」と略）でいわれる〈精神（人間）の根拠としての自然〉に関するテーゼの先取りとして読めるところである。すなわち「自然は現実存在から区別されていない本質であり，人間は現実存在から己れを区別する本質である。区別されない本質は区別する本質の根拠である。それゆえ，自然は人間の根拠である」（FGW9, S.259,『F 全集』② 55 頁）というテーゼの先取りである。もちろん，42 年の段階では，自然の背後に「神」という実体がなく，自然それ自体で実在するものとされ，唯物論的立場へ移行しているという違いはある。しかし，思弁的思惟のなかから，後の唯物論的考察を導く因子があることを確認できる。

　52）　この引用では，たしかに「表面的な存在者」としてしかみない神信仰の人格が批判

る。

　少なくとも『死と不死』第Ⅰ章冒頭の「神は愛なり」の神が「表面的な存在者」でない以上，その人格が人間の人格と同じ内容ということにはならないはずである。なぜなら，フォイエルバッハのとらえる神は「人格よりも多くのもの」であり，全自然が廃棄されたところの「場」を背景とする神であるはずだからである。この「場」のない「人格」の絶対視をフォイエルバッハは「絶対的人格 absolute Person」[53]と呼んで同時代神学の「敬虔主義」「合理主義」を批判する。彼らの信じる神すなわち「絶対的人格」は自然から完全に切り離された孤立的な人格であり，「何かを欠く単なる誰か ein bloßes Wer ohne Was, 本質のない人格 eine Person ohne Wesen」[54]にすぎない。こうしたフォイエルバッハの人格神にたいする批判的かつ論争的な見方は，内容的に「宗教と哲学とは一致する」[55]としたヘーゲルの見方との齟齬をもたらしたと考えられる。

　　愛の何たるかを知っているのは真の汎神論者のみである。汎神論以
　　外はすべて，エゴイズム，自己発情，虚栄，利欲，傭兵状態，偶像
　　崇拝である……。[56]

　このような神学批判と汎神論理解を徹底してゆくプロセスで，神の前景としてとらえられていた三位一体の「人格」は，フォイエルバッハのまなざしではいわば仮象と化していった。そして，その背後にある神の実質，すなわち全自然が廃棄され一つになった神の本質が洞察され，真の汎神論が説かれるということになる。もちろん，「神は人格なり」と

されているが，この肖像画のたとえは，精神と自然との位置関係一般に転用できる要素もある。すなわち，自然の汚点と欠陥を美化し理想化する作業を行うのは思惟であり，精神だが，しかし，その素材を与えるのは自然であり，自然自身がそのような美化された真理態であろうと歩み寄ろうとする要素も考えられている。そうでなければ〈神は人間の似姿なり〉という表現をわざわざとることもないだろう。〈精神−自然〉関係でおきかえるなら，〈精神は自然の似姿なり〉ということになる。フォイエルバッハはこのようないい方をしていないが，いま述べた内容の論述を『死と不死』では別の箇所で論じている。この点はこの章の第3節で論じる。

53）　FGW1, S.210, I,『F全集』⑯ 29 頁。
54）　Ebenda,『F全集』⑯同頁。
55）　HV3, S.63, 山﨑訳 8 頁。
56）　FGW1, S.216, I, 47 年改版では削除。

いう見方を彼が放棄したということではない。この点に関しては，フォイエルバッハの見方はヘーゲルのそれと大筋において重なっている。精神（人格）の区別作用は堅持されるわけである。しかし，ヘーゲルにおいて「神は人格なり」のテーゼが「人格あっての神」ととらえられていたとすれば，これに対しフォイエルバッハの場合は，「背景あっての神」ないし「場あっての人格」と読み替えられ，力点が自然のほうに移されるところに違いがある。ヘーゲルの精神を「人格的」と規定したのは，弁証法の運動を根底から支える動因（actus）と生命力，さらには十字架のキリストの「受難と死」というこの上ない矛盾と対立を媒介する愛の深さを示したかったからであろう。神の人格にたいするヘーゲルの肯定的見方は，キリスト教神学と自らの哲学との宥和を提唱する帰結をもたらした。しかし，フォイエルバッハは，三位一体の人格そのものに対して懐疑的であり，神が「人格的」であることに人々の心が奪われていくことに形骸化の兆候をみていた。汎神論者を自認する彼は神そのものをとらえるためには，「人格」だけでなく，その実質をなす背景としての「場」に注目する必要があった。同時代のキリスト教神学に対する人格批判を強めた結果，十字架のキリストおよび三位一体の意義は歴史的に過去のものとして背景に退くことになる。汎神論者フォイエルバッハは，有限者と普遍者の媒介と愛の人倫的共同の実現を，「死」の思弁的洞察によって，キリストの人格なしに実現しようとするのである。神の隠された意味は，「人格」よりもむしろ「自然」にある。こうして，彼はベーメの神秘的にして汎神論的な自然観にひきつけられてゆくのである。

第2節　三位一体説の潜在化と神秘的汎神論 ──ベーメへの接近

　前節では,「神は愛なり」のテーゼをめぐって,ヘーゲルとフォイエルバッハの解釈を検討してきた。特に注目すべきは,神の「人格」に対する両者の見方の異同であった。両者の見解は,全く異なるものとはいえない。フォイエルバッハが「絶対的人格」と呼んで批判するのは,同時代神学の彼岸信仰を支える形骸化した「人格」,「表面的存在者」にすぎない神の「人格」に対してであって,ヘーゲル哲学の「精神」に対してではない。むしろ『理性論』においても『死と不死』においても,ヘーゲルの「精神」をフォイエルバッハは継承しているというべきである。にもかかわらず,両者の間には神解釈の上で微妙な離齬が生じてもいた。そのひとつのメルクマールが神の背景としての「場 Ort」であった。神は単なる「人格」,存在なき「人格」ではない。すなわち「何かを欠く単なる誰か ein bloßes Wer ohne Was,本質のない人格 eine Person ohne Wesen」[57]ではない。神が生き生きとした人格として現れるためには,神の内実となる「場」がなくてはならない。ただし,その「場」は焼き尽くされ廃棄されてひとつの背景となった「場」であって,ありのままの自然ではなかった。その点で,この「場」は,後年の唯物論的転回のあとでいわれる「人間なき自然 Natur ohne den Menschen」[58],「非人間的自然 die unmenschliche Natur」[59]には,まだ至っていない。

　　神が己れ自身を自然から区別するのは,ただ……彼が人格であると同時に本質 Wesen でもあるとき,神としての自分自身,自己意識的な人格としての自分自身から区別されているところの,この<u>自分の本質 Wesen</u> のなかで,全存在者 alle Wesen,自然であるときのみである。[60]

---

57)　FGW1, S.210, I,『F 全集』⑯ 29 頁。
58)　FGW10, S.336,『F 全集』⑪ 168 頁。
59)　Ebenda,『F 全集』⑪ 167 頁。
60)　FGW1, S.210, I,『F 全集』⑯ 29 頁,下線は引用者による。

第2節　三位一体説の潜在化と神秘的汎神論

　この引用後半では，「神」，「自分の本質」，「全存在者＝自然」の3項関係が問題となっている。中間項（下線部）の「自分の本質」は，〈神の人格〉から区別された本質といわれているから，「場」でおきかえると論旨がみえやすい。すなわち「神が，人格であると同時に本質でもあるとき，つまり『場』という本質のなかで自然であるとき」，そのときのみ，神は己れの区別作用を発揮して自然から己れを区別する，と。神は「場」なしには区別するという行為を行えないという含みがあるが，質料的自然の個別性がすべて廃棄された，いわば〈透明な空間〉ともいうべき〈一なる自然の本質〉が背景をなしている，ということになる。「空間」を「場」のたとえにした──もちろんどちらも質料的なものが完全に廃棄されている──わけは，ハール宛添え状で，フォイエルバッハが広い意味での「意識」を「空間」になぞらえて次のように述べていたからである。「各部分が他の部分の外にあり，したがって，まさしくこの点で，どの部分も他の部分の外にはなく，他の部分に絶対的に等しいのですから，いったいどこで空間の一部分が他の部分から区別されましょうか」[61]。このたとえが共通すると考えると，「場」はさしあたって潜在的な「意識」と考えてもよいかもしれない。すなわち，神の「人格」は神の「自己意識」であり，その背景をなす「場」は，広い意味での「意識」である。「意識」はたしかに自らの意のままになる面もあるが，しかし，「自然」の本質を含む不随意的なものでもある。その意識が自覚的になったものが「自己意識」つまり「人格」である。「人格」と背景としての「場」は，「人格」VS「場」といった二元的対立物ではない。神が表面的な存在者でなく，中身のある実質的な存在者であるな

---

61) FGW17, S.112, an J. P. Harl, Anfang Dez. 1828,『F全集』① 100頁，半田訳 355頁。フォイエルバッハのこのような「空間」についての議論は，──直接の論及はないが内容的にみてヘーゲル『エンツュクロペディー』初版「自然哲学」における「空間」論との類似性が認められる。もちろん，ヘーゲルにあっては，α「直接的な区別なき自己外存在 das unmittelbare unterschiedslose Aussersichseyn」としての「点」，β「点の最初の他在」としての「線＝空間の否定」，γ「他在の真理態」すなわち「否定の否定」ないし「空間の否定が廃棄されたもの die aufgehobene Negation des Raums」としての「面」，という弁証法的トリアーデが明快に論じられている（vgl. HGW13, S.117f., §200）。このような細分化された「点・線・面」の議論は，たしかにフォイエルバッハにはない。しかし，ヘーゲルの空間の論証には，解析学の積分の考え方がベースにあり，フォイエルバッハはそのエッセンスをとらえて「区別を内に含むところの一性」という規定を空間に認め，この規定を「意識」や「自己意識」に転用したのではないかと筆者は推測する。

ら，神の前景には「自己意識」としての「人格」があり，その背景には「場」ないし「意識」としての〈自然の本質〉があって，両者が連続的にして不可分の一性をなしており，われわれの思惟によって宇宙全体を包括する真の実体として洞察されるものである。このように解釈すると，『死と不死』の汎神論的な神観がより明瞭に浮かび上がってくる。

　また，『理性論』の「理性そのもの」に相当するものが，『死と不死』のこの箇所では「神」として論じられているが，"τό Esse（存在するもの）"の普遍性が，有限な自然にではなく無限者にあるという点は共通している。スピノザの神にみられるのと同じ「無宇宙論」的性格[62]は，『死と不死』にもたしかにある。しかしながら，神のなかには，自己意識的な「人格」と，潜在意識的な〈場〉としての〈自然の本質〉があるとみたフォイエルバッハは，後者の意味を突き詰めたいという強い関心をもって，ベーメの神秘説へ接近しているようにみえる。『死と不死』のフォイエルバッハは，ベーメの「神のなかの自然」をどのように解釈したのだろうか。

　この問題にはいる前に，神の「人格」の時代的推移に関する彼の考察を概観し，フォイエルバッハの思想形成における『死と不死』（1830年）の年代史的位置を確認しておきたい。フォイエルバッハはこの書の序論において，西洋史上の「不死信仰」を三つの時期に区分している。すなわち，1）人格の不死を知らず信じてもいなかった古代ギリシア・ローマの時代，2）教会という共同体のなか彼岸に思いを馳せ，死後の復活信仰に個体の不死を垣間みた中世カトリシズムの時代，3）復活の謎が解かれることにより復活信仰が消滅し，個人を無限で神的だととらえる近世プロテスタンティズムの時代である。特に3）のプロテスタンティズムに至って，神人キリストの人格が「人格一般」としてとらえなおされ内面化された結果，近世の福音主義が敬虔主義になり，さらに合理主義・道徳主義へと必然的に転化したことを問題視している。すなわ

---

[62] すでにみたように，この「無宇宙論 Akosmismus」（HV3, S.274, 322, 山﨑訳52頁，107頁）という言葉は，スピノザ哲学が「汎神論」の嫌疑をかけられた折にヘーゲルがスピノザを擁護しようとして用いた語である。アスケリもこの語を用いて，フォイエルバッハの思想を特徴づけている。Vgl. C. Ascheri, *Feuerbachs Bruch mit der Spekulation*, Frankfurt a. M. 1969, S.26.

第 2 節　三位一体説の潜在化と神秘的汎神論　　　　　　　　　151

ち，中世では，世俗を離れた彼岸的な存在が信仰の支えであり，キリストの復活という不死は，この世の善悪の行為に応じて下される神の「報い Vergeltung」[63]，さまざまな教説のなかの「ひとつの教義箇条，信仰箇条」[64]にすぎなかった。ところが近世に入ると，諸個人の信仰の中心に「神人キリスト」がすえられることによって内面化される。キリストという「唯一の世界史的人格」[65]への尊敬を極端に推し進めた敬虔主義者は，キリストの遺体という感性的個体をも尊敬の対象に高めた。「キリストが主観の内面で受容している姿，心情 Herz の中へとりあげられた……キリスト」[66]こそ真のキリストであると称して主観化され，ひとびとはキリストの人格ではなく，「人格そのもの」，「人格としての人格」への信仰を深め，「合理主義，道徳主義」の道を突き進む。その結果，「あらゆる事象のなかの一者，普遍者，全体，真に現実的で本質的なものが彼らの直観から消失」[67]した。すなわち，自分自身の本質，すなわち内面に純化された人格という本質が，絶対的な理想として彼岸に描かれるために，人間が「その純粋な人格と一つになることは……はるかかなたにある目標にすぎなく」[68]なり，そのため自分の外にある現実は「欠陥のあるもの，否定的なもの，有限なもの」[69]にみえてしまうというのである。同時代の敬虔主義，合理主義の神学における神的「人格」の形骸化は，このようなプロセスを背景にしていると総括して，フォイエルバッハは時代神学批判を強め，神の「人格」の背後にある「場」としての〈自然の本質〉へ関心を移してゆく（少なくとも出版年に即して『理性論』から『死と不死』の順に解読している人にはそのように映る）わけである。

　この事情を汲みとってであろうか，アスケリ（Carlo Ascheri, 1936-67）はキリスト教の合理主義，正統派，敬虔主義との論争に言及しつつ，「しかしその際，フォイエルバッハは三位一体の教義の中心点をなす，

63）　FGW1, S.187,『F 全集』⑯ 5 頁。
64）　Ebenda,『F 全集』⑯同頁。
65）　Ebenda, S.190,『F 全集』⑯ 7 頁。
66）　Ebenda,『F 全集』⑯ 8 頁。
67）　Ebenda, S.193f.,『F 全集』⑯ 10 頁。
68）　Ebenda, S.192,『F 全集』⑯ 9 頁。
69）　Ebenda, S.194,『F 全集』⑯ 10 頁。

キリスト教の思弁的解釈を拒否する。ヘーゲルの〈神〉がある程度までは維持されるが，三位一体の象徴的なフレームワークは放棄される」[70]と指摘した。アスケリの特性描写は，フォイエルバッハがヘーゲルの弁証法をも放棄したかのような論調である。たしかに『死と不死』の第Ⅰ章以降の本論では，十字架のキリストの死について何も言及されていない。しかし，それはフォイエルバッハの同時代神学への批判を強めた事情と表裏一体の関係にある。少なくとも彼は，ヘーゲルが認めた〈三位一体のなかにある思弁の論理〉を理解しなかったわけではない。『精神現象学』や 24 年の『宗教哲学講義』でヘーゲルが，十字架のキリストの受難が教団に受け継がれ，父なる神の「身代わり Anderssein」としてのキリストの死（否定的なもの）が，神の外ではなく，内にあるものとして媒介され，「否定の否定」が実現され和解に至るという，神の愛すなわち精神の自己実現過程を論理的に知っていたはずである。その証拠に，35 年のバッハマン（Karl Friedrich Bachmann, 1785-1855）への論評「『反ヘーゲル』の批判——哲学研究入門 Kritik des „Anti-Hegels", Zur Einleitung in das Studium der Philosophie, 1835」（以下，「バッハマン批判」と略）においてフォイエルバッハは，「ヘーゲルによれば，同一性の概念は区別の概念を排除せず，己れのなかで区別を本質的に概念把握するものである」[71]，「同一性の概念は，ヘーゲル哲学の絶対理念の形式的表現にすぎない。すなわち実体は主体であるということ，通俗的に表現すれば，神は本質的に人格性 Persönlichkeit であり，己れを己れ自身のなかで区別する一性であるということにすぎない」[72]とヘーゲル哲学の要諦を的確に要約して反論している。神を「人格」ではなく「本質的に人格性」と規定しているところにもその理解の深さは示されている。すなわち，十字架のキリストにおいて顕わになった「対立」が固定化されてしまう「人格」ではなく，その鮮烈な「対立」が廃棄されているところの「人格性」こそ神の本質規定であることをヘーゲルは把握していたのだ，と。『理性論』や『死と不死』の内容からいっても，これらを執筆していたころにはすでに，ヘーゲルが何を意図して「人格性」を用いて

---

70) Ascheri, *a. a. O.*, S.26.
71) FGW8, S.68,『F 全集』④ 32 頁。
72) Ebenda, F 全集』④同頁。

第 2 節　三位一体説の潜在化と神秘的汎神論　　　　　　　　　153

いたかをフォイエルバッハは熟知していたはずである。

　ところが，アスケリのように，フォイエルバッハは「キリスト教の思弁的解釈を拒否する」，「三位一体の象徴的なフレームワークは放棄される」といい切ってしまうと，精神を「生ける主体」とみる視点や，区別・対立を思弁的に超克する視点も一緒に放擲してしまったかのような印象[73]を読者に与えてしまう恐れがある。アスケリ自身はなるほど，「ヘーゲルの〈神〉はある程度までは維持される」といって，三位一体の思弁的解釈とみなしうる箇所の一つとして 33 年の『近世哲学史』におけるベーメの章をあげてはいるが，しかし，なぜか 35 年の「バッハマン批判」はとりあげていない。アスケリは，半田が指摘しているように，『理性論』と『死と不死』の重要な相違について気に留める様子もない[74]。出版された『理性論』が「教授資格取得論文 *Habilitationsschrift*」であって，いわゆる「博士論文 *Doktorarbeit*」でないという資料的問題をいち早く世に知らしめている——これはアスケリの功績である——にもかかわらず，である。概して彼の論は「フォイエルバッハの初期著作は著しく反人間主義的，反人間学的特徴を帯びている」[75]という見方が先行しているようであり，思弁のなかに潜む意義や可能性に関する肯定的な見方はほとんど示されない。仮に，アスケリの指摘するように『理性論』や『死と不死』の初期著作ではスピノザ

---

　73)　アスケリは，『死と不死』は「スピノザの影響」が濃厚であるとみて，〈本質と仮象〉，〈有限者と無限者〉との関係がヘーゲル論理学の関係のようには言語化されず，スピノザのまなざしでみられていると批判的に論じている（vgl. Ascheri, *a. a. O.*, S.26)。スピノザ主義に着目した同様の批判は，コルネールにも認められる。彼は『理性論』を指して，フォイエルバッハにあってはヘーゲルのような媒介に関心が示されず，ヘーゲル弁証法が誤解に基づいて媒介・和解なき「ある対句法」に還元されること，「個別者と普遍者が一つの静的二元論に固定化される」ことを指摘し，『死と不死』についても，やはりヘーゲル弁証法の誤解があり，感性の限界が取り払われた愛の「神秘的」解釈に陥っていると指摘する。Vgl. Peter Cornehl, Zur Genese der Anthropologie und Religionskritik des jungen Feuerbach, in: *Neue Zeitschrift für systematische Theologie und Religionsphilosophie*, hrsg. v. Carl Heinz Ratschow, 11.Bd., Berlin 1969, S.44f. und S.69. コルネールの解釈は区別・対立の統一を「否定の否定」として論じなければすべて「ヘーゲル弁証法の誤読」とするもので，一面の真理を突いている半面，フォイエルバッハの新たな試みがすべて抹消されてしまう恐れがある。弁証法の継承問題については，第 1 章第 3 節および第 5 節ですでに論じた。

　74)　半田秀男，『理性と認識衝動——初期フォイエルバッハ研究』上巻，渓水社，1999 年，770 頁参照。

　75)　Ascheri, *a. a. O.*, S.9.

主義の影響が濃厚で，個別者と普遍者の関係を静的二元論的見方でしかとらえられなかったとすると，なぜ41年の『キリスト教の本質 Das Wesen des Christentums, 1841』で，父なる神と子なるキリストを結ぶ愛の「媒語 terminus medius，実体的紐帯 das substantielle Band，媒介原理 das Vermilllelungsprinzip」[76]が，「人間の本質と一致した宗教」として肯定的に語られるのであろうか。アスケリの解釈には3つのポイントがあると考えられる。すなわち，ⅰ）初期フォイエルバッハはヘーゲル論理学のような弁証法的記述ではなくスピノザ的汎神論に依拠して「類」と「個」を分断する二元的な世界観で瞑想的に考察した，ⅱ）その静的な瞑想的・汎神論的思弁は「類」として41年の『キリスト教の本質』まで継続する，ⅲ）フォイエルバッハは42年の「暫定命題」において思弁的類概念と決別して感性的個体主義へ転じた，という3点である。アスケリからみると，41年のフォイエルバッハは，人間学的立場に立って愛という自然的要素への還元[77]を試みたが，類のなかに思弁的残滓が残っていたために，哲学的抽象的な宗教理解にとどまっていた。そして，42年にそうした古い思弁と決別し，日常生活における諸個人の「心情 Herz」の「欲求 Bedürfnis」をいやす宗教の意味を，肯定的に解読する新しい人間学の地平を切り開いていった，と解釈するのであろう[78]。

76) FGW5, S.99, 第2版以降で若干の削除・改訂あり，『F全集』⑨116頁。
77) 『キリスト教の本質』「受肉の秘密，あるいは愛・心情の本質としての神 Das Geheimnis der Inkarnation oder Gott als Liebe, als Herzenswesen」の章で「還元」について語られるのは次の二か所である。「発生的−批判的または思弁的−合理的方法 die genetisch-kritische oder spekulativ-rationelle Methode は，……その教義を批判し，それの自然的要素に，それの内的起源に，すなわち愛に還元する」(ebenda, S.105f., 『F全集』⑨122頁, ただし後の版では，「思弁的−合理的方法」という語が，「経験的−哲学的方法」（第2版）や「人間学」（第3版）に変えられるなどの改訂アリ）。「われわれは……みかけの上で超自然的・超悟性的な神秘 Mysterium を，単純な真理，人間にとって自然な真理に還元した」(ebenda, S.109, 『F全集』⑨125頁, 第2版以降若干の修正アリ）。
78) Vgl. Ascheri, a. a. O., S.111. 39年の「ヘーゲル哲学批判のために Zur Kritik der Hegelschen Philosophie, 1839」から提示され始める「発生的−批判的哲学 die genetisch-kritische Philosophie」（FGW9, S.52, 『F全集』①322頁）の方法，すなわち哲学や神学の思弁的仮象を暴く方法が，少なくとも41年の『キリスト教の本質』では──「純粋に澄みきった思弁的方法」から区別されてであるにせよ．──「発生的−批判的方法，思弁的−合理的または思弁的−経験的方法，プネウマの水治療法の方法 die Methode der pneumatischen Wasserheilkunde」(FGW5, S.105, 『F全集』⑨122頁, 第2版以降で表現の修正アリ）といい換えられている点に注意しなければならない。すなわち，「人間のなかにありながら個別的人間を超えている神的三位一体は理性，愛，意志の一性である」と「人間の本質」が規定され

第 2 節　三位一体説の潜在化と神秘的汎神論　　　　　　　　155

41 年と 42 年の相違に着目するという点は非常にユニークなものであり，『キリスト教の本質』の手書き原稿の序論をミュンヒェン大学の未公開資料から紹介して，「類 Gattung」と「性衝動 Geschlechtstrieb」との関係に関する考察をフォイエルバッハが行っていた事実を指摘する[79]など，1960 年代当時としてはきわめて斬新な解釈を提示したと言えるが，しかし，遺憾ながら個体をベースにした人間学的解釈のみにフォイエルバッハの思想的価値をみるという一面性に陥っている。『理性論』と『死と不死』の相違をあまり気に留めないのも，『理性論』の「類」と『キリスト教の本質』の「類」とを連続性を重視する一方，両者の相違についてはほとんど何も言及しないのも，その一面性に由来するのではないか。アスケリの特性描写の問題点は，〈人間学的な解釈＝良きもの〉 VS 〈思弁的な解釈＝悪しきもの〉という，極端な対立図式でみてしまうところにある（筆者としては，初期から中・後期への発展を，断絶としてだけでなく連続としてもとらえたいのであるが……）。

　ともあれ，近世に特徴的な種々の二元的対立（「主観性の哲学」によって顕在化した対立）を思惟によって超克するという思弁の精神（または愛）が，ヘーゲルの遺産としてフォイエルバッハの思想的核心部で働いている様子を正確にとらえないと，30 年代のフォイエルバッハが，ヘーゲル哲学の何をどのように批判的に継承発展させたのかという問いに答えることは，おそらくできないであろう。そればかりか，それぞれの宗教や哲学に隠された人間学的または自然学的意味を発見するためには欠かせない，（思弁的アプローチをも含む）受容的探究姿勢の意味——〈批判するためにはまず理解が必要〉という姿勢の意味——も見失われてし

る『キリスト教の本質』初版（1841 年）では，理性も愛も個人を超える類の「威力 Macht」としてとらえられており，愛の媒介原理は「能動的」「思弁的」にとらえられている。この「思弁性」を悪しき観念論的残滓としてのみ考察するなら，アスケリの 42 年決別説にも一理あるかのようである。しかし，アスケリの趣旨を好意的に汲みとって，フォイエルバッハの思想形成を描くなら，キリストの「愛」が完全に個別的・受動的意味での「感性」として人間学的に解消されるのは，「啓示の本質は人間の自己活動から区別された感性の本質である」(FGW9, S.379，『F 全集』⑮ 144 頁）と解釈するに至った，44 年の「ルターの意味での信仰の本質——『キリスト教の本質』への一寄与 Das Wesen des Glaubens im Sinne Luthers – Ein Beitrag zum „Wesen des Christentums", 1844」からと考えられる。本書，第 1 章第 1 節，註 4 を参照。

　　79)　Ascheri, a. a. O., S.17-21.

まうことだろう。『死と不死』におけるベーメ神秘説へのアプローチも、いかにしてヘーゲルの提唱した「理念」を実現するかという課題意識の一環で行われていると考えられるからである。

　十字架のキリストの受難と死が『死と不死』の本論で語られなくなるという点では、「三位一体の象徴的なフレームワークは放棄される」というアスケリの指摘は正しい。そして、「三位一体のフレームワーク」という言葉で、彼がヘーゲル論理学にみられるような弁証法的媒介を期待しているのだとすれば、先にも述べたように、『死と不死』にはフォイエルバッハのそのような記述が少ない。しかし、三位一体の内容が完全に消去されるわけではない。キリストの「死」の意味は放擲されたというより、むしろ汎神論的に潜在化したといったほうが適切である。潜在化しているためにみえにくいが、「死」と「愛」に関するフォイエルバッハの隠れた意図が読み取れる論述が『死と不死』第Ⅲ章にある。

　　最高のものである神から人間は死をとってきて、それを創造のなかへ流し込む。〔つまり〕人間のなかで意識の白昼に顕われてくるのが愛である。利己的意志のなかでさえ……人間のなかで、そして自然のなかで、死の行為 Akt を遂行するのは神的な意志であり、純粋な人間である。最初の人間は世界に死をもたらしたし、今でも毎日この世に死をもたらしている。最初の人間、すなわち精神的な、純粋に真理態および神になって消えた、原像的な人間 der urbildliche Mensch は、真っ先に死に、〔誰よりも〕前に死ぬ。彼の死は、原像的な、根源的な、すべてのものに作用する死であり、他のすべての植物、動物、利己的人間は、彼のあとでのみ死に、彼を表現する。万有に己れの原像、己れの精神的本質、神的にして最上の起源があるのなら、死にも、物や存在者らの最終根拠のなかに、己れの原像、己れの根拠があってしかるべきではないか。死は、ひとりで自立的にそれだけで、己れ自身によって、己れ自身からあるというのか。原像的な有史以前の死というものがあるにちがいない。探してみよ、そうすれば君はそれをみつけるだろう。[80]

---

80) FGW1, S.344f., Ⅲ, 47年改版では一部削除・改訂あり、『F全集』⑯25頁参照、〔　〕は引用者による補足。47年改版では、この引用箇所にある「神」「神的」という語がことご

第2節　三位一体説の潜在化と神秘的汎神論

　この箇所で出てくる「最初の人間」,「原像的な人間」といわれているものは,「精神的な人間」,「純粋に真理態および神になって消えた人間」とされていることから, おそらく過去の歴史ではキリストに匹敵する人間, 根源的な人間が想定されている。しかし, 罪を犯してしまうアダムでは模範にならない。人間だけでなく, 生きとし生けるものすべてに先立って死の範をしめした者, という含みがあるからである。だからといって「キリスト」の人格を否定的媒介の契機にすえるわけにもいかない。現代の「絶対的人格」としてのキリストに対する批判を緩めないフォイエルバッハは, 十字架のキリストをあえて語らずに神の「愛」と「死」の意味を問うていたからである。こうして彼は, 独特の汎神論的死生観を生み出すに至る。ヘーゲルは, 十字架のキリストの「死」と「復活」の物語に「新しい宗教」の積極的モメントをみたが, フォイエルバッハはキリストなしに愛の実践を汎神論的に賞揚する。上の引用最初の言葉,「神から死をとって創造に流し込む」という文言は, キリストの「死」の深い内実を, キリストの媒介なしに,〈人倫的な愛の実践〉という〈人間の創造行為〉のなかへと流し込むという意味に解されよう。「利己的意志」,「利己的人間」というのは,『理性論』であれば「主観性の哲学」に特徴的な人間, 有限性にとらわれた近代人, 同時代人の象徴のような存在であろう。そうした「利己的人間」でさえ,「死の行為」（＝死において開示される人倫的愛の行為）を遂行する資格と可能性がある, だから精一杯思惟を働かせて探してみよ, そうすればわれわれ自身のなかに必ずある, とフォイエルバッハは呼びかけているのである。

　　思惟する人, より深く観る人 der tiefer Schauende は死を克服する。なぜなら, 死を現にあるものとして認識し, 人倫的自由と直に結びついた行い Handlung として認識するからである。すなわち, 彼は

とく削除される。「神」が「愛」に,「神的」が「人倫的」に置換されたりしている。「第Ⅰ章　神」という章立ても47年版ではなくなり,「死の倫理学的意義」,「死の精神的・心理学的根拠」などの章に分散・改訂される。B・バウアー（Bruno Bauer, 1809-82）やシュティルナー（Max Stirner, 1806-56）との論争を経たあとの改訂であるだけに,「神」という語を消して, この著作の神秘性を少しでも払拭しようとしたのだろう。しかし, 30年の初版でみることで, この箇所はキリストの死と復活を念頭においたものであることが, より鮮明にわかるようになる。

死のなかで自分自身をみつめ，死のなかで己れ自身の意志を，己れ自身の愛と自由の行為 Tat を承認する。[81]

『死と不死』では神の愛そのものが生命ある活動性として，キリストなき「死」として内在化する。ただし，ヘーゲルの場合は，キリストの死のなかに個と普遍の媒介が論理的に叙述されたが，フォイエルバッハの「愛」と「死」に関する考察は，やはり直観的であるところに特徴があるといえるかもしれない。しかし，論理的な見方と直観的な見方とのどちらが優れているか，といった不毛な議論をここでするつもりはない。われわれがいま知りたいのは，師とは異なるアプローチからどのような独自の自然解釈が提示されるか，である。「美学」以外すべて，ヘーゲルの講義を聴講したといっているフォイエルバッハが『精神現象学』の「すべての牛が黒くなる闇夜」[82]という有名な箇所（シェリング批判と解されるもの）を知らぬはずはない。にもかかわらず，ベーメの神秘的なものに引きつけられつつ，次のように読者に語りかける。

敬虔主義者たろうとする者であれ，合理主義者たろうとする者であれ，たまたまこの紙片を一度手にしただけかもしれない親愛なる読者よ，この思想が神秘的にみえ，それゆえに真ならぬものとしてこれを拒絶したいと思うとしても，生涯にわたらずともせめて一度，生の終わり，死の瞬間に，好むと好まざるとにかかわらず，君は神秘的であり，神秘家であるよう強いられているということに思いを馳せてくれたまえ，なぜなら，自然そのものが死において全く神秘的なのだから。[83]

このような神秘的叙述は，『理性論』にはない。ヘーゲルにしてもほとんどの著作において，このような神秘性の容認はみられない[84]。しか

---

81) Ebenda, S.343, III, 『F 全集』⑯ 23-24 頁。
82) HGW9, S.17, 樫山訳 22 頁。
83) FGW1, S.206f., 47 年改版では削除。
84) ヘーゲルに神秘的な記述があるとすれば，「この〔永遠の運動の〕源泉の無と無限性の純粋な闇夜は，真理の誕生地である秘められた深淵であり，そこから真理は立ち昇る」（HGW4, S.413, 上妻精訳『信仰と知』岩波書店，1993 年，168 頁）というものであろうか。

第 2 節　三位一体説の潜在化と神秘的汎神論　　　　159

も，ここでは「精神」や「理性」の神秘ではなく，「自然そのもの」の神秘が説かれている。彼がベーメに関心を寄せていることは，疑いえない。それは特に第Ⅰ章の「神」論において，「ゲルリッツの靴屋よ，私が愛に関するこの思想をまさに同じ対象の君の崇高にして不死なる思想に結びつけたとしても，怒らないでほしい」[85]と呼びかけるところをみても明らかである。この呼びかけのあと，フォイエルバッハは――出典を明らかにしていないが――ベーメの『キリストへの道 *Christosophia, oder Der Weg zu Christo*』「第 5 の書　精神的生について，または超感性的な生について De vita mentali, oder Vom übersinnlichen Leben」から興味深い引用をしている（この「第 5 の書」は師と弟子の対話編で著されており，以下の引用は師が弟子に向かって語りかける一場面である）。

　　私が語った，愛の徳は無 Nichts であるということは，おまえがいっさいの被造物の外に出て，いっさいの自然と被造物から無となるとき，おまえはこれを理解する。その時おまえは，神そのものである永遠の一なるもののうちにあり，また最高の愛の徳を感得する empfinden であろう。……私が，愛の偉大さは神よりも大きいといったことも真実である。というのも，神が住まわることのないところにも，愛は入っていくからである。実際，われわれの愛する主キリストが地獄に立ったとき，地獄には神はなかったが，しかし愛はそこにあって，死を破砕したのである。またおまえが不安であるときも神には不安はないが，神の愛はそこにあって，おまえを不安から神へと導く。神がおまえのうちで隠されるとき，愛はそこにあって，おまえのうちに神を顕わすのである。そしてさらに私がいった，愛が宿るべきいかなる場所もなく，愛に等しいいかなるものもみいだされない，そのような超自然的・超感性的な無底 Ungrund だからである。それゆえわれわれは愛を何ものと比較することもできない。実際，愛は何かあるもの Ichts (etwas) よりも深い

しかし，この記述にしても，秘められた謎といわれているものが，顕われ出て概念的にとらえられれば神秘でないと解される。その点で，フォイエルバッハの神秘への賛美とは異なる。
　85)　FGW1, S.229, I, 47 年改版では削除。

のである。[86]

　「愛の徳は無 Nichts である」といわれている内容は——フォイエルバッハのベーメ論については次章で詳論する——愛の遍在性（愛は無のようにみえないが，隅々まで作用する徳であるということ）であろう。「神が住まわらないところにも，愛は入っていく」といういい方が象徴的だが，神が居合わせていないところにまで，愛の力は及ぶという含みがある。通常の論理（悟性）で考えると，これは妙な論法であり神秘的にみえる。神が住まわない地獄にまで愛が浸透し死を破砕する，とはいったいどういうことか。しかし，死を破砕するものが「神の愛」ともいわれているから，地獄に住まわないのも神の意志であり，愛は隠れた神の顕われを象徴するもの，神の偉大さを表示するものと解釈できなくもない。しかし，ベーメは逆説的に「愛の偉大さは神よりも大きい」といっている。この「愛」にフォイエルバッハは強い関心を抱いて引用しているのではないだろうか。つまり彼は，「神」という表象や像にではなく，その本質または実質としての「愛」に，汎神論的関心を示しているのではないか。『死と不死』の第Ⅰ章冒頭で「人間は愛するが，神は愛である」といわれていたこと，『理性論』ではマールブランシュが引きあいに出され，神は「理性に従わざるをえない」，ゆえに理性は「神そのものよりも独立的である」と述べられていたこと，と内容的に重なりあうからである。『死と不死』の「神」は概して「人格」としての「精神」と同義に解釈されがちであるが，前節から指摘しているように，その背景をなす「場」が重要であることを念頭において読む必要があるだろう。ヘーゲルの「神は愛なり」は，「一方の意識が他方の意識のなかでのみ己れをもつ」という自己意識の媒介論理でとらえられたが，フォイエルバッハの場合は，思惟の洞察力によって「瞬間であるものを永続的存在」として直観する「愛」であり，自然的な死というより「形而上学的死」において瞬間的に開示される神秘的な「愛」である。
　また，引用最初の「無 Nichts」は「何かあるもの Ichts」との対概念

---

　86) Ebenda, S.229f., I, 47年改版では削除。（ ）内の言葉はフォイエルバッハによる補足。Vgl. BS4-IX, S.151f.: 26-27, 薗田坦ほか訳『ベーメ小論集』創文社，1994年，277-278頁。

であること[87]はよく知られているが，フォイエルバッハが „etwas" と解釈した点は，ヘーゲルが 25/26 年の『哲学史講義 Vorlesungen über die Geschichte der Philosophie, 1825/26』で，„Ichheit"[88] と解釈したのとは対照的である。おそらくヘーゲルの解釈が，精神の活動性をとらえようとするのに対し，フォイエルバッハのそれは，自然の「何かあるもの」のなかに含まれる隠れた意味を探ろうとする解釈である点が相違するのであろう。フォイエルバッハによれば，無限者の欠如とその自然の制約のなかにこそ愛は生起する——これを思惟の洞察に基づく人倫的愛と解せば，『理性論』の愛になる——のであり，有限者のなかに無限者の神秘をみようとする態度につながるものである。

こうしたフォイエルバッハの「何かあるもの」へのこだわりは，『理性論』と『死と不死』に共通してみられる特徴である。この関心は，『理性論』では第Ⅲ章，原註 38 で引用しているブルーノ（Giordano Bruno, 1548-1600）の一節「至るところに遍在し同時に極大でもあるところの極小」[89] という見方ともかかわっている。すなわち，ミクロ・コスモスとしての個別的な感覚といえども，マクロ・コスモスとしての汎神論的理性，「理性そのもの」，「客観的思惟 cogitatio objectiva」[90] の顕われであり，そのかぎりで，「個別者」は認識できない「物自体」のように閉ざされた主観の彼岸にあるような「とらえられないもの」ではなく，無限にして一なる理性の相において概念的に把握可能なものである，という見方につながる。「感覚」や「自然」に対して否定的な記述が多い『理性論』ではあるが，本書第 1 章第 3 節でみたように，ヤ

---

87) 四日谷敬子によれば，ベーメの「無底」は「顕わではない」つまり無自覚であるがゆえに「無」だが，それゆえに自覚を求め「何か Ichts」を求める意志である。ヤーコプ・ベーメ『無底と根底』哲学書房，1991 年，321-322 頁，訳註 19 を参照。

88) HV9, S.85.

89) FGW1, S.148, III §12, Anm.38,『F 全集』① 43 頁，半田訳 46 頁。ブルーノに対する初期フォイエルバッハの思い入れはかなり強い。「極大にして極小」という表現は，37 年の『近世哲学史——ライプニッツ哲学の叙述・発展・批判 Geschichte der neuern Philosophie-Darstellung, Entwicklung und Kritik der Leibnizschen Philosophie,1837』にもあり（vgl. FGW3, S.105, §14 [§15],『F 全集』⑦ 139 頁），また，35 年の恋人ベルタに宛てた書簡では「ブルーノは私のもっとも親密な友，もっとも精神的にもっとも近い人でさえあります」「カップは……私を生まれ変わったブルーノという名誉を与えてくれました」などの言がある（vgl. FGW17, S.217, an Bertha Löw, 11./13. Jan. 1835,『F 全集』⑱ 95 頁）。

90) FGW1, S.72, III §14,『F 全集』① 49 頁，半田訳 53 頁。

コービの「共感」に対してだけは特別なとりあげ方がされていた。〈何かが欠けている〉と予感する「有限者」の欠乏の意識と連動するかのように，自然に制約された「共感」のなかでこそ，無限者の認識へと飛翔するための「隠れた力 obscura vis」，「潜勢力 potentia」が神秘的な緊張のもとでは働くのであった。『死と不死』では，「感覚」や「愛」を肯定的にとらえる点で事情が異なるようにみえるが，しかし，隠れたところにまで浸透する力が「理性」なのか「愛」なのかを問うこと自体が，実は有限な「悟性」の偏った発想であると考えるとき，両著作は呼応しあい補完しあうものとして読むことができる[91]。有限な欠陥のある「何かあるもの」に隠された意味を洞察すると，ひとは「死」の根源的な意味を知り，その極限において「愛そのもの」が神秘として最大限に開示され，ひとは人倫的な愛の行為へ赴くようになる——そのように主張するのが『死と不死』である。神以上の理性の独立性（『理性論』）であれ，神以上の愛の偉大さ（『死と不死』）であれ，神を「超える」力に着目した古の思想家たちを引きあいに出しながら，極小のものにまで浸透し遍在する隠れた力をとらえようとする志向性は，若きフォイエルバッハに特徴的な洞察であり，ほぼ同時期に書かれた『理性論』『死と不死』の両著作に共通する汎神論的特性であるといってよいだろう。

　こうしてみてくると，神の「人格」よりも「場」のほうを重視する姿勢が初期フォイエルバッハの汎神論的世界観の基調としてあり，この視点がヘーゲルとの相違を生み出していると考えられる。次節では，『死と不死』において顕著な自然の「先在」性の意味を問い，『理性論』と共通する汎神論的性格について，ヘーゲルと対比しながら，もう少し立ち入って考察してみたい。

　91）　本書序論第2節Bで筆者は『理性論』と『死と不死』の相違を踏まえて反論した半田解釈のほうが，アスケリの混同した解釈より分があると指摘したが，両著作の相違を踏まえたうえで，われわれはさらに共通性にも注目しなければならない。アスケリの解釈に分があると解釈を転じたわけではない。初期フォイエルバッハの特徴をとらえるための「感覚」論の共通性を踏まえる必要があるため「呼応しあい補完しあう」と表現したのである。アスケリは2つの著作の共通性に注目したというより，おそらくは等閑視した。両著作の共通性については，次節で改めて論じる。

第3節　魂の「目的」性と自然の「先在」性

　これまでみてきたように，『死と不死』の基調をなす「神」は，「単なる人格」としての神ではなく，〈あらゆる自然が廃棄され一つになっている「場」すなわち本質性〉と〈己れを己れ自身から区別する精神としての人格性〉とが一つになった愛であった。ヘーゲルと同様，フォイエルバッハは「神は愛なり」のテーゼを思弁的に肯定する立場に立っている。しかし，ヘーゲルが「区別をしつつ区別を廃棄する」運動，すなわち生ける精神としての愛を神の「人格性」においてとらえ，十字架のキリストの死ならびに三位一体の歴史的神学的意義を哲学においても認めるのに対して，30年のフォイエルバッハは，同時代神学の「絶対的人格」への批判を強めた結果，キリストの死や三位一体の教義が人類の精神史を成す重要な一時期――個体の不死が内面化される近世プロテスタンティズムの歴史的に決定的な一契機――として精神の背後に過去の記憶として沈殿された。その結果，フォイエルバッハの『死と不死』では，十字架のキリストの死は過去の出来事として序論で触れられるのみとなり，その本論では，生ける精神としての「神は愛なり」が〈いま・ここ〉において現成するものとして論じられるようになった。神は「(誰かを) 愛する人格」ではなく，その背景としての〈場〉を含めた「愛そのもの」であり，その愛が万有を包む思惟の無限の形式のなか直観される。そして，部分としての有限な〈何か或るもの〉が「全体的真理の不在」としてとらえられる瞬間に，移ろいゆくはかなき自然死のもつ真の意味が開示され，「生命のそのつどの瞬間が，無限な意味をおびた充実した存在である」[92]ことをひとは認識するようになる――そのようにフォイエルバッハは考えたわけである。

　この点で，フォイエルバッハの汎神論は，ヘーゲルの「宗教哲学」に潜んでいた人格批判の視点――ヤコービなどに代表される主観性の反省哲学への批判はその一例――を継承し，この視点を汎神論的に読み込み

---

92) FGW1, S.402f., V.

徹底させた思弁哲学といえる。生ける精神の思弁的活動性はフォイエルバッハにおいても常に意識されており，キリストの死は人類の精神の記憶に刻み込まれ，沈み込んで前景から姿を消しているが，しかし，愛は道徳・思惟・宗教において自己放棄――フォイエルバッハは個の自己放棄に自然的死を重ね合わせてみている――へと個人を駆り立て，意志の威力として顕われ出る。ゆえに，「人間の自由な行動は，自然のなかでは同時に必然性としても実存しなければならない。精神的な自己放棄は同時に自然的・肉体的な自己放棄でもなければならない……。即かつ対自的に，自然的なものとしての死は，愛の最後の和解となる犠牲 das letzte Versöhnungsopfer であり，最後の実証である」[93]といわれるのである。

　こうしたフォイエルバッハの汎神論的な世界観が，現世志向の倫理観を形成している。しかし，ヘーゲルと対比した場合，さらにどのような違いがあるだろうか。「神は人格なり」のテーゼに関して，力点がヘーゲルでは「人格性あっての神」にあったとすると，フォイエルバッハでは「背景または場あっての人格性」に移動していることはすでに指摘した。その〈場〉とは「全被造物が焼き尽くされ廃棄されているところの場」，つまり自然の実質・本質に相当するものであった。もちろんこの〈場〉もまた神ではある。『理性論』から『死と不死』への出版年の流れてみた場合，神のなかの〈場〉が自然の本質として『理性論』以上の意義があるとすると，それは何であろうか？

　これまでの考察を改めて振り返ると，『理性論』では，ヘーゲルの「自然の無力 die Ohnmacht der Natur」[94]という見方に準じた，「自然は思惟しない」[95]という見方が支配的で，自然の制約を意味する「感覚」は――ヤコービの「共感」だけは例外であるにしても――概して否定的にとらえられていた。これに対し，『死と不死』は第Ⅰ章の「神は愛なり」というテーゼで始まる感覚重視の著作であった。第Ⅴ章にあたる「結論」でも，「私のために愛を，本質の秘密と謎を，もう一度，解いてく

---

93) Ebenda, S.341, III, 『全集』⑯ 21 頁。
94) HGW19, S.187, HGW20, S.240, §250, 加藤訳『自然哲学』上巻，37 頁。
95) FGW1, S.22, I §4, 『F 全集』① 15 頁，半田訳 18 頁。

第 3 節　魂の「目的」性と自然の「先在」性

れないだろうか！」[96]と神に呼びかけている。もちろん，ヘーゲルと同様，愛は精神としても考察されており，その「感覚」「愛」が思弁的理性と矛盾することはないが，感覚の制限性が『理性論』のように思惟に劣る下位概念という意味が一見，弱められたかにみえる。

　しかし精読するなら，前節の終りで示唆したように，『理性論』と『死と不死』はフォイエルバッハの相互補完的な関係にある著作としてもとらえられるべきである。半田は，執筆順序の逆転の可能性にこだわり，諸概念が整理されぬまま自由奔放に叙述された『死と不死』の感覚論が，概念的に整除された『理性論』の思惟論へと「純化」され発展していく様子をみようとしていたが，筆者は単純な「純化」論——半田解釈がそうだとはいい切れないが——には与しない。半田解釈は，ザスやイェシュケらが唱えた，『理性論』から『死と不死』への統合的発展論（前者の「理性」が後者の包括的な「愛」に統合されるという論）が『キリスト教の本質』の「類」からみた「回顧的読み方」にすぎないと批判する上で有効だが，単純にその逆の「分化論」的発展を説く（つまり，ザスやイェシュケの「統合論」的解釈を逆にして，包括的な「愛」から「理性」が分化したという「分化論」的解釈に替える）のは，フォイエルバッハの思想形成の実情にそぐわない側面を残す[97]。仮に『理性論』のほうが『死と不死』よりも成熟した著作だとフォイエルバッハ自身が考えているのなら，（匿名とはいえ）なぜその未熟とみなされる著作を 30 年に世に知らしめたのか，また，『死と不死』で賛辞が送られたベーメが『理性論』で言及されなくなるのに，29 年のプロテスタント神学者ハルレス（Gottfried Christoph Adolph Harleß, 1806-79）との論争——この論争については後述する——にベーメが再び引きあいに出され，32 年，哲学雑誌『アテネ Athene』に「ヤーコプ・ベーメによる悪の起源 Der

---

96)　Ebenda, S.392, V. この第 V 章は，フォイエルバッハ版『全集』第 3 巻（SW3）に収録された 47 年改版「死の思想」では削除されている。

97)　半田は，ザスやイェシュケが『理性論』の「理性」「思惟」を包括的な「愛」に統合された著作が『死と不死』だと解釈したことに疑問を呈し，むしろ，渾然一体とした後者の「愛」が「分化」して前者の「理性」へと進展した（純化された）という別の解釈を提示した。半田は自分の立論に慎重で，資料的裏づけが不十分であることから自説はあくまで一可能性にすぎないと，断定を避けている。半田秀男，前掲書，上巻，60 頁参照。

Ursprung des Bösen nach Jakob Böhme, 1832」[98]という鮮烈な論文を掲載することになるのか，そのあたりの経緯が単線的な発展論では十分には読みとれない。33年までの若きフォイエルバッハにとって，ベーメが大きなウエイトを占めていたことは事実であろう。彼のベーメ重視には，「神秘説」への単なる心酔だけでは説明できない哲学的洞察が含まれている。『理性論』と『死と不死』が相互補完的関係にあると述べたのは，両著作に共通して述べられる「何かあるもの aliquid, Ichts」の考察が，ベーメとの関連でも重要な役割を果たしているという解釈からである。予兆や神秘に包まれながら，この概念には重要な自然哲学的考察が含まれている。その意味で，『死と不死』の「自然」「身体」といった概念を，再度，検討しなおす必要があるのではないだろうか。

たとえば『死と不死』において，フォイエルバッハは精神と自然の関係を次のように述べている。

> たしかに，精神は自然の根拠である，しかも精神は精神的な仕方でしか，それ自身精神的なもの，生きているものしか生み出さない。しかし，精神には意志および意識以上のものが属している。意志と意識（この語は通常の意味で理解されているが）は機械的な作品しか生み出さないが，生きているものの生産には――真なる芸術と学問の作品の生産にさえすでに――意志および分別のある意識以上のものが必要であり，精神または天才が必要である。いったい君はなぜ，意志と悟性だけを自分の神に帰し，精神，天才を自分の神に帰さないのか。芸術的天才は，悟性，意志，意識からではなく，魂――魂のなかでは，彼は彼の生産とひとつであり，彼の全作品ですら意識，意志，悟性とひとつであるのだが――の充溢から，生産する。それゆえ，本来の芸術作品は単なる作品ではない。作品はそれら自身のなかに自分の根拠をもっており，ゆえにそれ自身，才気あふれる作品，魂のこもった作品である。自然は自然自身の根拠にして原理である。あるいは同じことだが，自然は，必然性から，すなわち魂から aus der Seele，神の本質――この本質のなかで神自身は

---

98) FGW1, S.517-531,『F全集』⑤ 229-241頁．

第 3 節　魂の「目的」性と自然の「先在」性　　　　　167

自然とひとつであるが——から，存在している。[99]

　この箇所で重要なのは,「魂」の媒介的役割である。特に，下線部の「魂から aus der Seele」という語が 47 年改版で削除されるところに重要な意味が隠されているのではなかろうか。「自然が真に思惟されるなら，君は自然と魂を区別できない」[100]という叙述もふくめ，フォイエルバッハはこの媒概念を可能なかぎり抹消して，自らの研究史を意図的に塗り替えようとしているところがある。上の引用では，自然の真なる姿と考えられる「魂」は,「神の本質」にして「必然性」をもつものとされている。唯物論的・人間学的転回後の 46 年の論文「宗教の本質 Das Wesen der Religion, 1846」でも「自然の必然性 Notwendigkeit der Natur」[101]や「自然必然性 Naturnotwendigkeit」[102]という語が散見されるが，これらは神なき「自然的摂理の法則 Gesetze der natürlichen Vorsehung」[103]という意味で，上の引用にある「神の本質」としての「必然性」ではない。唯物論的転回をしたあとであれば，〈神ある必然性〉から〈神なき必然性〉へ転換するのは，ある意味で当然なのだが，しかし，あえてこの引用に注目したのは,「神」という語が残されていながら，なぜか媒概念としての「魂」に関する記述だけが削除されているからである。フォイエルバッハの削除の意図は何であったのだろうか。思うに，30 年当時，汎神論者として「神の本質」と「自然の必然性」を同一視したことを，47 年のフォイエルバッハはとりあえず容認したが，しかし〈自然の真の姿＝魂〉という過去の汚点だけは払拭したいと思ったか，あるいは，30 年の記述をそのまま残しておくと後年の立場が誤解されかねないと懸念して，媒概念「魂」を削除する必要に迫られたか，種々の思惑が交錯したのではないだろうか。いずれにせよ，彼の思想的展開を見極める上では非常に重要なポイントであると筆者は考えるので，改めて問題にしたいと思うが，この節では 30 年段階の「魂」の

---

99)　Ebenda, S.290f., II, 47 年改版では一部削除・改訂あり,『F 全集』⑯ 65 頁参照，下線は引用者による。
100)　Ebenda, S.211, I. 47 年改版では削除。
101)　FGW10, S.61, §48 [§47],『F 全集』⑪ 74 頁。
102)　Ebenda, S.68, §52 [§51],『F 全集』⑪ 82 頁。
103)　Ebenda,『F 全集』⑪同頁。

意味と役割を見定めておきたい。

　まず，上の引用で対照的なのが，①「精神は自然の根拠である」というテーゼと，②「自然は自然自身の根拠にして原理である」というテーゼである。①の「精神」は実体である「神」の「人格性」の側面を表わしていると考えられるが，②の「自然」は「神」の「本質」のなかで「神とひとつである」といわれている。これは，前節の冒頭で引用した神の規定，すなわち「自己意識的な人格としての自分自身から区別されているところの，この自分の本質 Wesen のなかで，全存在者 alle Wesen，自然である」[104]ところの神とほぼ同義である。この神の「自分の本質」をわれわれは，自己意識的な人格の背景をなす「場」または自覚化する前の潜在的な「意識」と解釈してきたのであった。それが，ここでは「魂」といわれている。『理性論』でフォイエルバッハはアリストテレス（Ἀριστοτέλης, 384-322 B.C.）の『霊魂論』から「霊魂は諸形相の場所である」という言葉を引いていた[105]が，「魂」を神という形相の「場」としてとらえると，うまく適合するようである。フォイエルバッハが自ら「汎神論者」を自認したといっても，〈神がそのままで自然である〉わけではない。この章の第1節で引用したフォイエルバッハの言葉を転用して敷衍するなら，『死と不死』では，自然のなかで分散している，あらゆる特殊な存在者（多様なる自然）が「焼き尽くされ廃棄されて」ひとつになっている「場」が「魂」であり，この可能態としての「魂」が生成して現実態となったものが「精神」「神」である。「魂は，物ではない，死んだことがら Sache でもない，……魂は純然たる生命，純粋な活動である」[106]，あるいは，「魂は〈生成する〉のみであって，けっして〈存在する〉のではない」[107]。さらには，生成発展する「魂」の諸段階を想定し，「素のままの感覚的なもの das roh Sinnliche」[108]を振り捨て，真理のなかでとらえられると，「魂は，思惟・自由・意志・理

---

104)　FGW1, S.210, I,『F全集』⑯29頁。

105)　Vgl. Ebenda, S.142, II §9, Anm.29,『F全集』①31頁，半田訳35頁。

106)　Ebenda, S.311, II. 47年改版もほぼ同じ，『F全集』⑯76頁参照。

107)　Ebenda,『F全集』⑯同頁。「生成する」ものと「存在する」ものとの対比は，『理性論』の "actus（＝活動／現実）" としての「思惟するもの（τό cogitare）」と，個別性の形式としての「存在するもの（τό Esse）」との対比に相当するとみてよいだろう。

108)　Ebenda, S.314, II,『F全集』⑯78頁。

第 3 節　魂の「目的」性と自然の「先在」性　　　　169

性・自己意識」[109]になるともいわれる。こうした自然の本質である魂から精神への生成・発展という見方は，ヘーゲルの『エンツュクロペディー』初版，「C. 精神哲学」，「第 1 部 主観的精神」の 3 項，すなわち「A. 魂」→「B. 意識」→「C. 精神」という生成に準じたもの——中間項の「意識」の段階をフォイエルバッハは明確には論じてはいないが——とみることもできよう[110]。この生成論的な見方に立って，『死と不死』の「神」を「理性そのもの」とおきかえれば，『理性論』の世界観に重なるものとなり，後者の不十分な自然の意味を前者が補完するという読みも，十分成立するはずである。

　『死と不死』の先の引用「たしかに，精神は自然の根拠である……」[111]に戻ろう。この引用箇所で興味深いのは，神の精神または人格性を「芸術的天才」に喩えている点である。対比されているのは，通常の意味での「悟性，意志，意識」であり，これらは〈随意的なもの〉〈意のままになるもの〉と理解されている。『理性論』の観点でみるなら，これは「主観性の哲学」の「悟性，意志，意識」である。この有限者の見方と「精神」「天才」が対比されていることになる。神を人間の「天才」になぞらえることができるのは，おそらく，「天才」的な活動自体が——広い意味での「意識」が遍在的であるように——人間の個人的な持ち物でなく，個人を凌駕し規定するところの精神そのものの活動であるという思弁的考察に基づくからである。つまり，神を「精神」「愛」として思弁的にとらえた場合，〈神－人〉関係は〈断絶〉ではなく〈連続〉の関係になるのであり，「思惟」の区別作用を人間が共有するかぎりで，無限者について語ることができる，という『理性論』の考えをベースにしている。精神の活動は『理性論』なら「理性そのもの」の活動であり，また，『死と不死』では「愛」といい換えることのできる活動であろう。そうした精神の活動は，神よりも独立的で，偉大であると考えられている。通常の意味での「悟性，意志，意識」でとらえる神の「人格」は，この文脈では同時代神学のとらえる表面的な存在者としての「絶対的人格」（絶対的に固定された表層の人格）にすぎない。芸術的

---

109) Ebenda,『F 全集』⑯同頁．
110) Vgl. HGW13, S.183, §307.
111) FGW1, S.290, II.『F 全集』⑯ 65 頁参照．

天才が，完成度の高い（いわば神業レベルの）作品に仕上げるには，個人のもつ随意的な「悟性，意志，意識」だけでは不十分で，「魂の充溢」としてのインスピレーションを必要とする。これと同じように，神もまた偉大なる愛の業を成就するには，「場」としての「魂」が，さらにはその「魂の充溢」が必要であり，この必要性（＝必然性）に基づいて，生命あふれる精神の活動が営まれ，自然と精神が和解すると考えられている。①のテーゼと②のテーゼは同じひとつの神の活動の表と裏の関係といってもよいかもしれない。①が神の前景としての「精神」としての〈人格性〉，②が神の背景としての「場」としての〈自然性〉を表すと考えると，一貫した論述として読める。ただし，②の「自然は自然自身の根拠である」という記述を，神から切り離すことはできない。この「根拠としての自然」は，神なき唯物論的自然ではない。この「自然」は「場」としての〈神のなかにある自然〉である。ということは，〈神のそとにある自然〉なるものが在る，ということであろうか。30年時点で，この問題をどうとらえていたかをみるために，「有機的身体」に関する考察を引いておこう。

> 有機的身体は物質でもあるということは，全く正しい。……それゆえ，有機的身体が多様な相互外在的なものであることは正しい。……もちろん，この相互外在的であることもまた，有機体のひとつの規定である。しかし，それは単に感性的な規定であって，本質的な規定でなく，単に表面的な規定であって，限定的な規定でなく，単に外的規定であって内的規定でなく，有機体のなかに現実的な或るもの Etwas を措定する規定ではなく，単に有機体のとるに足らない nichtig 規定にすぎない。[112]

この箇所だけを読むなら，『理性論』とほぼ同じ見解と読める。『理性論』で論じられなかった「有機体」の話題が出ているにしても，「相互外在的」と同義の「感性的」なものは肯定されるどころか表面的・非本質的なものとして否定されている。この視点は，汎理性主義の立場その

---

[112] Ebenda, S.296f., II, 47年改版もほぼ同じ，『F全集』⑯ 70頁。

第 3 節　魂の「目的」性と自然の「先在」性　　　　171

ものである。「或るもの Etwas」を "aliquid" におきかえ，措定するはたらきを思惟作用のそれと読めば，同じ視点で書かれていることがわかるはずである。一方で「有機的身体」や「物質」にまつわる「相互外在」や「外的」という規定は「感性的」規定であるとされ，他方で，こうした「有機体」のなかに「現実的な或るものを措定する」規定は，「本質的」な（思惟の）「内的規定」と考えられている。ただ，注意しなければならないのは，この引用箇所で言及されていない「魂」はどちらにかかわるのか，また，「魂」自体の存在性格はどのようなものか，という点である。

　フォイエルバッハは「感覚 Empfindung としての魂は，個体性 Individualität の根拠にして起源であり，魂そのものはそれが感覚するかぎり個体であり，個体として肉体 Leib とひとつである」[113] という。〈魂が個体性の根拠である〉とされているのだから，「魂」は，感覚であるかぎりで自らの「個体性」を基礎づけ，そして肉体と連動するものである。ヘーゲルと同様に自然を「魂」ととらえるのは，自然を〈死んだ物塊〉や〈外的必然性の集積〉としてとらえてきた近代の見方を克服しようとする意図があるからだろう。「魂」はいわば「感覚」レベルの意識，「精神」の初歩的段階といってもよい。「魂そのものは肉体とひとつである」と彼はいうが，しかし「魂は肉体である」とはいわない。有機体の感覚において魂と肉体は一体となっており切り離すことができないが，しかし，後者は物体（身体）的であり，前者は物体（身体）的でないという相違は，消えずに残る。フォイエルバッハは「魂は非身体的 unkörperlich であるにしても，同様に自分の身体 Körper がなければ魂ではない」[114] という。このような慎重ないい方をするのは，籠のなかの鳥や，桶のなかの水のように，身体のなかの「魂」を〈物質と同類の物体〉としてイメージしてしまう人々がいるという現実があって，死ぬ際に煙突から出る煙のように死んだ身体から魂が立ち上るといまだに信じている〈現代の不死信仰〉の誤認を正そうとする意図があるからである。フォイエルバッハは「感性的なもの」には二つの側面があるとみて，「感性的なものが魂にとって対象であるのは，……肉体を介して他

---
113)　Ebenda, S.313, II,『F 全集』⑯ 77 頁。
114)　Ebenda, S.308, II,『F 全集』⑯ 75 頁。

の感性的現存在が対象であるか，または苦痛や快楽のように直接，魂自身の感性的現存在が……対象であるか，のいずれかである」[115]という。前者は〈外的感覚〉，後者は〈外的感覚〉に伴う〈内的感覚＝感情〉とみてよいだろう。「魂が身体のそとへ出て行き，肉体から分離される」という比喩は，そもそも〈非物体的〉な「魂」を〈物体的なもの〉として表象し，肉体と魂の関係を空間的関係と同一視してしまうことによる錯覚にほかならない。魂の飛翔を来世に結びつけるのは誤謬に基づく表象にすぎないのだから，魂は，この世の生において，特殊な〈外的感覚〉を離れ，苦痛や歓喜などの〈内的感覚〉へと精神的に上昇し，普遍的感覚としての愛に高まるべきである，とフォイエルバッハは考える。

　　たとえばこのこと〔神が一切であることと自然が一切であることとの区別〕を認識するために，たとえば愛の秘密を概念的に把握しようとしてみよ。愛は，それが全感覚であるという点において他のすべての感覚から区別される。愛は特殊な感覚ではない。愛は絶対的な無限な端的に普遍的な感覚である。愛は，全苦痛であると同時に全歓喜であり，全意欲であると同時に全苦悩である。にもかかわらず，愛の実質は同時にして切り離せない一としての全感覚であるという点，君のなかで特殊に個別的にほどかれて相互の外に継起的に現れるような他の全感覚から区別された自立的感覚であるという点にある。[116]

『理性論』では，「共感は，ほとんどの場合，自己感情より高く飛翔する」というヤコービの言葉が高く評価されていたが，その共感は『死と不死』ではこの普遍的感覚に関連するものと考えられる。もちろん，『理性論』には〈苦痛と歓喜〉，〈意欲と苦悩〉といった相反する感情がひとつになっているような「全感覚」なる語は全く登場しない。この「全感覚」は『理性論』で補助的に述べられたヤコービの「共感」が色あせてみえるほど，強烈な印象を読者に与える。「愛は火である」[117]と

---

115) Ebenda, S.313f., II, 『F全集』⑯ 78頁．
116) Ebenda, S.214, I, 47年改版では削除，〔 〕は引用者による補足．
117) Ebenda, S.203, I. 47年改版では削除．

第3節　魂の「目的」性と自然の「先在」性　　　173

いわれている内容も合わせ，『死と不死』には『理性論』にはなかったベーメの強い影響があると考えられる[118]。しかし，後者において「感覚」が肯定的に述べられるといっても，肯定されるのは普遍者へ飛翔する「普遍的な感覚」「自立的感覚」であって，自分の身体とひとつになって，身体から離れられない〈個別的な感覚〉が前者と同様に否定される[119]点は，両著作に共通している。30年のフォイエルバッハにとって，「有機的肉体」の本質的規定は「相互内在」とあらゆる存在者がその本性にしたがって一者をめざすその「目的性」にある。

　　有機的肉体のなかでは，すべてが分肢・目的であり，まさに生命であるところの，ひとつの目的へと規定されているのではないか。この相互内在，万有をつらぬいてひとつにしている目的統一性 Zweckeinheit，……絶対的な貫通性，透明性は，本質的な規定ではないか，それゆえ，その内在性は，この肉体の内的な規定ではないか。動物は飲食の機能によって植物から……区別される。人間もまた飲食する。しかし，飲食が人間の特徴的な本質的規定か？　したがって，「人間は飲食する存在者である」と定義する場合，これがほんとうに人間の定義なのか？　この定義がおろかであるのと同じように，君が自分の肉体を，単なる身体性・物質性の表象に包摂する……なら，君はおろかだ。[120]

あらゆる存在者は，全体の部分あるいは分肢として，万有をつらぬいている普遍者の目的にしたがって自らの内的な目的と必然性に気づくべ

---

118) この「愛は，全苦痛であると同時に全歓喜であり，全意欲であると同時に全苦悩である」とフォイエルバッハが述べているこの内容に一致するベーメの記述を筆者はみいだしてはいないが，33年の『近世哲学史』の「ベーメ」に関するものとして，「読者は……万物が然りと否で成り立っていることを知るべきである。一方は然り……として，全くの力と生命であり，神の真理態または神そのものである。神は己れ自身のなかでは識別できない unerkenntlich ものであり，否……がなければそこには歓喜や高揚も感受性もないであろう」（FGW2, S.184, §45[§47]，『F全集』⑤ 203頁）という叙述が認められる。

119) 『理性論』では「思惟することの純粋な活動のうちでは個体が廃棄されている」（FGW1, S.36, I §7，『F全集』① 25頁，半田訳27頁）ともいわれ，個体としての「私の否定 mei negatio」（ebenda, S.34, I §7，『F全集』① 24頁，半田訳26頁）が「思惟の第一条件である」（ebenda，『F全集』①同頁，半田訳同頁）といわれていた。

120) Ebenda, S.297, II，『F全集』⑯ 70-71頁。

きであり，人間の場合，他の動物と同様の飲食を本質的規定や定義にすることはおろかだとフォイエルバッハはいう。「人間とは彼が食するところのものである」[121]といって，モレスホット（モーレショット Jacob Moleschott, 1822-93）の食料論を見なおす晩年のフォイエルバッハとは明らかに異なる思弁的なまなざしが『死と不死』にはある。つまり，外的感覚（個別的感覚）を否定して魂が内的感覚のより高次な精神へと上昇することを目的とする無宇宙論的性格，あるいは，全苦痛と全歓喜の矛盾（遍在的な普遍的感覚の矛盾）の只中での飛翔を説く神秘的性格，そうした性格を有する汎神論に定位しているのが『死と不死』である。

しかし，このような神志向のなかに，実は，ヘーゲルとは異なる隠れた自然志向——トマソーニ（Francesco Tomasoni, 1947- ）が「神のなかの自然の先在 Präexistenz」[122]と呼んだもの——が『死と不死』にはある。たとえば，キリスト者の「死後にひとが星から星へとさまようという表象」[123]を批判して，「自然の深い深淵 Abgründe」[124]や「自然のなかの恐ろしく真摯なもの，暗黒のもの，闇夜のもの das furchtbar Ernste, Finstere und Nächtliche」[125]が見落とされていると批難して，フォイエルバッハは次のように述べる。

---

121) FGW11, S.26, 『F 全集』③ 31 頁。
122) トマソーニは「唯物論と神秘主義——フォイエルバッハのカバラ研究」と題する論文のなかで，フォイエルバッハが 37 年の『ライプニッツ論』を準備するころから，カバラ神秘説に潜む「創造の歴史」「宇宙の隠れた構造」などに引きつけられ，天上のアダムがギリシアのロゴスと同等視されていること，メシアの魂が生けるものすべての源泉であることなどを書きとめていることをミュンヒェン大学所蔵の未公開資料によって指摘し，「ここで，われわれは，フォイエルバッハにとって重要な思想，シェリングにおいて高く評している思想，〔すなわち〕神のなかの自然の先在 Präexistenz に出会う。神がいい表しえない，不可解なものであるという原理が，この自然の先在と結びつけられている」と指摘した（vgl. F. Tomasoni, Materialismus und Mystizismus, Feuerbachs Studium der Kabbala, in: *Sinnlichkeit und Rationalität, Der Umbruch in der Philosophie des 19. Jahrhunderts: Ludwig Feuerbach*, hrsg. v. W. Jaeschke, Berlin 1992, S.63）。トマソーニは，30 年代半ばから 40 年代半ばころにかけて，フォイエルバッハがカバラ神秘説を追いかけていた事実を詳細な資料によって論証しているが，「神のなかの自然の先在」という着想自体は，ベーメ神秘説への接近とともに『死と不死』を執筆していたころからすでにあったと解してよいだろう。
123) FGW1, S.285, II, 『F 全集』⑯ 60 頁。
124) Ebenda, 『F 全集』⑯ 61 頁。
125) Ebenda, S.286, II, 『F 全集』⑯同頁。

第 3 節　魂の「目的」性と自然の「先在」性　　　　175

　　神は，財政顧問官または経済学者として世界を創造したのではない。〔というのも〕神のなかの闇夜 Nacht in Gott から，自然のなかの闇夜が生まれた〔からだ〕。神は世界創造のとき，我を忘れていた。たしかに意志と意識を用いてだが，意志と意識からではなく，いわば自分の意識の背後にある自分の本性 Natur から神は自然を産出した。神は自然の大いなる悲劇を，打算的な支配人や工匠としてでなく，我を忘れる詩人として起草したのだ。[126]

　この引用では，世界創造の神が，先にみた芸術的天才との類比で述べられているようである。芸術家が生きた芸術作品を生み出すのは，「意志と意識を用いて」だが「意志と意識からではなく，魂の充溢から」であるといわれていたのと全く同じように，神もまた〈自分の意識〉の背後にある〈自分の本性 Natur〉から世界を創造したとみなされる。「自然の深淵 Abgrund」や「神のなかの闇夜 Nacht in Gott」といった表現にベーメの濃厚な影響がみてとれよう。「生命」を自然にではなく精神にみていたヘーゲル[127]とは対照的である。フォイエルバッハの場合，一方ではたしかに，「単にそれだけである人格性 die bloße Persönlichkeit für sich」も「単にそれだけである自然 die bloße Natur für sich」も同じように「没精神的 geistlos」である[128]がゆえに，「精神はただ魂と意識との一性，あるいは同じことだが，自然と人格性との一性のみである」[129]と規定される。しかし他方では，その魂と自然の本質とが同一視され，自然自身が生命ある魂として，人格のみの神から生まれた死せる機械論的自然に対置され，精神の背後にある自然なしには，活動や区別作用への衝動もおこらないとして，自然そのものの意義も見なおされる

---

　126)　Ebenda, S.286, II,〔　〕は引用者による補足，47 年改版では二つの〔　〕に挟まれた「闇夜」に関する 1 文だけ削除，『F 全集』⑯ 61 頁参照。
　127)　『エンツュクロペディー』のすべての版でヘーゲルは「精神的な形式は，自然的な形式よりもいっそう高次の生命を含んでいるからこそ，精神に相応しい」といっている（vgl. HGW13, S.114, §194, HGW19, S.185, §248 und HGW20, S.238, §248, 加藤訳『自然哲学』上巻 28 頁参照）。
　128)　Vgl. FGW1, S.211, I,『F 全集』⑯ 30 頁。
　129)　Ebenda,『F 全集』⑯同頁。47 年改版では，「自然 der Natur」のあとに「本質 des Wesens」が前者のいい換えとして補足されるが，ほとんど意味は変わらない。Vgl. ebenda, S.211, I, Fußnote8, und SW3, S.23.

のである。特に 30 年の『死と不死』では，ヘーゲルの思弁的関心に加え，ベーメ思想に流れる神秘性をも取り込み，この神秘性をフォイエルバッハ自身が追体験的に共有しているところが散見される。ヘーゲル的なまなざしでみる人は，神秘思想にひそむ思弁の論理を評価するならともかく，その思弁の神秘性を感覚的に受容し共鳴する姿勢にはおそらく抵抗を覚えるのではないだろうか。

　初期のフォイエルバッハのスタンスは，ヘーゲルの思弁からみても，後のフォイエルバッハ人間学からみても，奇妙で中途半端なものと映ることだろう。たしかに，「思弁の精神を呼吸する」[130]という意識につらぬかれてヘーゲルの精神を「理念の現実化・現世化」[131]を企図し，師の精神を汎神論的に読み込みつつ同時代のキリスト教神学批判をするという彼の姿勢は一貫しているが，後の人間学または唯物論の立場とはおよそ相容れないようなベーメやブルーノなどの神秘説にこの時期は強く惹きつけられてもいる[132]。しかし，先にも示唆したように，ヘーゲルの理念を実現しようと思弁的汎神論のアプローチを採用し，さまざまな思想を読み解こうとする 30 年当時のフォイエルバッハにとって，唯物論的な自然は，魂の生命性を欠いた，いわば「死せる自然」であったにちがいない。自然が真に思惟されるなら「魂」の姿をとるはずであり，その

---

　　130) FGW17, S.104, an G. W. F. Hegel, 22. Nov. 1828,『F 全集』① 86 頁，半田訳 332 頁。また，同様の文言は同じ年のハール宛添え状にもある。Vgl. ebenda, S.109, an J. P. Harl, Anfang Dez. 1828,『F 全集』① 95 頁，半田訳 350 頁参照。

　　131) Ebenda, S.105, an Hegel,『F 全集』① 87 頁，半田訳 332 頁。

　　132)『理性論』の草稿（手稿本）"*De infinitate, unitate atque communitate rationis*" を指して，ザスは「ブルーノの著作のタイトル «Della causa, principio e uno» (1584) を想起させる」と評した。Vgl. H.-M. Sass, *Ludwig Feuerbach*, Reinbeck bei Hamburg 1978, S.33. フォイエルバッハが『理性論』を改作しようと思った 35 年 1 月に，恋人ベルタ・レーフ（Bertha Löw, 1803-83）に宛てて「ジョルダーノ・ブルーノは……私の心からの友，精神的にもっとも近い人でさえあります。……私にとって彼の言葉はたえず心の奥底で私をとらえる力をもっていました」(FGW17, S.217, an Bertha Löw, 11./13. Jan. 1835,『F 全集』⑱ 95 頁) と記したことからもブルーノの影響は窺える。『理性論』では，数回，原註での言及が認められるが，なかでも無限者の認識について付けられた原註 38 で引用されている「同時に極大でもあり，遍在しているところの極小」(FGW1, S.148, III §12, Anm.38,『F 全集』① 43 頁，半田訳 46 頁) という箇所は気に入っていたとみえて，37 年の『ライプニッツ論』でもこの言葉を引用し，この極大にして極小なるものを「意義深い〈何か－であるもの〉das bedeutungsvolle *Etwas-Sein*」(FGW3, S.105, §14 [§15],『F 全集』⑦ 139 頁) と呼んで重要視している。この点については，あとでまた論じる。

「魂」は生成して意志・理性・自己意識・精神になるものとされていた。この文脈でみると初期フォイエルバッハの思想はヘーゲル的である。ところが,『理性論』はマールブランシュとともに理性が神よりも独立的であるとされ,『死と不死』ではベーメとともに愛が神よりも偉大であるといわれており,真なる無限者が——それが「理性そのもの」なのか,それとも「愛そのもの」なのか,あるいは両方の特性を有する一者なのかはさておき——神秘的なものとしてもとらえられた。その神秘性ゆえに,人間は「死」の思弁的意味を探究せずにはいられなくなり,『理性論』では「何か内的な隠れた力と潜勢力とにより,他者を愛することへと駆りたてられる」力が,『死と不死』では「人倫のなかで,思惟のなかで,宗教のなかで,君の自己を放棄するよう駆り立て突き動かす意志」[133]が,愛の実践哲学として説かれることにもなった。「思弁の精神を呼吸」したとヘーゲルに伝えたとき,その精神は測りがたい神秘性を孕んだものだったということになる。神に潜む思弁的神秘は理性によって把握可能であるというヘーゲルの立場をフォイエルバッハも踏襲したものの,彼自身は完全に把握し終わった地点にいるわけではなく,探究は道半ばだったといってよい。ヘーゲルの推論の方法を採用しながら,随所で直観的な記述が介在してくるのはそのためではなかろうか。このような初期のフォイエルバッハの思弁的アプローチに対して,従来の研究は概して——後年の唯物論の視点からであれ,マルクス（Karl Heinrich Marx, 1818-83）の史的唯物論の視点からであれ,近年のヘーゲル再評価の視点からであれ——否定的にとらえてきたが,それで初期フォイエルバッハの問題が清算されたことになるのだろうか。そこが問題である。

　多くの論者が見落としていると思われるのは,若きフォイエルバッハが思弁的理性や愛の神秘性に惹きつけられている動機とその意味である。25年の父宛書簡でフォイエルバッハが「人間」「全き人間」を抱きしめたいと述べていた内容が,『理性論』や『死と不死』の実践哲学に結実していることが認められる一方で,「自然を抱きしめたい」とも述べていた事情を思い起こす必要がある。

---

133) FGW1, S.340, III,『F全集』⑯ 20 頁。

私の希求はかぎりなくどうしようもないものです。私は自然を抱きしめたい，その深みを前にすると臆病な神学者がおののき，その意味を物理学者が曲解し，哲学者だけがその救済を完結するところの自然を抱きしめたいのです。[134]

　もちろんベルリンでヘーゲルの講義を聴いていたころの手紙だから，ヘーゲル譲りの思弁の力で自然を把握したいという内容である。かつて学んでいた神学に満足できなくなり，神学に敬遠される自然，近代の自然諸科学によって歪曲されている自然を，哲学によって救済しようと若きフォイエルバッハが考えるとき，当然，自然の意味の解読は包括的な無限者の解読にならざるをえない。神秘の痕跡は『理性論』でも『死と不死』でも，予兆としてしかわからない謎めいた「何かあるもの」に託されている。しかしこの謎は，本来，その秘密が思弁的思惟によって解明されるべきであるが，いまだ解明されざるものとして〈いま・ここ〉に生きる個としての私に残され，探究したいと渇望させる謎である。したがって一方ではノヴァーリスのような愛の病に耽溺するような感情とは区別されるべきである。
　他方，ヘーゲル的思弁精神を真なるものとして継承する立場にありながら，フォイエルバッハが師のような弁証法の論理で段階的に叙述せず，直観に訴える叙述を遺してしまう事実は，弁証法的展開ができるまでの無限者の把握にはまだ至っていない，という事情を表すものと解されよう。問題は，この事情を若きフォイエルバッハの「至らなさ」「未熟さ」で済ませない要素があるのではないか，という点である。筆者のみるところ，フォイエルバッハは測りがたい無限者に自然の全本質の意味が託されていると考えるかぎりで，思惟による探究の姿勢を一貫して崩しておらず，かつ，安易な合理的解釈に基づく歪曲に陥らないようにするために，その時点で解き明かしきれない内容をあえて〈神秘的なもの〉として残しておくという態度をとるのである。
　フォイエルバッハは，46年の「わが哲学的履歴を特性描写するための諸断片 Fragmente zur Charakteristik meines philosophischen curriculum

---

134)　FGW17, S.71f., an P. J. A. v. Feuerbach, 22. März 1825,『F全集』⑱ 56頁。

第3節　魂の「目的」性と自然の「先在」性　　179

vitae, 1846」(以下,「自伝的断片」と略)で,「1827-28年／疑問 Zweifel」と題し「『論理学』は自然に対してどのように関係するだろうか」[135],「哲学は宗教に対してどのように関係するだろうか」[136]と記している。この「自伝的断片」の告白どおりの時期に記載どおりの疑念を抱いていたのかどうかは定かでないが,仮にこの手記の時期および内容が正確であるとした場合でも,フォイエルバッハはこの疑念とは裏腹に,ヘーゲルの思弁精神によって無限者の認識は可能であると考えていた。つまり,カントの「物自体」のような彼岸を想定するようなことは,一切なかったということである。フォイエルバッハ自身は自然を救済すべく,その真なる意味を思弁的に探究するのではあるが,しかし,フォイエルバッハ自身も時代の子として,その探究が終結することはなく,自然の複雑さを過剰に単純化する近現代の傾向を警戒して,無限者の〈神秘的なもの〉を「何かあるもの」に残存させた。その謎の究明は自らの課題として残った,ということである。しかし,30年代の彼はヘーゲルに依拠した思弁的立場にある。その課題の遂行は,神秘説も含めた古の思想,哲学で扱われている無限者の解明であった。同時代神学の批判を緩めずに,ヘーゲル主義を標榜しつつ,ロマン主義的な感情論に陥らないという姿勢が,若きフォイエルバッハの探究の基本線としてあったわけである。『理性論』『死と不死』のフォイエルバッハは,そうした意味で,ヘーゲル主義的とはいえ,ヘーゲルとはいささか異なる思弁哲学的アプローチをとっていたといえよう。この解明されざる自然,すなわち,神秘的な「何かあるもの」が,フォイエルバッハ自身の探究課題として残る――彼自身はこの事情を明言しているわけではないが――ところに,彼のアプローチの重要な意味がある。41年の『キリスト教の本質』で説かれる,宗教における人間の「自己疎外論」を,単純な「本質還元論」(疎外されざる本来の「人間なるもの」への還元論)で解してはならないのは,初期から一貫しているフォイエルバッハの探究姿勢に由来するものであり,かつ,(たとえ思弁的であっても)こうした自然の意味探究の姿勢から後の唯物論的転回が生じるという点を,われわれは彼の問題意識に即して見とどけなければならないであろう。

---

135)　FGW10, S.155,『F全集』② 226頁。
136)　Ebenda, S.156,『F全集』② 227頁。

第 3 章

唯物論的・人間学的転回の意味

―― 哲学と宗教との関係 ――

これまで初期フォイエルバッハの思弁的立場がヘーゲルのそれとどのように異なっているかを確認するために，第1章で『理性論——一にして，普遍，無限なる理性について De ratione, una, universali, infinita, 1828』（以下，『理性論』と略）を，第2章で『死と不死に関する思想 Gedanken über Tod und Unsterblichkeit, 1830』（以下，『死と不死』と略）を中心に，両著作の異同を明らかにしてきた。論点を整理するために，これらの二著作の特徴を筆者なりに整理してみると右表のようにまとめられる。

『理性論』と『死と不死』はかなり性格を異にする著作であるともいわれるが，しかし，こうして特徴を併記してみると，この二著作には相補性があるとみてよいと思う。理性に重きをおくか，愛に重きをおくかの相違はあるにせよ，汎神論的な遍在性は共通している。誤解されやすいのが後者の「感覚 Empfindung」だが，前章第3節で論じたように，個別的な感覚——われわれは〈外的感覚〉と呼んだ——と，この感覚によって誘発される「普遍的感覚」——われわれは〈内的感覚〉と呼んだ——との相違を踏まえると，「共感」によって促進される思惟の無限者への高揚は，後者の普遍的感覚（＝内的感覚）のほうにあり，これが『死と不死』では「愛」と呼ばれていたのだった。表現の仕方は異なるが「何かあるもの」（項目4）に無限者が隠れた仕方で内在していると読み，「死」とともに神秘性が現れるところなどは両著作に共通する典型的な特徴である。もっとも，この「何かあるもの」という概念——『理性論』では，"aliquid" または "res"，『死と不死』では „Ichts" または „Etwas"——は，思弁的な関心のもとで述べられるものにすぎず，どちらの著作でもさほど大きくとりあげられないために，これまであまり注目されてこなかった。しかし，筆者の解釈では，この概念はフォイエルバッハの思想的転回をみる上でのひとつのメルクマールとなる。このような目立たないものに潜む意味——これは無限者ないし精神の意味から，自然それ自身の独立した意味へと転換することになるのだが——を読み取ろうとする繊細な人間学的観察へと転換する。しかも，単に古い思弁を捨てて，新しい人間学の土壌へ降り立つといったアスケリ的「決裂」によるのではなく，無限者の思弁的思惟の観点と交差しながら，その繊細な観察眼が磨き上げられるという具合に，フォイエルバッハの思

	『理性論』（1828）	『死と不死』（1830）
0 構成	I 純粋思惟 mera cogitatio, II 意識 conscientia（己れ自身を思惟する思惟）と認識 cognitio, III 思惟と認識との一性, IV 無限者の認識, 理性の唯一性・普遍性・無限性	I 神 Gott, II 時間 Zeit・空間 Raum・生命 Leben, III 精神 Geist・意識 Bewustsein, IV 死への脚韻詩, V 結論, VI 付録・風刺詩 Xenien
1 実体	理性 ratio, 客観的思惟 cogitatio objectiva（III §14）	神＝愛, または理性 Vernunft・精神
2 特性	思惟 cogitatio, 思惟するもの τό cogitare, 活動＝現実 actus	普遍的感覚 allgemeine Empfindung または思惟 Denken
3 媒体	〈広い意味での意識〉＊	魂 Seele
4 無限者のしるし（内在）	何かあるもの aliquid（IV §19）, 或るモノ res（III §13, Anm.44）	何かあるもの Ichts (etwas)（S.230, I）, 或るもの Etwas（S.297, II）
5 個と普遍の関係	「思惟者としての私＝人間の類 genus humanum（I §6）, 思惟＝人間たちの絶対的一性（III §14）」を定式（原則）とする無限者の認識および人倫的実践	制約者 Bedingtes における無制約者 Unbedingtes の把捉（S.225, I）, 人格神なき自己の死（自己放棄・自己犠牲）＝徳・愛・思惟＝和解（S.340f., III）
6 批判対象	主観性の哲学：ヴァイラー, ノヴァーリス, ヤコービ（II §10, Anm. 35）, カントとその足跡を追った他の人々（III §13）, フィヒテ, 個体の不死に関する最近の神学者たち（II §10, Anm. 33）	近代（現代）の不死信仰, キリスト教の合理主義 Rationalismus・敬虔主義 Pietismus・神秘主義 Mystizismus（VI）, 特に「われわれの〔時代の〕敬虔主義者たち」（S.200, I）

＊）『理性論』において媒体をなすと考えられる 3. の〈広い意味での意識〉は本書, 第 1 章第 3 節で論及したものだが,〈 〉をつけたのは筆者のネーミングであるとともに,『理性論』でこの〈広い意味での意識〉について主題的に論じている箇所がないからである。ハール宛の添え状で「個体は意識をもっているのではなく, 意識のなかに在るにすぎません」（FGW17, S.111, an J. P. Harl, Anfang Dez. 1828,『F 全集』①98 頁, 半田訳 353 頁）と述べられていた遍在的な「意識」をさすが, この〈広い意味での意識〉が目にみえないエーテルのような媒質として遍在していないと『理性論』の立論ができないと解釈しこのように表記した。なお,「エーテル Äther」の遍在性については, ヘーゲルの場合は, 1803/04 年の「精神哲学草稿 I」で述べられている（vgl. HGW6, S.266-268, 加藤尚武監訳『イェーナ体系構想』法政大学出版局, 1999 年, 3-5 頁参照）。フォイエルバッハのテキストでは, 35 年の「バッハマン批判」で「思惟のエーテル」（FGW8, S.101,『F 全集』④75 頁）という表記があり, ヘーゲル同様の思弁的意味で使われている。

想は生成する。39 年なのか, 42 年なのか, といった「断絶」ばかりに目を奪われた読み方では, およそたどり着かないであろう優れた人間学的観察眼は, やはりヘーゲルの弟子として師の精神を実現しようとしたフォイエルバッハでなければ, 達成できなかった哲学的な洞察なのである。

　この推移をわかりやすくするために, 若干異なる手法を用いたい。こ

れまでの論述では，1章に1著作をすえてさまざまな角度からじっくり検討する方法をとってきたが，フォイエルバッハの思想的転回をみやすくするために，この章では 30 年代の哲学史的著作をとりあげ，特に，ベーメ（Jakob Böhme, 1575-1624）とライプニッツ（Gottfried Wilhelm Leibniz, 1646-1716）に焦点を合わせて論じることにする。筆者の理解では，35 年くらいまではヘーゲルに依拠した思弁的な観点からの考察が主軸を成しており，37 年の『近世哲学史――ライプニッツの哲学の叙述・発展・批判――Geschichte der neuern Philosophie – Darstellung, Entwicklung und Kritik der Leibnizschen Philosophie, 1837』（以下，『ライプニッツ論』と略）で，以前の自分の見方を揺るがすような因子（「質料 Materie」の意味）を認め，恩師ヘーゲルとの相違も自覚するようになる。序論の第1節で予告した〈理性から独立した自然の根源的意味の再評価〉が 37 年から始まり，39 年の「ヘーゲル哲学の批判のために」につながるわけである。

　ベーメは 30 年の『死と不死』を執筆したフォイエルバッハに大きな影響を与えた思想家であったが，33 年の『近世哲学史――ウェルラムのベーコンからベネディクト・スピノザまで Geschichte der neuern Philosophie von Bacon von Verulam bis Benedikt Spinoza, 1833』（以下，『近世哲学史』と略）でとりあげられるのみならず，すでに指摘したように，敬虔派の神学者ハルレス（Gottfried Christoph Adolph Harleß, 1806-79）との論争で物議をかもした「ヤーコプ・ベーメによる悪の起源 Der Ursprung des Bösen nach Jakob Böhme, 1832」[1]という論考を含むものとしても重要である。また，そうした神学上の論争とは別に，フォイエルバッハの自然観の推移をみる上で，特に重要なのが「無 Nichts」の理解の仕方である。39 年以降のフォイエルバッハの論しか知らない読者は，「無は全く思惟されえない」，「無の思惟は，己れ自身を反駁する思惟である」などの規定に目を奪われ，初期のフォイエルバッハがベーメ，ヘーゲルと「無」の理解を共有していた事実を黙殺する。あるいは，知っていたとしても，ほとんど思弁的時期の制約としてしかみない。たしかに，思弁的な時期の見方は後年，フォイエルバッハ自身が自己批判

---

1) FGW1, S.517-531.

的に回想するところがあるのだが，しかし，筆者が主張したいのは「理解のない批判は無意味である」ということである。ベーメの神秘思想にしても，ヘーゲルの思弁哲学にしても，その深いレベルでの理解・共有なくして批判はできない。もし仮に，フォイエルバッハが浅薄な理解で反旗を翻しただけの思想家にすぎないなら，おそらくその哲学は読むに値しない。33年のベーメ論が重要なのは，フォイエルバッハがおそらくはヘーゲル以上の資料にあたり，その難解な思索についていこうと格闘し，解読の限界に達したところで，おそらく転回が生じたであろうということ，そのアプローチがその後のフォイエルバッハにも持続しているということ，があるからである。

　この章では，まず，問題のベーメ論を，次にこれと関連するライプニッツ論をとりあげ，唯物論的・人間学的転回の動機および起点を確認した上で，最後に，30年代の思弁的考察が，彼の後期思想にどのような影響を及ぼしているかをまとめ，フォイエルバッハ思想の転回と彼の思想のもつ今日的意義について考察してみたい。

第1節　ベーメ・モメント

　フォイエルバッハがベーメについて論及し始めるのは，30年の『死と不死』以降である。しかし，この書に先立つ28年の『理性論』と無関係にベーメ論を展開したわけではなく，むしろベーメ受容の素地は『理性論』にもあったと思われる。それは，すでに指摘した執筆順序の逆転の可能性だけでなく，これら二著作が相補的関係にある汎神論的著作であるという点からもいえる。『理性論』については，①単なる認識論の書ではなく行為の哲学の書でもあったこと（IV §17），②理性に限界を設ける近代の「主観性の哲学」への批判が同時に同時代神学への批判でもあったこと，そしてこの神学批判が，③汎理性主義として『死と不死』の神秘的汎神論[2]と相補的に連動しており，現世的な「死」を思弁的にとらえる人間観と他者愛のパトスにつらぬかれていること，などの特徴があげられよう。

　ベーメ論にまつわるフォイエルバッハの思想形成をみる上で重要な

　2）　フォイエルバッハは『死と不死』付録の「風刺詩」でキリスト教が引き裂いた精神と自然をふたたび和解させることが近代の課題であり，これを準備した人物として「ブルーノ，ベーメ，スピノザ」をあげている（vgl. FGW1, S.463, VI [195], 47年改版では削除）。フォイエルバッハが「汎神論」を肯定的に述べるとき，おそらく彼らが念頭にある。たとえば，アスケリは，フォイエルバッハが「スピノザとベーメに著しく感化されたヘーゲル主義的汎神論から出発する」と述べている（vgl. C. Ascheri, *Feuerbachs Bruch mit der Spekulation*, Frankfurt a. M. 1969, S.26）。また，本書の序論第2節Bで指摘したが，初期のフォイエルバッハには，「神秘説 Mystik」と「神秘主義 Mystizismus」とを区別し，汎神論の視点から前者を擁護，後者を批判する傾向がある。トマソーニ（Francesco Tomasoni, 1947-）はこの区別を意識して，次のように述べている。「『死と不死』においてすでに，神秘説 Mystik に対する彼のスタンスは興味深いものである。一面で，彼は，民族を眠りにつかせる彼の時代の神秘主義 Mystizismus を拒絶し，他方で仰々しい言葉で古い根源的な神秘主義──『固有の精神から，深みから言葉を生み出す』（FGW1, S.478）それ──を称賛する。彼はこの書ですでに，神の遍在の確信（ebenda, S.214, S.449），すべてを燃え上がらせる愛の火としての神の視（ebenda 1, S.206），神と自然との緊密な結合（ebenda, S.210, S.471），神自身の中に現前するものとしての無の承認（ebenda, S.229-236）といった神秘説の重要な思想を共有している。その際彼は以前から注意を向けていたヤーコプ・ベーメを熱心に引用している（ebenda, S.229）」（F. Tomasoni, Materialismus und Mystizismus, Feuerbachs Studium der Kabbala, in: *Sinnlichkeit und Rationalität, Der Umbruch in der Philosophie des 19. Jahrhunderts: Ludwig Feuerbach*, hrsg. v. W. Jaeschke, Berlin 1992, S.58）と。

第 1 節　ベーメ・モメント　　　　　　　　187

エピソードとしては,「フォイエルバッハ―ハルレス論争」[3]があげられる。ハルレスはフォイエルバッハより 2 歳年下の敬虔主義的プロテスタント神学者で，29 年にエアランゲン大学神学部に教授資格取得論文『悪とその起源について De malo eiusque origine, 1829』を提出した人物だが，同大学の私講師だったフォイエルバッハはこのハルレス論文を審査するための公開弁護における反問者となった。当時のエアランゲン大学は，「敬虔主義のサークルに特に支持された宗派的プロテスタンティズム」[4]が支配的であり，ティース（Erich Thies, 1943-）やアスケリ（Carlo Ascheri, 1936-67）によると，フォイエルバッハはこの地ではめずらしい「思弁的観念論の擁護者」であったために大学で孤立したばかりか，「教授陣と敵対」[5]するようにさえなっていた。そのため，この時のハルレスに対するフォイエルバッハの反対答弁は，かなりの「騒動 Skandal」[6]を巻き起こしたようである[7]。『死と不死』でフォイエルバッハは，近代のプロテスタンティズムが敬虔主義において，彼岸と此岸，善と悪などの二元的対立を保持しつつ，神人キリストの人格を「人格一般」として内面化し，個人の救済のみをこととする信仰へ転じていった様子を批判的に分析している[8]が，ハルレスはまさにそのような批判の対象となるような人物であった。そのため，ハルレスに対するフォイエルバッハの答弁は辛辣の度を極めたようである。その後，この論旨を敷衍した内容が論文「ヤーコプ・ベーメによる悪の起源」として 32 年に哲学雑誌『アテネ Athene』に掲載され，翌 33 年の『近世哲学史』ではベーメ論の一節（§51[§52]）として組み込まれるようになる[9]。一連の経緯からみて，ハルレスとの論争はフォイエルバッハにとっては単なる「騒動」を超え，キリスト教理解の根幹にかかわる問題として受けとめられ，かつ，その反論の格好の代弁者としてベーメが引きあいに出され

　3）　FGW1, S.LXV.
　4）　Ebenda, S.LXIV.
　5）　Vgl. FV, S.XXXII.
　6）　Ebenda.
　7）　Vgl. Ascheri, a. a. O., S.25. なお，この論争の「弁証法的に研ぎ澄まされた，風刺的‐哲学的な批判」の語り口がそっくりだったことから，匿名の書『死と不死』の著者が誰であるかが明らかになったといわれる。Vgl. FGW1, S.LXIVf.
　8）　Vgl. FGW1, S.189f.,『F 全集』⑯ 7-8 頁。
　9）　Vgl. ebenda, S.LXXIIIf.

たということになるわけである。

　近代的二元論の枠組みを前提とする「主観性の哲学」への批判をベースにした神学批判は『理性論』以来，継続しているものであり，『死と不死』においても「愛の何たるかを知っているのは，真の汎神論者 der echte Pantheist のみである」[10]と述べていた。『近世哲学史』でもベーメの『恩寵の選び De electione gratiae, oder Von der Gnaden-Wahl, 1623』から「神は無にして一切である」[11]という言葉を引いている。

　しかし，フォイエルバッハの主張する汎神論は，一歩間違うと抽象論に陥る危うさがある。というのも，汎神論の「神」なり「精神」なりをさす当の「実体」が，有限性も特殊性もない普遍者であるとすれば，ヘーゲルがシェリングに向けて放ったとされる「すべての牛を黒くする闇夜」[12]という批判を招来しかねないからである。ヘーゲル自身はその弱点を克服すべく「実体を主体として」とらえる視点を提示したわけだが，フォイエルバッハもまた『理性論』のころからすでに思惟をスコラ哲学者たちの神と重ねつつ，「純粋活動／純粋現実 purus actus」[13]としてとらえ，ヘーゲル的な思弁の精神を継承しようとしていた。

　この流れでいえば，ベーメの神智学のなかに否定の原理，区別の原理を読みとるのは自然な成り行きであろう。事実，フォイエルバッハは，「ヤーコプ・ベーメがとらえているように，神が生きている精神であるのは，ただ神が己れ自身における己れからの区別を概念把握し，己れ自身における区別というこの他者に即して対象であり，顕わであり，意識であるというとき，そのかぎりでのみである。神自身における神からの区別だけが，あらゆる自分の活動性 Aktuosität と自発性 Spontaneität の泉 Quelle である」[14]といっている。ヘーゲルが，ベーメの叙述に混乱ありとしながらも，その内容は「絶対的な諸対立を一つにすることを証

　10）　Ebenda, S.216, I, 47 年改版では削除。
　11）　FGW2, S.175, §42 [§44]，『F 全集』⑤ 195 頁，Vgl.BS6-XV, S.5, Cap.1:3, 四日谷敬子訳『恩寵の選び』:『無底と根底』哲学書房，1991 年，202 頁。
　12）　HGW9, S.17, 樫山欽四郎訳『精神現象学』河出書房新社，1975 年，22 頁。
　13）　FGW1, S.134, I §7, Anm. 23,『F 全集』① 23 頁，半田秀男訳『理性と認識衝動』下巻，1999 年，28 頁。
　14）　FGW2, S.165, §40 [§42]，『F 全集』⑤ 183-184 頁。

明する最深の理念である」[15]と評価したのも,「父なる神」が「空虚な一性ではなく,己れ自身を分割しつつも対立物をひとつにするこの一性」[16]であるということ,また,『アウローラ Aurora, oder Morgenröthe im Aufgang, 1612』の「性質 Qualität とはある物の可動性 Beweglichkeit,その質的な湧出 Quellen,あるいは駆動 Treiben である」という叙述[17]に,「性質」から「苦悶 Qual」または「泉 Quell」へと転化する弁証法的な自己活動性が認められたからであろう[18]。フォイエルバッハもまた同様に肯定的な評価を与え,——近世において「神秘家 Mystiker」という語がよくない意味で用いられてきた事情を加味しつつも——ベーメを「思弁する神秘家,神秘説 Mystik の内部で神秘主義 Mystizismus からの自由を,明晰な純粋な認識を得ようと努める神秘家」[19]と特徴づける。

　フォイエルバッハがハルレス論駁用に用意した「ヤーコプ・ベーメによる悪の起源」の章にも,こうした思弁的解釈の視点が生かされている。善と悪とを別々に分けて固定し,神に悪を帰属させまいとするなら,それはヘーゲル的にいって「悪しき有限な悟性の立場」[20]になろう。であればこそ,フォイエルバッハはベーメの『シグナトゥーラ・レールム De signatura rerum, oder Von der Geburt und Bezeichnung aller Wesen, 1622』に,かかる悟性的立場をのりこえる見方を探ってゆく。

　　あらゆる存在者の本質は唯一の存在者にすぎないが,それは己れ

---

15) HV9, S.80.

16) HW20, S.100, 藤田健治訳『哲學史』下巻の二, ヘーゲル全集 14b, 岩波書店, 1956年, 49頁。

17) BS1-I, S.24, Cap.1:3, 薗田坦訳『アウローラ——明け初める東天の紅』ドイツ神秘主義叢書 8, 創文社, 2000年, 25頁。『アウローラ』では, 熱のなかの光がありとあらゆる性質 Qualität に力を与えて, 愛らしく, 喜ばしいものという善き性質を与えること, 逆に, 光を失った熱が善の消滅, 一つの悪しき源泉となることが示されている (vgl. BS1-I, S.25, Cap.1:9, 薗田訳, 前掲書, 26頁)。ヘーゲルは, こうした「物の可動性」に注目している。

18) Vgl. HV9, S.82.

19) FGW2, S.161, §40 [§42],『F 全集』⑤ 180頁。

20)『理性論』原註 32 で, フォイエルバッハはヘーゲル『エンチュクロペディー』初版 §306 を引き,「有限なものを絶対的なものとする思惟のこのような謙虚さ Bescheidenheit は, 諸徳のなかで最悪のものである」(HGW13, S.181, §306) と述べたヘーゲルを正当とみなしている。つまり, 悟性によって理性ないし精神を固定化するカント (Immanuel Kant, 1724-1804) のような見方への批判に, フォイエルバッハは賛意を表明している (vgl. FGW1, S.142, III §10, Anm.32,『F 全集』① 33頁, 半田訳 38頁。)。

の分娩 Gebärung（すなわち自己規定）のなかで，光 Licht と闇 Finsternis，歓喜 Freud と苦悩 Leid，悪 Böses と善 Gutes，愛 Liebe と怒り Zorn，火 Feuer と光 Licht という二つの原理に分かれる。[21]

あらゆる存在者の大いなる神秘 das große Mysterium は己れ自身のなかの永遠性において一つの物であるが，己れの展開 Auswicklung と顕示 Offenbarung（この語によってベーメは，神のなかで永遠に生起する内在的顕示，自己意識の発生と同一の顕示を考えている）のなかで，永遠性から悪と善という二つの存在者のなかの永遠性へと入り込む。[22]

　上記2つの引用でフォイエルバッハによる補足説明に注目すると，「分娩 Gebärung」を彼は「自己規定」と読み，さらに後者の「顕示」[23]を，「神のなかで永遠に生起する内在的顕示，自己意識の発生と同一の顕示」と解釈しているのがわかる。フォイエルバッハは，間違いなく思弁的関心をもってベーメのテキストに接している。つまり，闇から光が発する地点，没意識的な状態から「自己規定」や「自己意識」が発生する地点を見定めようとしている。ベーメの「神秘」という語は「神性の隠れ」を意味する[24]が，その隠れたる神が現れ出ることを構造的にみようとしている様子がこれらの引用からもうかがえるのである。

　ヘーゲルも同様の関心をもっているが，フォイエルバッハ以上に覚醒したものを求めているようである。すでにみたようにベーメ特有の用語 „Ichts" [25]をフォイエルバッハは „etwas" といい換えていたが，ヘーゲル

---

21) FGW2, S.211, §51[§52], （）はフォイエルバッハによる補足,『F全集』⑤232頁。Vgl. BS6-XIV, S.233, Cap.16:11. 南原実訳「シグナトゥーラ・レールム」『キリスト教神秘主義著作集』第13巻，教文館，1989年，246頁。

22) Ebenda, （）はフォイエルバッハによる補足,『F全集』⑤同頁。Vgl.BS6-XIV, S.235f., Cap.16:26. 南原訳，前掲書，249頁。

23)「顕示」は「啓示」と訳せなくもないが，後者は「彼岸・此岸」の二世界を固定するニュアンスが強くなり，従来の伝統的神学にふさわしい訳語になろう。地上的・悟性的な目線で断絶している世界も思弁の世界では連続し，理性的に把握可能なものとなる。これは，ヘーゲルとフォイエルバッハ（少なくとも初期）に共通していえることである。

24) ヤーコブ・ベーメ，四日谷敬子訳,『無底と根底』哲学書房，1991年，347頁，訳語解説「神秘」の項を参照。

25)「無 Nichts」の反対物を意味するベーメの造語。ヘーゲルは，„Ichts" を「我性

は自己意識の自我が含まれていると指摘している。その関心は背景としての世界ではなく，あくまでわれわれの前に認識できるものとして現れてくる神に向けられている。つまり，まだ概念規定されていない無限者という意味の絶対者なら，空虚な抽象名詞にすぎない。ヘーゲルにしてみれば，万物を包みこむ豊富な規定の全体として概念把握されてこそ真の絶対者の知となるのだから，背後に新プラトン主義的な神が想定されている[26)]としても，発出する前ではなく，発出した後の規定態こそが現実的なもの，真なるものである。この脈絡で神のロゴスの二重の意味（理性と言葉）が高く評価され，「すべての存在の始まりは神の吐く言葉である。……言葉によってわれわれは神の顕わな意志を理解する。しかし，神という言葉でわれわれは，言葉が永遠に発源するところの，隠れたる神を理解する」[27)]といわれる。「無」が語られる時も，それは神それ自体が絶対的な無であるわけではなく，神の潜在的で無自覚な状態を指すにすぎない[28)]。ヘーゲルのベーメに対する評価は，神の隠された神秘にではなく，あくまでもその神が現出したところのロゴスにある。

　こうしたヘーゲルの見方を共有しつつ，フォイエルバッハは「ベーメによれば，悪は一般に，否定性の原理 *principium der Negativität*，すなわち一性の廃棄 Aufhebung・分離 Scheidung・区別 Unterscheidung（分化 Differenzierung）の原理である」[29)]という。少なくとも，この世で全く相反するようにみえる諸原理は，ベーメの永遠なる存在者のもとでは一つであり，一者のもとへと還帰する。この論理をとらえてフォイエルバッハは「悪の起源・原理は神そのもののなかにある」[30)]と喝破し，同時代の敬虔主義的神学者への反論としたわけである。

Ichheit」と解釈している（vgl. HV9, S.85）。他方，フォイエルバッハはこれを「何か etwas」と解釈し，少なくとも『死と不死』で1回，35/36 年の『近世哲学史講義 *Vorlesungen über die Geschichte der neuern Philosophi*, 1835/36』で1回，ベーメのテキストから引用している（vgl. FGW1, S.230, I und FV, S.29）。ヘーゲルが „Ichts" に神の人格性としての〈活動〉をみようとするのに対し，フォイエルバッハは同じ „Ichts" を神の予兆の宿る〈場〉としてみようとする違いではないだろうか。

26)　Vgl. HV9, S.82.
27)　HW20, S.106, 藤田訳『哲學史』下巻の二，55 頁。
28)　ベーメ，四日谷訳，前掲書，353 頁，訳語解説「無」の項を参照。
29)　FGW2, S.209, §51［§52］，『F 全集』⑤ 229 頁。
30)　Ebenda, S.211, §51［§52］，『F 全集』⑤ 232 頁。

192　第 3 章　唯物論的・人間学的転回の意味

　ただ，ベーメ解読の難しいところは，いかに思弁的汎神論の立場で理解しようとしても，とらえ難い「無 Nichts」や「無底 Ungrund」がつねにつきまとうということである。『シグナトゥーラ・レールム』には，「自然の外では神は神秘であり，無のうちにあるとわかる。というのは自然の外は無だからである」[31]というくだりがあるが，これなどはまさしく「隠れたる神」を示唆する叙述といえるであろう。フォイエルバッハも気になったとみえて 33 年の『近世哲学史』でこの箇所を引用し[32]，さらに「ひとは神について，あれだのこれだの，悪いだの善いだの，神は己れ自身のうちに区別をもっているなどと語ることはできない。なぜなら，神は己れ自身のなかでは自然なきもの naturlos であり，情動や被造物を欠いたもの affekt- und kreaturlos なのだから」[33]と要約し，注意を促している。先の「神の顕示するところ」への着眼，すなわち現れ出る「前」でなく「後」を重視するヘーゲル的なまなざしからみると，力点を逆にするような遡源的思考法で奇妙にみえるかもしれないが，フォイエルバッハの哲学史記述のスタイルとしてはごく普通である。たとえば 37 年の『ライプニッツ論』の副題──「ライプニッツ哲学の叙述・発展・批判」──に示されているように，哲学史記述の際，必ず彼は「A 叙述→B 発展→C 批判」の方法をとる。つまり，A 当該の哲学者（ベーメならベーメ）の引用をなるべく多く行って本人に可能なかぎり語らせ，B 本人のうまく語れなかった内容であっても敷衍してその内容を引き出し，その上で C 問題点を吟味し批判する，というやり方である。顕示の「後」に注目した記述は B，「前」は A と分けて読めば筋が通るわけで，そのかぎりでは不整合はない。しかし，A で記述された「無」「無底」「神秘」などが，B・C の段階でどのように解釈されてゆくかがフォイエルバッハの思想形成をみる上では問題である。おそらくはここが，フォイエルバッハがヘーゲルから袂を分かつポイントになろう。
　たとえば「無」の理解についていえば，47 年の『近世哲学史』改

---

31) BS6-XIV, S.18, Cap.3：2, 南原訳，前掲書，27 頁。
32) Vgl. FGW2, S.174, §42 [§44]．ただし，古い表記の „dann" が „denn" に訂正されている。また，この引用は 47 年改版では削除され，別のベーメからの引用に差し替えられている。Vgl. ebenda, S.174f., Fußnote3.
33) Ebenda, S.175, §42 [§44],『F 全集』⑤ 195 頁。Vgl. BS6-XV, S.4, Cap.1:3, 四日谷訳『恩寵の選び』：前掲書，202 頁。

版では 33 年とは全く異なる見解が示されている。フォイエルバッハは『シグナトゥーラ・レールム』の「神は万物を無から創造した。そしてこの同じ無が神自身である」[34]という章句，さらには『キリストへの道 Christosophia, oder Der Weg zu Christo』「第 6 の書 神の観想，または神の観想という気高き門 Theoscopia, oder Die hochtheure Pforte von Göttlicher Beschaulichkeit」の「自然と被造物との深淵は神自身である」[35]という章句を引きつつ，次のように読み解く。

> J・ベーメは宗教的感覚論者であり，神智学的唯物論者である。彼は「無から何も生じない Aus nichts wird nichts」という命題から出発する。さてしかし，一切は神から，神によって存在する。それゆえ一切が神のなかになければならない。したがって時間的な自然すなわち現実的な自然は永遠の自然を前提し，地上的な物質は神的な物質を前提している。……しかし，J・ベーメが神智学的想像のなかで，そこから自然を演繹しているものは，真実には自然そのものから，しかも感性的，時間的な自然から導出され，引き抜かれたものである。[36]

47 年の立場は，唯物論的転回を経たあとの人間学・自然学の立場に定位しているから，神からも人間からも独立した自然，根源的な自然が前提としてある。つまり，「人間なしの自然 Natur ohne den

---

34) 47 年改版のみ，FGW2, S.200, Fußnote1, §50,『F 全集』⑤ 220 頁，BS6-XIV, S.49, Cap.6:8, 南原訳，58 頁。

35) 47 年改版のみ，ebenda,『F 全集』⑤同更，BS4-IX, S.189, Cap.3:13, 四日谷敬子訳「神の観想」：『無底と根底』哲学書房，1991 年，178 頁。「神の観想」からのこの引用は 35/36 年の『近世哲学史講義』ですでに行われている。その引用では，「深淵 Abgrund」という語の直後に丸括弧つきで"（すなわち原理 Princip, 本質 Wesen）"というフォイエルバッハの説明が挿入されている。少なくとも，35 年の時点でフォイエルバッハはベーメの「深淵」が「自然と被造物の原理・本質」であると解していたことがわかる。また，ヘーゲルも『哲学史講義 Vorlesungen über die Geschichte der Philosophie』で同じ箇所を引用している。Vgl. HW20, S.114 und HV9, S.87, 藤田訳『哲學史』下巻の二，64 頁参照。

36) 47 年改版のみ，FGW2, S.200f., Fußnote1, §50,『F 全集』⑤ 220-221 頁。傍点はフォイエルバッハ版による。Vgl. SW4, S.161f., §50. レクラム版にも同様の文字強調がある。Ludwig Feuerbach, *Geschichte der neuern Philosophie von Bacon von Verulam bis Benedikt Spinoza,* Leipzig, Reclam-Verlag, 1990, S.155f., §50.

Menschen」[37],「非人間的自然 die unmenschliche Natur」[38]が歴史的に第一のもの,本源的なものであり,人間であれ神であれ,精神的・人格的なものの根底にある持続的背景をなすと考えられている。だから,ベーメの神智学のなかで自然を無から(あるいは「永遠の自然」から)演繹したと思っている内容は,実は,地上の時間的自然から抽象されたものだということになっている。誤解を受けないように念のためにいっておくが,この言葉を表面的にとって,たとえばかつてフォイエルバッハがベーメに接近したころ,彼は神の「無」からの創造を「全くの無から有が出現する」と解していたが,後から「無から何も生じない」というテーゼをベーメが前提していたと気づき,その神秘説を批判する唯物論に転じた,などと解してはならない。この解釈は誤読である。ベーメの「無」は「全く何もない」という意味の「無」ではなく,「まだ顕わになっていない」「まだ規定されていない」という意味の「無」である——ヘーゲルもフォイエルバッハもその点は熟知していた——からである。問題は,この新たに加わった47年の説明で「宗教的感覚論者であり,神智学的唯物論者」[39]という特性描写をフォイエルバッハが与えている点である。この点は,「神秘説 Mystik の内部で神秘主義 Mystizismus からの自由を」説く神秘家という33年時のポジティヴな評価とは異なる批判的視点だが,ベーメ解釈をめぐる33年から47年へのフォイエルバッハの転回をわれわれはどのように理解すべきだろうか。その問いに答えるためにも,まずはベーメの「無」をヘーゲルとフォイエルバッハがどのように解していたかをおさえておく必要がある。

　まず,ヘーゲルから。『大論理学』初版,存在論,「C 成」の章,原註4で解析学の「無限小」を引きあいに出し,「存在」と「無」との統一としての「成」を語る時,彼は「無」を「存在の潜勢態」とみている。つまり,ヘーゲルにとっては「存在」と「無」とは個々別々に完全に切り離されているわけではなく,微分による無限小が「ゼロ」に等しくなる(等号"="で結ぶことができる)のと同じ意味あいで「無」をと

---

37) FGW10, S.336,『F全集』⑪168頁。
38) Ebenda,『F全集』⑪167頁。
39) 47年改版のみ,FGW2, S.200, §50,『F全集』⑤220頁。

らえており，その意味でヘーゲルの「純粋無」は規定される前の，規定を欠いた「無」というべきである[40]。

次に，フォイエルバッハ。思弁的関心の強かった彼もまた，ヘーゲル同様の理解をしていた。それはベーメの「無底」に関する以下の叙述にも表れている。

> 無底 Ungrund, すなわち，それ自体で an sich 無なのではなく，把握できとらえうる自然とのかかわりにおいて無である……ところの「静かなる無 das stille Nichts」は，ベーメによれば形式的な一性ではなく，……己れから自己観想 Selbstbeschaulichkeit を生み出す意欲 Wollen, 生命である。[41]

「無底」が「静かなる無」といい換えられ，「把握しうる自然とのかかわりにおいて」と条件がつけられている点に注目したい。「無底（＝静かなる無）」と「自然」とが完全には切り離されず，連続的にとらえられている。引用にある「観想」[42]は，ベーメ自身が「永遠の一者の意志は諸力の顕示のうちに己れを観想する」[43]ともいっているように，己れと向きあっていわば鳥瞰的に自己を静観する深い洞察と考えられ，「智恵 Weisheit」[44]といい換えられてもいる。いずれにせよ，神の「観想または智恵」が現れる瞬間に，神は自覚化すると考えられ，「無底」や「静かなる無」は神が顕示へと動きだす直前の静止点，「動」の潜勢態と解されるものであり，フォイエルバッハもまたそのように読んだということである。

ただ，注意すべきはこの引用のあと，フォイエルバッハが「神は自然・被造物のそとにありながら，すでに己れ自身の観想のなかにいる」[45]

---

40) Vgl. HGW11, S.55f. Anm.4, 寺沢恒信訳『大論理学 1』以文社，1977 年，111-112 頁。また，原註 2 で「無」が「存在の純粋な不在」「欠如的な無」(ebenda, S.53, Anm.2, 寺沢訳，前掲書，107 頁) といわれるのも，この文脈においてである。

41) FGW2, S.178, §44 [§46],『F 全集』⑤ 198 頁。

42) 「観想」は「静観」「瞑想」などと訳してもよいかもしれない。ベーメ，四日谷訳，前掲書，321 頁，訳註 18 参照。

43) BS4-IX, S.187, Cap.3:4, 四日谷訳「神の観想」：前掲書，175 頁。

44) BS6-XV, S.5, Cap.1:6, 四日谷訳『恩寵の選び』：前掲書，203 頁。

45) FGW2, S.178, §44 [§46],『F 全集』⑤ 198 頁。

と付け加え，自然がない状態でもこの「自己観想」すなわち「区別」はあるととらえている点である。先のところでフォイエルバッハが「神は己れ自身のうちに区別をもっているなどと語ることはできない」とまとめていた内容と矛盾しないだろうか。ベーメ自身は「永遠の一者の意志は，何か etwas への傾向性がなく，無感覚である」[46]ともいっている。これは「自己観想」が顕在化する以前の「無底の意志」あるいは時間的自然に先立つ「永遠の自然 die ewige Natur」をどうとらえるか，というさらに遡行した深い内容の問題になる。

　フォイエルバッハの解釈によると「熱望 Begierde，永遠の自然は，神における闇である」[47]。ベーメの「神の観想」では，「熱望」は「独自の意志が感覚されうることの根底 Grund であり始原 Anfang である」[48]とされ，「熱望」→「意志の分解 Schiedlichkeit」→「自己性の感覚性 Empfindlichkeit」の順に自覚化されてゆく。また，「独自の意志が感覚されうること」は「自然」といい換えられていることから，「熱望」は「自然の根底・始原」ともいえ，フォイエルバッハがとらえているように「闇」と考えられる。

　問題は，この「闇」とみなされている「永遠の自然」に「区別」があるとみてよいか，という点である。33 年の『近世哲学史』でフォイエルバッハは次の脚註を入れている。

　　いくつかの章句によると，ベーメは永遠の自然をもって初めて神のなかに区別を設けているかのようである。しかしその章句は，自然の対立とともに初めて区別が区別として顕わになり，それによって初めて現実的な・規定された区別になるというように解されるべきであって，あたかも自然以前の神のなかにはまだ区別も自己観想も全くなかったかのように解されるべきではない。「神は確かに自然のそとに存在するが，しかし顕示なしには姿らしきものは存在しない，すなわち永遠の自然によって神は己れを三位一体において顕示

---

46)　BS4-IX, S.188, Cap.3:10, 四日谷訳「神の観想」：前掲書，177 頁。
47)　FGW2, S.189, §46 [§48], 『F 全集』⑤ 208 頁。
48)　BS4-IX, S.188, Cap.3:9, 四日谷訳「神の観想」：前掲書 同頁。

する」(『B・ティルケを反駁する第二弁護』§146)。[49]

　この脚註で，フォイエルバッハ自身が「もっとも不明瞭かつもっとも難解な箇所」といっているように，「永遠の自然」と「自然」をめぐってベーメ自身のなかでも概念が混乱しているようにみえる。確かに解読は難しい。しかし，後者の自然が前者の「永遠の自然」とは異なる「時間的自然」を指すとすれば，下線部から類推するに，フォイエルバッハは少なくとも33年の段階では，「永遠の自然」に区別はなく，これをやはり動きや区別が現れていない潜勢態として理解しようとしていたと思われる。となると，「無＝潜勢態」というヘーゲルの理解とさほど変わらないということになってしまうが，しかし，「隠れたる神」や「永遠の自然」へのこだわり方に微妙な違いが表れている。フォイエルバッハがこの箇所にこだわっているのは，「永遠の自然」がベーメにおいて「自然」のいわばイデアのようなもの，『死と不死』の表現を借りるなら，全被造物が廃棄されているところの「場」に相当するものと考えられていながら，「無」にまでは至らない，はっきりとした区別が発生する前の謎めいた地点，存在するものの極限または臨界点のようなものと映ったからではなかろうか。つまり，「永遠の自然」をめぐる叙述には，「無＝潜勢態」という先の理解を崩壊させるような〈全くの無〉を想定するような叙述が混在しており，33年のフォイエルバッハは何とか整合性をつけようとして，下線部のようないい方――「永遠の自然」を区別なき〈全くの無〉として解すべきでないという主張――をしていると考えられる。体系的整合性を重視するヘーゲルの立場では，自然の雑多な偶然性に惑わされた不完全な叙述にしかみえないであろう，その不可解なものにフォイエルバッハは魅了されているというより，その存立基盤を遡源的に追究しているのである。

　したがって，彼のこのアプローチを〈無謀な深追い〉と単純に決めてかかるわけにはいかない。思惟によって把握できない「無」が神の「なか」にあるということは，おそらく思弁的立場に立つ当時のフォイエルバッハにとって好ましいものではなかった。なぜなら，「有限なものを

---

[49] FGW2, S.178f., Fußnote, §44 [§46],『F全集』⑤200頁。Vgl. BS5-X, S.133, §146, 下線は引用者による。

絶対的なものとする思惟のこのような謙虚さ *Bescheidenheit* は，諸徳のなかで最悪のものである」[50]と教えたのが恩師ヘーゲルであり，神のなかに把握できない何かを固定することは，理性に限界を設ける「主観性の哲学」の常套手段であろうから。もっとも，ヘーゲルにしてみれば，神がどの地点で顕わになるかという問題は，何によって自らの哲学体系を始めるかという体系的「始元」にかかわる問題であり，ベーメ思想の瑣末な混乱を自らの体系のなかに取り込む必要はない，と割り切っていたのかもしれない。しかしフォイエルバッハにとって，ベーメの不可解な「永遠の自然」解釈は瑣末な問題ではなかった。この読解の格闘のあと，フォイエルバッハは普遍者の思弁のみでは汲み尽くせない「自然」そのものの意味があることを，積極的に認めるようになる。

転回後の立場は明快である。47年の『近世哲学史』改版で彼は，この箇所に「積極的神学」と「自然神学」の矛盾が露呈しており，そのために混乱が生じたのだと解釈を変更する。すなわち，前者が，頭のなかで自然を言葉だけで創造する神，無からの創造を積極的に行う神が先行しているのに対し，後者は，「自然感覚 Natursinn」が先行し，自然を根源的なもの，つまり意識の根底にあるとみる立場だという。

> 彼〔ベーメ〕の自然感覚にしたがえば，自然は意識の第一のもの，意識の根拠にして対象である。さてしかし，彼は同時に，積極的な，完成した fertig 神，三位一体の神，単なる言葉によって自然を創造する神を頭のなかにもっている。したがって彼は，そのための根拠と基盤が現前していない神のなかに，ふたたび区別と意識を措定し，ゆえに無からあるものを創造しようとする。もちろんこの無は一切であり，万物の捨象として想像 Imagination であり，万物の想像上の総括である。しかしまさしくこのことによって，ふたたび新たな困難，J・ベーメによっても解決されない困難，つまり，いかにして抽象的なものから具体的なものが，対象の表象から現実的な対象が出現するのかという困難が現れるのである。[51]

---

50) HGW13, S.181, §306. フォイエルバッハは，このヘーゲルの言葉を『理性論』原註32で引いている。本書，第3章第1節，註20参照。

51) 47年改版のみ，FGW2, S.179, Fußnote3, §46,『F全集』⑤ 200-201頁。

第 1 節　ベーメ・モメント

本書第 2 章で述べた,「場」に相当する「万物の捨象」「総括」がベーメの「無」であるととらえなおされているが, 33 年までならそこに無限者の実在性——『理性論』の言葉を使うなら "τό Esse"——が前提されていたはずである。ところが, この 47 年の規定は, 実在性は神や普遍者にではなく自然のほうにある。全自然を捨象した「総括」は想像にすぎないとされ, 33 年の自らの価値観そのものを相対化する唯物論的視点に立っている。従来の思弁的立場では, 理性または愛としての精神が実体として第一のものだったはずだが, 47 年では「自然そのもの」が第一のものであり,「意識の根拠」, 精神の根拠だとされ, 精神の原基的な活動と考えられていた「措定する作用」自体がリアリティーをもつのかどうかが疑問視されるようになるのである。

　読者によっては, カントの神の存在論的証明への批判, すなわち現実の 100 ターレルと表象の 100 ターレルは異なると指摘した, あの有名な 100 ターレルの喩えによる批判を思い出すだろうか。構図として重なるところがあるのは確かだが, フォイエルバッハの場合は, 唯物論的転回を遂げる前も, 遂げた後も, 一貫して「物自体」を認めない。物自体, あるいは物自体の総体である自然それ自体が, 人間を包む実在性であり, 根拠としてあり, 人間もまた自然の一部, 自然の子であるかぎりで, 人間は自然そのものを認識できるという基本理解 (自然と人間との連続性) を捨てないからである。しかし, 彼の転回を精神優位の一元論から, 自然優位の一元論への転換, というふうに単純化することもできない。本書序論第 1 節で示唆したように, フォイエルバッハはヘーゲル的な「円」ではなく,「楕円」をシンボルとする二極性の立場へと移行する。しかし, この立場はけっして, カント的な二元論ではないのである。あえて簡潔にいえば, 自然の実在性を認める「自然と人間」の二極性の立場ということになろうが, それによって, 他者のとらえ方,「感覚」のとらえ方が大きく転換することになる。「哲学改革のための暫定的命題 Vorläufige Thesen zur Reformation der Philosophie, 1842」(以下,「暫定命題」と略) の言葉を借りれば,「受動が思惟に先立つ」という定式に代表されるように, 唯物論的には「感覚」の受動性の意味のとらえなおしといえるが, もうひとつ, 重要な〈繊細な感覚〉という人間学的意味がある。不思議なことにこのフォイエルバッハ固有の感覚論は,

ロック（John Loche, 1632-1704）やヒューム（David Hume, 1711-76）などの経験論の土壌から生まれたものでなく，その対極に位置するライプニッツの観念論から生まれた。哲学の「テオーリア」に依拠した宗教批判のまなざしが38年の『ピエール・ベール──哲学史および人類史への一寄与 Pierre Bayle, Ein Beitrag zur Geschichte der Philosophie und Menschheit, 1838』（以下，『ベール論』と略）から顕著になり，「信仰」と「理性」の矛盾という『キリスト教の本質 Das Wesen des Christentums, 1841』のテーマにつながっていくという要素も無視できないが，しかしこの「テオーリア」への着眼も含め，重要な感覚論の転換をなしたのが，37年の『ライプニッツ論』である。もちろん，「観念論」の立場にありながら，ヘーゲルとの齟齬を自覚するようになる過渡的段階の著作であるが，フォイエルバッハ自身の思想的転回をみる上で重要であるばかりでなく，フォイエルバッハ後期思想全体の基本となる〈人間学的なまなざし〉を提供するという意味でも重要な著作である。ヘーゲルともカントとも異なるその感覚論をみるために，次節ではフォイエルバッハのライプニッツ論を検討してみたい。

第 2 節　ライプニッツ・モメント

　前節では，ベーメ神秘説に対するフォイエルバッハの遡源的追究の意味を考察してきた。おそらくはヘーゲルが気に留めていなかったであろう「永遠の自然」解釈[52]をめぐっては，フォイエルバッハ自身も『近世哲学史』における 33 年初版と 47 年改版の見解が相違しており，そこに唯物論的転回の痕跡があることを確認した。「無からの創造」の思弁的理解を，47 年のフォイエルバッハは「想像 Imagination」と呼び，以前の立場を撤回・変更したことは疑いえない。唯物論的転回によって，「想像」する主体は「神」から「人間」に変わった。「無からの創造」によって自然は「創造」されたのではなく，いまや人間によって〈神の被造物である〉と「想像」されたにすぎない。真の実在性は神にではなく自然にあり，神や人間がいなくとも，自然そのものは存在する[53]。この意味で自然は第一にして根源的なもの，独立的に存するもの，と 40 年代のフォイエルバッハは考えるようになる。

　しかしながら，人間は実在する自然から独立しているわけではなく，自然の一部として存在する。42 年の「暫定命題」の言葉でいえば，「自然は現実存在から区別されない本質であり，人間は現実存在から自分を

---

[52] ヘーゲルがベーメの「永遠の自然 die ewige Natur」や「静かなる無 das stille Nichts」について論及しているところは，少なくとも『哲学史講義 Vorlesungen über die Geschichte der Philosophie, 1825/26』(HV9) にはない。ズーアカンプ版 (HW20) にも認められない。

[53] 転回後の彼の立場に対し，それもまた，自然の〈実在性なるもの〉を唯物論的に想定する観念論にすぎない，という反論があるかもしれない。しかし，フォイエルバッハはそうした反論があることを承知で主張している。というのも，37 年の『ライプニッツ論』で経験論も含め「すべての哲学は観念論」であるといってヘーゲルの立場をいったん共有し，その後，唯物論的に転回して自然の独立性・根源性を主張する経緯があるからである。〈自然の実在性〉もまた想定にすぎないということは可能だが，問題はそのリアリティーであろう。フォイエルバッハはルドルフ・ハイム (Rudolf Haym, 1821-1901) に反論した 46 年の論文で，自らの提唱する「非人間的自然」「人間なしの自然」について「観念論は，この自然もまたあなたによって思惟されたものだ，と反論するかもしれない。もちろんである。しかし，そこからこの自然がかつて実際に存在していなかったということが帰結するわけではない」(FGW10, S.336,『F 全集』⑪ 167 頁) と述べている。

区別する本質である。区別しない本質は区別する本質の根拠である，だから自然は人間の根拠である」[54]ということになる。人間は「自然の自己意識的本質」[55]，「自然の最高本質」[56]であるからこそ，その想像力を駆使して己れの本質——この本質の中身は，状況によって変わるが——を天上界へ対象化し，この対象化されたものを主体として表象し，信仰する。それが宗教だとフォイエルバッハは41年の『キリスト教の本質』でいう。

> 人間は己れの本質を己れの対象にし，そうしておいて次にまた己れをこの対象化され，主体へと転化された本質の客体にする，これが宗教の秘密である。[57]

この宗教に対する批判的なまなざしは，39年の論文「哲学とキリスト教——ヘーゲル哲学に対して加えられた非キリスト教性という批難に対する関係で Über Philosophie und Christentum, in Beziehung auf den der Hegelschen Philosophie gemachten Vorwurf der Unchristlichkeit, 1839」（以下，「哲学とキリスト教」と略）においてすでに，歴史家ハインリヒ・レオ（Heinrich Leo, 1779-1878）が青年ヘーゲル派に与えた無神論の嫌疑に対して，ヘーゲルを味方につけながら反論した内容，すなわち「哲学の土台は思惟と心情であり，……宗教の土台は情意 Gemüt と空想 Phantasie である」[58]というテーゼに関連する。ヘーゲル正統派と目されるこのレオは，38年に『ヘーゲルの弟子たち——いわゆる永遠の真理の密告に対する正式文書と証拠書類 Die Hegelingen, Actenstücke und Belege zu der s. g. Denunciation der ewigen Wahrheit, 1838』のなかで，青年ヘーゲル派に対し，あらゆる神を拒否し「公然と無神論を説いている」こと，「福音が神話学であると公然と説いている」こと，「唯一この世の宗教を公然と説いている」ことなどを掲げ[59]，彼らを告発したため，

---

54) FGW9, S.259, 『F 全集』②55頁。
55) Ebenda, 『F 全集』②同頁。
56) FGW10, S.179, 『F 全集』②269頁。
57) FGW5, S.71, 43年と49年の改版で若干の改訂あり，『F 全集』⑨86頁。
58) FGW8, S.232, 『F 全集』①186頁。
59) Vgl. Heinrich Leo, *Die Hegelingen, Actenstücke und Belege zu der s. g. Denunciation*

物々しい「ハレの騒動」となっていた。フォイエルバッハはこの告発者レオに，ヘーゲル哲学を歪曲する現代の神学解釈の欺瞞があり，その心根には宗教的な「情意と空想」があると洞察し，レオが「虚偽の哲学，すなわち異端的哲学」と称しているものこそ「唯一の真の哲学」だと反論したのだった[60]。

ただし，フォイエルバッハは「宗教」それ自体を攻撃するわけではない。彼は「宗教」と「神学」を区別し，後者に対して対決姿勢をとる。つまり，民衆の素朴な信仰形態としての宗教と争うつもりはない（彼はその信仰が素朴な宗教者の自己対象化が非恣意的であるかぎりでは，むしろ許容的である）。たとえば「聖アントニウス」[61]や「古代のキリスト教徒たち」[62]に対しては，それぞれの生き方の「誠実さ Wahrhaftigkeit と正直さ Ehrlichkeit」[63]を認めている。ところが，同時代の信仰は「古い信仰の果実を彼岸で享受しようとする」一方で，「此岸では近代的不信仰の果実をおいしく味わおうとする」[64]という偽善的混同に陥っているとして，「自らの信仰の秘密を裏切っている学識者たちの信仰」という欺瞞性こそ批判されなければならない，とフォイエルバッハは主張する。つまり，「哲学は信仰そのものに対してではなく……信仰理論に対して戦う」[65]のである。

こうして，『死と不死』を執筆したころには絶大な賛辞が贈られていたベーメ神秘説でさえも，（39年時点ではまだ不明確なところもあるが，41年の『キリスト教の本質』では明らかに）神学のひとつとして批判対象になる。42年の「暫定命題」で「神学の秘密は人間学である。しかし思弁哲学の秘密は──神学──思弁神学である」[66]という有名なテーゼで，フォイエルバッハは「宗教」から「思弁神学」，さらには「思弁哲学」へと必然的に進展していった近代の汎神論の系譜を念頭においてい

---

der ewigen Wahrheit, 1838, S.4-5.
60) Vgl. FGW8, S.230,『F全集』① 183 頁参照。
61) Ebenda, S.275,『F全集』① 237 頁。
62) Ebenda, S.277,『F全集』① 239 頁。
63) Ebenda,『F全集』① 239-240 頁。
64) Ebenda, S.278,『F全集』① 240 頁。
65) Ebenda, S.234,『F全集』① 188 頁。
66) FGW9, S.243,『F全集』② 31 頁。

る。そして，彼の提唱する「新しい哲学」は「神秘主義 Mystizismus と同様に合理主義の，人格神論と同様に汎神論の，有神論と同様に無神論の否定」[67]であるとされ，かつての思弁的汎神論の立場が人間学のなかで相対化されることになるわけである。前節で「永遠の自然」に関するベーメの論述に「積極的神学」と「自然神学」の矛盾が露呈しているという 47 年の解釈を紹介したが，それは，区別する本質としての「人格性」と区別しない本質としての「自然」との矛盾，といい換えることもできよう[68]。

　43 年の『将来の哲学の根本命題 Grundsätze der Philosophie der Zukunft, 1843』（以下，『根本命題』と略）では，フォイエルバッハの「人間学」は「自然学 Physiologie を含めた普遍学」[69]ともいわれるが，いわゆる同一哲学のような一元論ではなく，本書の序論で示唆したように「自然と人間」の二極性の立場をとる思想といった方が適切である。つまり，ヘーゲル哲学のシンボルが「円」であったのに対し，フォイエルバッハ人間学のそれは「感性的直観」を「思惟の反対党」とする「楕円」であるからである[70]。ということは，少なくとも 30 年代前半までのフォイエルバッハは，ヘーゲル同様の絶対者を根底にすえる思弁哲学の立場にあったわけだが，本来なら存在しえないはずの〈絶対者の外〉を想定する立場（これが唯物論であるわけだが）へ移行したことになる。つまり，「直観の変則 Anomalie によって中断された思惟は，真理に応じてこの円を楕円に変える」[71]ことに積極的な意義をみいだしたわけである。しかし，28 年当時，あれほど思弁的理性の一性を主張し，「中断」を「主観性の哲学」の象徴とみて批判していたはずなのに，なぜ「感性的直観」の「中断」を肯定することになったのだろうか。その理由は，前節の終りで示唆したように，ロックのような経験論からではなく，その対極の観念論であるライプニッツの哲学からフォイエルバッハの転回が

---

67) Ebenda, S.260,『F 全集』② 56 頁。
68) 『キリスト教の本質』では，神の原理が「光の原理」と「闇の原理」という 2 つの原理からなり，前者は「精神・意識・人格性」に，後者は「自然」に還元されるといわれている。Vgl. FGW5, S.172,『F 全集』⑨ 176-177 頁参照。
69) FGW9, S.337, §55 [§54],『F 全集』② 157 頁。
70) Vgl. Ebenda, S.331f., §49 [§48],『F 全集』② 150 頁参照。
71) Ebenda, S.332, §49 [§48],『F 全集』②同頁。

引き起こされたという事情と密接な関係がある。興味深いことにベーメの「永遠の自然」に含まれている謎は，ライプニッツの「質料 Materie」と深くかかわっている。その思索の痕跡は『キリスト教の本質』の以下の叙述にも認められる。

> それゆえもし，神のなかでの宇宙発生論的な区別過程が，区別する力の光を神的本質性としてわれわれに直観させるのなら，これに対し，神のなかの闇夜または自然は，神の力または潜勢力 Potenzen としてのライプニッツの混濁した観念 pensées confuses を表現する。ただし，その混濁した観念は，混濁した verworrn 暗い表象と思想，より正確にいえばイメージ Bild であり，肉 Fleisch，質料 Materie を表現する。[72]

39年のカール・リーデル宛書簡においてフォイエルバッハは，『ライプニッツ論』の執筆を動機づけたのが「ライプニッツ哲学の一難点，すなわち質料の意味でした」[73]と述べており，この「意味」がヤコービ（Friedrich Heinrich Jacobi, 1743-1819）を調べているときにはみいだせなかったことも伝えている。41年の『キリスト教の本質』では「自然のなかにある暗いものは，非合理的なもの，質料的なものであり，知性から区別される本来の自然である。……自然，質料は，むしろ知性の根拠，人格性の根拠であって，それ自身は根拠をもたないものである」[74]と述べられるようになるが，この叙述にも知性や人格の「区別する作用」に比べ，判然としない「自然」の意味は把握しがたいものであったことが窺える。もちろん，28年の『理性論』や30年の『死と不死』でも「何かあるもの」に潜む予兆の意味が考察されてはいたが，しかし，そのとらえがたさは「理性そのもの」や「神」に由来すると考えられていた。33年の『近世哲学史』におけるベーメの「永遠の自然」解析の時点でも，その思弁的立場は脱し切れていなかった。37年の『ライプ

---

72) FGW5, S.174, 下線は引用者による。第3版で下線部が「世界創造の weltschaffend」に変更，『F全集』⑨ 178-179頁。
73) FGW9, S.6, an Karl Riedel, 1839, 『F全集』⑱ 155頁。
74) FGW5, S.171, 『F全集』⑨ 176頁。

ニッツ論』に至ってようやく「肉，質料」そのものの意味が，それまでの思弁的理性によってはとらえきれないものとして新たに直観されるようになるのである。では，その新たな「質料」の意味とは何なのか。

28年の『理性論』にさかのぼって考えてみると，思惟の区別作用または措定作用を根拠づけていたのは「理性そのもの」の "actus" であった。ヘーゲルの『大論理学 Wissenschaft der Logik, 1812/13, 1816』においても理念が動的主体であり，その理念は「守り神や数などの抽象的な思想」といった「死んだ静止」として思い浮かべられてはならず，「もっとも厳格な対立を自己のうちにもつ」[75] ものであり，この自己内から生み出された対立を「永遠に克服する」動的な「過程」[76] である，とされていた。「自然と有限な精神を創造する以前の……神の叙述」[77] といわれるように，『大論理学』の内容は，かかる動的理念が純粋存在から絶対理念に至るまで，絶対者の述語としてのカテゴリーがトリアーデを描きつつ，自己の区別・対立を廃棄して自己へと還帰する運動を繰り返すプロセスが描かれるわけだが，若きフォイエルバッハも，こうしたヘーゲルの論理を十分に踏まえて論じていた。

35/36年の『近世哲学史講義』の時点では，ヘーゲル哲学に最高の評価を与えている。「概念はヘーゲルにとって，ライプニッツが原始的諸力，エンテレケイアと呼ぶところのモナドにあたる」[78] というとき，フォイエルバッハは「絶対者の器官ないし形式」[79] としての概念を念頭においているが，この「形式」にしても，たとえばカントのカテゴリー（純粋悟性概念）におけるような認識主観の形式を意味するものではない。ヘーゲルの言を借りれば，カントの認識主観は対象の外からおこなう「外的反省」[80] にすぎず，カテゴリーが「己れを己れ自身から規定する」[81] 運動ではない。フォイエルバッハがヘーゲルの概念を「対

---

75) HGW12, S.177, 寺沢恒信訳『大論理学3』以文社，1999年，263頁。
76) Ebenda, 寺沢訳，同書，同頁。
77) HGW11, S.21, 寺沢恒信訳『大論理学1』以文社，1977年，50頁。
78) FV, S.156.
79) Ebenda.
80) HW8, S.96, §28, Zusatz, 松村一人訳『小論理学』上巻，岩波文庫，1978年，139頁。
81) Ebenda, 松村訳，同書，同頁。

象の自己 - 運動，まさしくかの〔絶対者の〕自己自身との媒介という活動」[82]と呼ぶのも，カントの立場を克服するヘーゲルを讃えてのことである。ライプニッツの「原始的力 vis primitiva」は，物体の「派生的力 vis derivativa」[83]との対比で用いられる語だが，ここでは根源的な自己活動性という意味でとらえられよう[84]。ヘーゲルの概念は何か他のものによって動かされるのではなく，自己自身によって活動するものであり，「己れ自身との媒介という活動」[85]であるがゆえに，モナドの「原始的力」に匹敵する，とフォイエルバッハはとらえたのである。

　この点は，「人格性の原理」[86]の欠如，「自己内反省の欠如」[87]というスピノザ哲学の欠陥が「ライプニッツのモナド概念では補完されている」[88]とするヘーゲルの見方とも重なる。ヘーゲルの解釈はこうである。スピノザ（Baruch de Spinoza, 1632-77）の実体（神）は自己原因として他のものの概念を必要としないとされながら，定義として「直接，仮定されている」[89]にすぎず，「直接的なものの成果」[90]として自己を展開するわけではない。「規定は否定である」というスピノザのテーゼは「すべての内容の統一」[91]，「スピノザ哲学の絶対的原理」[92]として評価できるが，この否定は「質としての否定」[93]にすぎず，世界の多様な内容が「実体にとって外的反省」[94]にとどまり，「自己を否定する否定の認識へと前進

---

82) FV, S.156,〔 〕は引用者による補足。
83) ライプニッツによれば，「派生的な力」とは「それによって物体が現実に相互に作用を及ぼしたり受けたりするところの力」（LM6, S.237）である。
84) ライプニッツ自身は，「アリストテレスはこれ〔実体的形相＝精神〕を第一エンテレケイアと呼んでいるが，私はこれを，より明快になると思うので，原始的力 forces primitives と呼ぶことにする。この力はたんなる作用や，あるいは可能態の完成 le complément de la possibilité だけでなく，さらに根源的活動性 une activité originale というものを含んでいる。」（LP4, S.479,〔 〕は引用者による補足）と述べている。「原始的」という語は，このように「根源的」という意味であり，「太古の」，「未開の」という意味ではない。
85) FV, S.156.
86) HGW11, S.376, 寺沢恒信訳『大論理学 2』以文社，1983 年，229 頁。
87) Ebenda, S.378, 寺沢訳，同書 231 頁。
88) Ebenda, 寺沢訳，同書，同頁。
89) Ebenda, S.376, 寺沢訳，同書 229 頁。
90) Ebenda, 寺沢訳，同書，同頁。
91) Ebenda, S.378, 寺沢訳，同書 232 頁。
92) Ebenda, S.376, 寺沢訳，同書 228 頁。
93) Ebenda, 寺沢訳，同書 同頁。
94) Ebenda, S.378, 寺沢訳，同書 232 頁。

しない」[95]。

　これに対し，ライプニッツ哲学では，スピノザ哲学における「外的反省」という弱点がモナドにおける「自己内反省」として克服されている。「多様なものがモナドにおいては単に消失するのでなく，否定的な仕方で保存されている」[96]がゆえに，モナドは「一，自己の内へと反省した否定的なもの」，「世界の内容の総体性」[97]である。特に「自己内反省の原理または個体化 Individuation の原理が，本質的なものとして前面に出ている」[98]と。

　このようなヘーゲルのライプニッツ評価を踏まえ，フォイエルバッハは「ヘーゲルにとって概念は本質的に区別された諸規定の統一であって，抽象ではないし，空虚でもなく，実り豊かな統一である」[99]と指摘する。ここでいわれる「本質的に区別された諸規定の統一」は「自己内反省」に対応し，「実り豊かな統一」は「世界の内容の総体性」に対応しているのがわかる。

　特に35/36年のフォイエルバッハは，ヘーゲルとシェリングの関係をライプニッツとスピノザの関係に重ねてみており，ヘーゲル，ライプニッツの両者に共通する特徴が「区別の原理 Unterscheidungsprincip」[100]にあるという。フォイエルバッハによれば，実体概念に「区別という自己活動力の概念」[101]を付与することによってライプニッツが本質的にスピノザと異なる原理を構築したように，ヘーゲルはシェリングに対して，原理的に否定的関係にある。「シェリングの叙述には無差別 Indifferenz が浮かんでいるが，ヘーゲルは，差別 Differenz〔の力〕，区別する悟性の原理を最高原理にすえる」[102]。このように，フォイエルバッハはヘーゲル哲学における「区別の原理」「自己内反省の原理」をライプニッツとともに高く評価し，自らの哲学にも取り入れてゆこうとす

---

[95] Ebenda, S.376, 寺沢訳，同書228頁。
[96] Ebenda, S.378, 寺沢訳，同書232頁。
[97] Ebenda, 寺沢訳，同書，同頁。
[98] Ebenda, S.379, 寺沢訳，同書233頁。
[99] FV, S.156.
[100] Ebenda, S.152.
[101] Ebenda, S.151.
[102] Ebenda, S.153,〔〕は編者による補足。

しかし，このようにヘーゲルが高く評価されているにしても，——『理性論』においてそうであったように——ヘーゲル哲学の原理や体系的論理性をそのままフォイエルバッハが受容したわけではなかった。ヘーゲルの概念を「対象の自己運動」ととらえ積極的に受容したのであれば，ヘーゲルと内容が異なるにせよ，フォイエルバッハ流の体系的な叙述展開があってしかるべきだが，30年代の彼の著作は必ずしもそうなってはいない。たとえば，37年の『ライプニッツ論』には「あらゆる哲学は……観念論である」[103]というヘーゲル同様の表現がある[104]が，これに続く段落で二つの観念論が述べられ，両者の統一がめざされる。第一の観念論の立場は「詩的あるいは人間学的立場」——この立場はイタリア・ルネサンスの自然哲学者たちが念頭におかれている[105]——であり，第二の観念論の立場は「主観的‐論理的立場，批判と反省の立場」——この立場はデカルト哲学が念頭におかれている[106]——である。そして，後者が二元論の「暴力的状態」に陥っているがゆえに「自己自身のうちに媒介の欲求と必要性を担っている」[107]といわれ，次なる段階に期待が寄せられるのだが，両者を媒介し統一する第三の観念論の立場は論じられず，媒介の仕方が示唆されるにとどまるのである。

　　これはヘーゲルの側からみれば，不完全な体系ということになろうが，フォイエルバッハにしてみれば，ヘーゲルに学んだ思弁的思惟によってはとらえきれない自然の意味，質料の意味を直観し，踏みとどまらざるをえなくなったのかもしれない。つまり，フォイエルバッハが媒介を保留したのは，有意義な感性的直観による思惟の「中断」の可能性がある。この「中断」は両者の立場が分かつ重要な分岐点ということにならないだろうか。

　　両者のモナド解釈をもう少し立ち入って検討してみよう。ヘーゲルは25/26年の『哲学史講義 Vorlesungen über die Geschichte der Philosophie,

---

103) FGW3, S.162, §19[§20],『F全集』⑦218頁。
104) Vgl. HGW21, S.142, Anm.2, 山口祐弘訳,『論理の学Ⅰ 存在論』作品社，2012年，156頁参照。
105) Vgl. J. Winiger, Feuerbachs Weg zum Humanismus, München 1979, S.158, Anm.168.
106) Vgl. ebenda, Anm.170.
107) FGW3, S.163, §19[§20],『F全集』⑦220頁。

1825/26』で，モナドという「単一体 das Einfache は，区別されたものをそれ自身の身につけ，その身につけた区別態であり多様な内容であるにもかかわらず，単なる一であり，一でありつづける」[108]といい，「私の精神」がまさにそれだという。すなわち，「私は多くの表象を持ち，思想の豊かさが私のうちにあるが，自己の中に多様性があるにもかかわらず，私は単なる一にすぎない。これは，区別されたものが同時に止揚されており，一として規定されているという観念性である」[109]と。

しかし，『大論理学』ではヘーゲルはモナドを単なる自然の生命体にとどめず，さらに純化して「対自存在」のカテゴリーに転用し，これを概念的に展開する。「この純粋な，他者によってではなく，己れのなかで規定されている存在，質的な無限性，己れへの否定的関係としての己れ自身に等しい存在が，対自存在である」[110]といわれるように，他者によらずに自己内で自己を規定して一になっており，悪しき量的無限ではなく，他在を廃棄した質的無限と解されるのが対自存在であり，「観念性」[111]とも呼ばれる。そして「精神，神，絶対者一般」と同様，モナドは「観念的なもの」[112]とされ，以下の叙述が続く。

> この体系〔ライプニッツの体系〕においては，他在がそもそも廃棄されている。精神と身体 Körper，あるいは諸モナド一般は，互いに対して他者ではなく，己れを限界づけあわず，互いに影響を及ぼさない。他在が基づいているところのあらゆる関係が，そもそもぬけ落ちている。多くのモナドが存在するということ，またそれによって他者としても規定されるということは，モナドそのものには何のかかわりもなく，諸モナドの外部でなされる第三者の反省である。それらのモナドは他者をそれら自身の身につけていない。しかしながら同時にこの点に，この体系が未完成である理由がある。諸モナドは即自的にのみ存在する，あるいは諸モナドのモナドたる神

---

108) HV9, S.132f.
109) Ebenda, S.133.
110) HGW11, S.83, 寺沢訳『大論理学1』155頁。
111) Ebenda, S.88, 寺沢訳，同書163頁。
112) Ebenda, S.89, 寺沢訳，同書164頁。

のなかに存在する、あるいはまた表象するものの体系においても存
　　在する。[113]

　この箇所は、『ライプニッツ論』原註22で引用したあと「ヘーゲルは
もちろん正しい、しかし、対立したことを主張するにしても筆者〔フォ
イエルバッハ〕もまた正しいと思う」[114]とフォイエルバッハが意味深長
なコメントをつけるところであり、丁寧に読み解く必要がある。まず、
この引用でヘーゲルが念頭においているのは、いわゆるモナドの「無窓
説」である。『モナドロジー *Monadologie*, 1720』では、モナドの他のモ
ナドへの作用は「観念的な作用 une influence idéale」[115]であって、「物理
的な作用 une influence physique」[116]ではないといわれているが、後者の
作用のなさをヘーゲルは問題視していると考えられる。
　ヘーゲルによれば、モナドには「受動性がなく、モナドにおける諸変
化と諸規定はモナド自身におけるその顕現である」[117]。このように、エ
ンテレケイアは受動性のない自足性として理解され、各モナドが映し出
す世界はあくまで各々の能動的な表象作用の結果にすぎない。したがっ
て、この表象世界の外に他のモナドがいることになり、「他者を身につ
けていない」ということになる。つまり、モナドは「対自的に全く閉
ざされた世界であり、他者を全く必要としない」[118]のである。したがっ
て、「他者の定在、他者の対 - 自 - 存在に対して無関心的である」[119]。他
のモナドの存在などお構いなしという「閉ざされた世界」[120]ならば、モ
ナド相互がばらばらとなり、その無秩序を解消するには第三者が外から
関連づけるほかない。この第三者はライプニッツの体系では神による予

---

　　113)　Ebenda, S.89, 寺沢恒信訳『大論理学1』以文社、1977年、164頁。Vgl. FGW3,
S.215f., §7［§8］, Anm.22. この原註22は、37年初版にも48年改版にも収録されているが、
船山訳『F全集』⑦では紙面の制約からか、多くの原註とともにこの註も省かれている。
　　114)　FGW3, S.216, §7［§8］, Anm.22,〔　〕は引用者による補足。
　　115)　G. W. Leibniz, Monadologie, in: *Principe de la Nature et de la Grace fondés en Raison,
Monadologie*, Hamburg 1956, S.48, §51, 河野与一訳『単子論』岩波文庫、1951年、264頁。
　　116)　Ebenda, 河野訳、265頁。
　　117)　HGW11, S.378, 寺沢訳『大論理学2』232頁。
　　118)　Ebenda, S.95, 寺沢訳『大論理学1』174頁。
　　119)　Ebenda, 寺沢訳、同書、同頁。
　　120)　Ebenda, 寺沢訳、同書、同頁。

定調和になるが，しかしこれは明らかに矛盾である。被造モナドのエンテレケイアよりも根源的なモナドとして神がはじめから存在しているということは，神のみが絶対的実体であるということであり，「神が絶対的実体であるとすれば，もちろん他のモナドの実体性はなくなる」[121]からである。ただし，ヘーゲルはこの神が不要だとはいっていない。むしろ「神がモナドの実存と本質の源泉である」[122]ということが，より進んだ規定としてライプニッツの体系にあるはずなのに，そこでは哲学的な展開が行われず，「思弁的概念へと高められていない」[123]のである。この点こそ，ヘーゲルがライプニッツ体系を未完成とみる理由である。

そもそもモナドは，自己内に規定を欠く「エピクロスのアトムとは異なる」[124]ものであり，「質料的でなく延長的でないエンテレケイア」[125]であればこそ，区別されたものが同時に止揚された一，アトムの集積とは異なる「実体的形相 substantielle Formen」[126]という規定を獲得できた。しかし，ライプニッツ体系において実体として即自的にそれだけで存在するはずの諸モナドに対し，もっとも完全な神の予定調和が「即自的に予定されている」[127]という矛盾がある。それと同時に，この体系は一の中にある「多性を与えられたものとして直接受けとる」がゆえに，自己への否定的関係をもたず，「モナドの反発として概念的に把握しない」[128]。観念性の概念をもたないはずのアトム説のほうがモナドのような「無関心的な多性」[129]を越えてゆく点では評価できる，というのがヘーゲルの見方である。

さて，以上のヘーゲルのモナド解釈をうけて，「ヘーゲルは正しい」といったフォイエルバッハが，「対立したことを主張するにしても自分もまた正しいと思う」[130]となぜ付け加えたかが問題である。ライプニッ

---

121) HV9, S.134.
122) HGW11, S.379, 寺沢訳『大論理学2』233頁。
123) Ebenda, 寺沢訳，同書，同頁。
124) HV9, S.131.
125) Ebenda.
126) Ebenda.
127) HGW11, S.379, 寺沢訳『大論理学2』232頁。
128) Ebenda, S.95, 寺沢訳『大論理学1』174頁。
129) Ebenda, S.96, 寺沢訳，同書175頁。
130) Vgl. FGW3, S.216, §7 [§8], Anm.22.

第 2 節　ライプニッツ・モメント　　　　　　　　213

ツ自身の言葉で，モナドが「形而上学的点 points métaphysiques，実体的形相 formae substatiales，原始的力 vires primitivae，第一エンテレケイア entelecheiae primae」[131]と規定されている点はヘーゲルの解釈と基本的に変わらない。問題となるのは，やはり先のカール・リーデル宛書簡で指摘されていた「質料の意味」[132]であろう。35 年と 37 年とで，フォイエルバッハのモナド解釈がどのように変わったかをみていくことにしよう。

ライプニッツの体系が矛盾していることは，35/36 年の『近世哲学史講義』でもすでに指摘されていた。「即自的にはモナドは他のモナドと結びついていない。……モナドと他のモナドとの連関は，……それら自身のうちにではなく，……いわゆる予定調和のうちにその根拠をもつ」[133]のだと。つまり，モナド相互が即自的に切り離されているかぎり，神によるモナド相互の結合は「単なる外面的な結合」[134]にすぎず，「一致 Consensus」[135]ではあっても，「交通 Commercium」[136]ではない。いわば「諸モナドは対自的には本質だが，相互に対しては影，鏡像，幽霊にすぎない」[137]とヘーゲル同様の低い評価が下されていた。ところが，37 年のフォイエルバッハは，モナドそのものの「内的規定」を発展的に読み解く作業を通じて，即自的にみても諸モナドは相互に対して無関心どころか「すべてに関心をもっている」[138]，と大幅に見解を変更した。ここに至ると，ヘーゲルとは逆に，アトムのほうが抽象的外面的な概念になる。なぜなら，「アトム説においてはアトムの外部に出て思惟する主観に属するものが，モナドの場合にはモナド自身のなかにある」[139]からである。この 37 年のモナド解釈は 35 年のそれと相違するだけでなく，ヘーゲルの解釈とも異なるものである。すなわち，アトムとモナドの評価がヘーゲルと 37 年のフォイエルバッハとでは正反対になる。

---

131)　Ebenda, S.47, §4 [§5]，『F 全集』⑦ 56 頁。
132)　FGW9, S.6，『F 全集』⑱ 155 頁。
133)　FV, S.107.
134)　Ebenda, S.108.
135)　Ebenda.
136)　Ebenda.
137)　Ebenda.
138)　FGW3, S.60, §7[§8]，『F 全集』⑦ 75 頁。
139)　Ebenda, S.61, §7[§8]，『F 全集』⑦ 76 頁。

ヘーゲル的にみれば，ライプニッツの体系は，一方で個々のモナドが自発的に作用する実体であるとされながら，他方で，無数に多くの実体（諸モナド）相互を関係づける話になると，より根源的なモナドとして予定調和をなす神が登場し，被造モナドが依存的になり，実体性を失うという矛盾があり，おそらくこの指摘を受けて「ヘーゲルは正しい」とフォイエルバッハはいった。しかし彼がこのヘーゲル的解釈に満足せず異なるモナド理解をさらに示し，異なる解釈をする「自分も正しい」とつけ加えたのは，ヘーゲルへの気兼ねや遠慮からではなく，ライプニッツ体系自体が錯綜し矛盾に満ちており，切り出す角度によってその相貌が変わることに由来すると推察される。その議論の中心に，「混濁した表象」の「質料」概念があるわけである。

　ライプニッツの『モナドロジー』§49には「モナドに，判明な表象のあるかぎり，そこに能動作用Actionが認められるが，混濁したconfuse表象の場合には，受動作用passionが認められる」[140]という記述がある。問題は，後者の判明でない「混濁した表象」をモナドの本質として認めるか否かである。『ライプニッツ論』でフォイエルバッハはライプニッツの著作から以下の引用をしている。

　　それゆえ，自発性Spontaneitätは判明なdeutlich思想のみに……制限されてはならず，混濁したkonfus自発的でない表象，われわれの気づかないunbemerklich，意識されざるunbewußt表象にまで拡張されなければならない。[141]

　　厳密に解せば，魂は行為Handlungenの原理だけではなく，受動Leiden（あるいは混濁した表象verworne Vorstellungen）の原理をも己れのなかにもっている。[142]

　これらのライプニッツの言葉をみるかぎり，神以外のモナドは，どのような状態であれ，受動の原理を内なる原理として身につけており，

---

140) G. W. Leibniz, Monadologie, in: *a. a. O.*, S.48, §49, 河野訳，前掲書，263頁。
141) FGW3, S.58, §6 [§7],『F全集』⑦71頁。
142) Ebenda,『F全集』⑦同頁。

第 2 節　ライプニッツ・モメント

即自的にもっていることになる。さらにフォイエルバッハが注目するのは質料，とりわけ「第一質料 materia prima」と「第二質料 materia secunda」の規定[143]である。前者は「原始的な受動力 das ursprüngliche, passive Vermögen または抵抗の原理 das Prinzip des Widerstands」[144]であるとされ，また後者は「無数の完足的実体の結果であり，そこでは各実体が自分のエンテレケイア，自分の第一質料をもっている」[145]といずれもライプニッツの言葉——ただしフォイエルバッハによるドイツ語訳だが——で規定されている。デカルト（René Descartes, 1596-1650）のいう延長ある物体は，ライプニッツの言葉では「物塊 Masse」[146]とも呼ばれるが，これは後者の「第二質料」にあたる。ただし，この第二質料はデカルトの有限実体の資格を完全に剥ぎとられているため，ライプニッツ自身が「川」や「虹」に喩えているように，各モナドの表象作用の結果としての，いわばうつろいやすい抽象物にすぎない。

143）FGW3 の出典をみると，フォイエルバッハが『ライプニッツ論』で用いたのはデュタン版『全集』(G. W. Leibniz, *Opera omnia*, Ludovici Dutens, T.I-VI, Genevae 1768) であり，「第一質料」「第二質料」の引用は T.II のデ・ボス宛書簡などから行っている。Vgl. FGW3, S.329, 339f.

144）Ebenda, S.72, §9 [§10], 『F 全集』⑦ 92 頁。ここでいわれる「抵抗の原理」を「抵抗する原理」などと能動的に解してはならない。これは「抵抗を受ける原理」であり，「原始的受動力」とほぼ同義で用いられている。『ライプニッツ著作集 9 後期哲学』工作舎，1989 年，135-136 頁参照。ちなみに，フォイエルバッハが参照しているデ・ボス宛書簡では，「第一質料」は「完足的実体全体の受動力 potentia passiva totius substantiae completae」(LO, T.2, P.I, S.276, vgl. FGW3, S.340, Belegstellen §9) と規定されている。そして，これに対応する「第二質料」は「無数の完足的実体から結果したものとしての有機的身体を構成している」(ebanda) とされる。ゲルハルト版『ライプニッツ哲学著作集 *Die philosophischen Schriften von Gottfried Wilhelm Leibniz*』からこのデ・ボス宛書簡を抄訳した佐々木能章の解説によると，この書簡で特に問題となったのは「有機体のような物体的実体の一性，つまり複合実体の一性についての問題」であった。「モナド相互に実在的な影響関係がなく，また魂が延長と無縁な存在様式をもっているのに，なぜ魂が身体のうちにあるといえるのか」といった疑問がデ・ボスから発せられたのだが，佐々木も指摘しているように，この疑念は「ライプニッツ哲学に接するわれわれも共有するもの」といいうるし，また，37 年のフォイエルバッハも共有していた疑念であったといえるだろう（「『デ・ボス宛書簡』『ライプニッツ著作集 9』訳者解説，201-204 頁参照）。モナドという実体相互の紐帯をどう理解すべきかというライプニッツ哲学の難問に，おそらくフォイエルバッハも直面していた。しかし，後にみるように，モナドをめぐるライプニッツ自身の矛盾した記述のなかから，フォイエルバッハは「他性」という新しい原理を発展的に引きだすことになる。

145）FGW3, S.73, §9 [§10], 『F 全集』⑦ 93 頁。

146）Ebenda, 『F 全集』⑦ 94 頁。

さて，これら二つの質料に関する引用のあとでフォイエルバッハがまず確認するのは，第一質料が「エンテレケイアあるいは根源的に活動的な能力を最初に補完する」[147]ものであること，またそれゆえに第一質料は「各エンテレケイアにとって本質的であり，その各々から引き離せない」[148]とライプニッツ自身が認めていることである。本来のモナドの表象が「自己活動」「純粋活動 actus purus」[149]であるとすれば，それをもつのはひとり神のみである。モナドに第一質料を認めた時点で，その活動はもはや神のように純粋なものではなくなる。被造物であるかぎり，第一質料は本質的にモナドに備わっているといわなければならない。しかしまた，第二質料が被造モナドの気ままに表象した所産にすぎないとすれば，それは幻影のようにうつろいゆくものにすぎず，ライプニッツの視点ではそこに大きな意味をみいだすことは困難であろう。ところが，37 年のフォイエルバッハは，そうした質料を「諸モナドの一般的な紐帯」[150]として発展的に解釈する。ただし，「紐帯」になるのは第二質料ではない。ライプニッツの体系でネガティヴに扱われていながら，しかし他者関係を考える上で重要な思想が述べられている「第一質料」に着目するのである。『ライプニッツ論』原註 23 で，フォイエルバッハは「第二質料のない第一質料とは何であろうか」と問い，次のように続ける。

　　受動力 das passive Vermögen は，まさにその実在的な実存を他のモナドとしてもっている。受動力とは，……他のモナドの実存を知覚する能力，他のモナドによって触発される能力にほかならない。したがってそれは，いわば一性 Einheit のなかにある他性の原理 Prinzip der Anderheit にほかならない。その一性の現存在は他のモナドの現存在にのみ支えられている。[151]

---

147) Ebenda,『F 全集』⑦ 93 頁。
148) Ebenda,『F 全集』⑦同頁。
149) Ebenda, S.23, §1 [§2],『F 全集』⑦ 26 頁。
150) Ebenda, S.64, §8 [§9],『F 全集』⑦ 80 頁。
151) Ebenda, S.217, §8 [§9], Anm.23.

第 2 節　ライプニッツ・モメント　　　　　　　　　　217

　こうして俗に「無窓説」といわれていたものが，この発展的解釈によっていわば「有窓説」に変容されフォイエルバッハの他我論[152]に取り込まれる。フォイエルバッハの解釈では，モナドが〈対自的にして対他的な存在〉としてとらえなおされる。モナドの自発性のみが本質的であるとすれば，質料に実在性はない。しかし，モナドの自発性のみならず，受動性も本質的な要素となると話は別である。こうしてフォイエルバッハは「どのモナドも肉体 Leib を付与されている」[153]というライプニッツの言葉を引き，「質料はライプニッツ哲学において，魂と同時に措定されている」[154]とし，「質料は，同時にモナド相互にとっての現象でもある……。モナドの対 - 自 - 存在 Für-sich-Sein はモナドの魂であり，モナドの対 - 他 - 存在 Für-andres-Sein は質料である」[155]と読み変えるのである。

　質料性をめぐるエンテレケイアの解釈が，ヘーゲルとフォイエルバッハとで異なっていることは，いまや明らかである。前者がエンテレケイアであるモナドに〈受動がない〉というのに対し，後者は〈受動の原理を身につけている〉という。第一エンテレケイアが「純粋活動」であることは，両者，共通の理解であった。しかし，すでにみたように，ライプニッツ自身が最初の規定とは異なり，「自発性」を判明でない暗い表象にまで拡張する叙述をしていたことが，フォイエルバッハのいまひとつの解釈を招来することになった。ライプニッツに即して忠実に読むかぎり，被造モナドは質料として身体をもつ，いや，もたざるをえない。それゆえ「質料の原理，受動の原理，したがってまた延長の原理は，そもそも，モナドが自分以外の諸モナドにとって一個の他者であるということ，同様に他の諸モナドにとって，区別の規定，他在の規定へと歩み入るということである」[156]。ヘーゲルによって解釈されたモナドの無窓

---

　152)　フォイエルバッハは「混濁した表象」が知性に抵抗や制限をおくもの，「苦痛を与える表象」ととらえ，それが「他我の表象」だ，ともいう。ライプニッツの文脈では „leiden" を「受動」と訳すのが妥当だが，フォイエルバッハの発展的解釈が入ると「受苦」のほうがふさわしい。
　153)　FGW3, S.82, §10 [§11],『F 全集』⑦ 107 頁．
　154)　Ebenda, S.71, §8 [§9],『F 全集』⑦ 91 頁．
　155)　Ebenda, S.81, §10 [§11],『F 全集』⑦ 106 頁．
　156)　Ebenda, S.223, §9 [§10], Anm.33.

性が，フォイエルバッハの解釈では第一質料を介して開かれ，区別・他在の規定へと進むことになるわけである。ここから 40 年代以降の彼の人間学にもつながる「他我 alter ego」論，感覚論が展開されることになる。

　しかしそれは，「理念の現実化」というかねてからの課題をフォイエルバッハが放擲したことを意味しない。彼は「理念の時間的に制約された有限な規定様式の内部で，その哲学の理念を叙述すること」，「その哲学の真の意味を解読すること」[157]が哲学の発展であり，理念の実現であると考えていたからである。この弁証法的手法をさして，かつてウォートフスキ（Marx W. Wartofsky, 1928-97）はフォイエルバッハを「真のヘーゲル主義者 an *echt-Hegelianer*」[158]と呼んだ。38 年にドルグート（Friedrich Ludwig Andreas Dorguth, 1776-1854）の経験論を批判して，フォイエルバッハが「思惟とは，本質を現象から，事象 Sache をイメージ Bild から区別する活動にほかならない」[159]といっていることからしても，37 年の彼はヘーゲル主義をけっして捨ててはいない。それは，師とは異なる解釈に至ったと気づきながらも「流行のようにヘーゲルに反論するため」[160]ではないと釈明するフォイエルバッハの言にも表れている。『ライプニッツ論』最終章においても，彼はロックの経験論を批判して，理念が生得であるか否かは人間学的問題ではなく，哲学的形而上学的問題であるとし，「ライプニッツの偉大な思想は，精神が己れ自身にとって生得的……内在的であり，この内在がそれの本質的精神的諸理念の源泉であるということである。それは，精神の自己直視，精神の自己内深化，精神の自立性・自足性という高次の原理である」[161]と主張する。

　それでもやはり，37 年の時点でヘーゲルとの立場の違いを自覚せざるをえなかったことは，フォイエルバッハにとって大きな転機であったにちがいない。表象を批判し事象の本質を見ぬく思弁の洞察をフォイエ

---

157) Ebenda, S.4,『F 全集』⑦ 4 頁．
158) M. W. Wartofsky, *Feuerbach*, Cambridge 1977, p.91.
159) FGW8, S.153,『F 全集』④ 205 頁．
160) FGW3, S.215, §7 [§8], Anm.22.
161) Ebenda, S.145, §17 [§18],『F 全集』⑦ 193 頁．

ルバッハはヘーゲルから学んだはずだが，理念の実現をめざして近世哲学を読み解くうちに，師とは異なる地点に辿り着いたのだから。〈精神の内在が，理念の源泉である〉という言葉自体は以前の思弁と変わらないようにみえて，実は，決定的な違いが，J・ヴィーニガー（Josef Winiger, 1943-）の指摘する〈繊細な感覚〉論に現れている。次節では，これまでの議論を振り返りながら，後期のフォイエルバッハも見すえつつ，彼の〈逆説的な転回〉の意味を考えてみたい。

第3節　結論的考察 ——「人格」批判と「自然」の復権

　28年の『理性論』と30年の『死と不死』の比較検討で，両著作には，表面上の相違（理性を重視する前者と感覚的愛を重視する後者の相違）があるにもかかわらず，実質的に共通する汎神論的神秘性があり，相補的関係においてもとらえられるということを，本章の冒頭で指摘した。両者の共通性は，地上の「何かあるもの」に隠れた仕方で「内在」する神秘性である。すなわち，自然の相互外在的な制約が個々人にあるからこそ，「何か」としかわからない「或るもの」に隠された謎が，一方では無限者へと意識（または魂）を高揚させ，無限者の認識（思惟の一性，愛の一体性）へと誘い，他方では「死」の自覚（＝「私」の否定・形而上学的死）を促して他者愛へと赴かせる，そうした実践哲学が初期フォイエルバッハの汎神論的立場であったといってよい。

　ただ，その神秘性は，実は当時のフォイエルバッハ自身にとっても，いまだ解明されざる無限者の〈謎の痕跡〉だったのではないだろうか。たしかに，30年の『死と不死』では，神のなかの「人格性」と「場（＝自然性）」の関係として問題化され，後者の〈先在〉的意味がある程度は考察されていた。しかし，「魂」が「精神」「神」へ生成・発展するというヘーゲル的展望のなかで，あくまで無限者が実体にして主体であるという思弁的考察が主軸をなし，「自然そのもの」の意味は，おそらく十分にはつかみきれていなかった。

　その問題意識が，フォイエルバッハをベーメの「神のなかの自然」の解釈へと向かわせた。最初はヘーゲルと同様に，ベーメの「無」を「存在」の潜勢態と理解したフォイエルバッハであったが，彼は更なる根元である「永遠の自然」の解読へと進んだとき，ベーメ神秘思想のなかに存在する根本的な矛盾に突き当たらざるをえなかった。30年の『死と不死』における神の創造の理解において，かすかにヘーゲルとの差異として予感されていた背景的自然の意味，すなわち，区別する神の「人格性（＝自己意識）」の背後に，区別しない神の「場（＝全自然の廃棄されたもの）」が先行的に伏在しているという意味が，改めて重要性を帯び

第 3 節　結論的考察

てきたのである。

　筆者の解釈では，フォイエルバッハにとってヘーゲルとの相違を顕わにするきっかけとなったのが，ベーメの「永遠の自然」解釈であった。すなわち，「永遠の自然」に関して，ベーメは区別なき〈全くの無〉を想定しているかのような記述を残しており，この記述に 33 年のフォイエルバッハは困惑し，「永遠の自然」のなかに〈神の内なる原理〉とは異なる〈何か別の原理〉が働いているのではないかとの疑念を抱いた。そして，その謎を解き明かそうと努める途上で，おそらくライプニッツの「混濁した表象」に出会った。もちろんこの表象は，創造モナドとしての神が抱く表象ではなく，被造モナドとしての人間の抱く表象にすぎない。しかし，神と人とを〈断絶〉としてではなく〈連続〉としてとらえる思弁の立場では，神と人とが類比的とはいえ関係しあうのであり，そのかぎりで無視できないものとなる。ライプニッツの基本的な見方によれば，自発性，自己活動性を本質とするモナドは，"actus" として実体であり，そのかぎりで「受動」はふさわしくない規定であった。ところが，ライプニッツのテキストを丹念に読むと，モナドは派生的にではなく，原理的に「混濁した表象」すなわち受動的表象を身につけている。37 年の『ライプニッツ論』において，この矛盾に気づいた瞬間，フォイエルバッハはかねてから気になっていた〈自然の先在的意味〉を察知し，従来の思弁的な見方そのものを決定的に変更する必要性（唯物論的・人間学的なそれ）に迫られたのではないだろうか。つまり，モナドの「受動性」を介して実在する自然世界との連関が開示される，という「他性の原理 Prinzip der Anderheit」[162] が従来の思弁的な見方を根底から揺さぶるものとして重要な意味を担い始めた，ということである。

　もちろんヘーゲルとて，モナドの受動性に気づいていなかったわけではない。25/26 年の『哲学史講義』では「われわれが物質 Materie と呼ぶものは，ライプニッツのもとでは受苦的なもの，受動的なもの，またはモナドの集積 Aggregat である。質料 Materie の受動性は，表象の暗さ Dunkelheit にあり，自己意識には至らない一種の感覚麻痺 Betäubung のうちにある」[163] という叙述が認められる。しかし，「自己意識に至ら

---

162) FGW3, S.217, §8 [§9], Anm.23.
163) HV9, S.133.

ない感覚麻痺」といういい方が象徴的であるように，ヘーゲルによってこの「暗い表象」が世界観の「原理」として積極的に評価されることはない。このヘーゲルの見方とは対照的に，フォイエルバッハはベーメの「永遠の自然」に潜む不可解なものとライプニッツの「混濁した表象」に通底する「肉体 Leib」の意味，すなわち自己意識に昇らなくとも固有の意味があるという事実を原理的に洞察し，その結果，無限者（絶対者）の外にある自然を独立に認める唯物論への道を切り開いてゆくことになるわけである。

　注目すべきは，唯物論的転回が行われる前の観念論の立場にありながら，37 年の『ライプニッツ論』には，自然の実在性の洞察以上に優れた人間学的洞察が記されている——この事実に最初に気づいた研究者は J・ヴィーニガーである——ということである。この洞察は，すでに示唆した〈繊細な感覚〉論と呼べる内容を有しており，観念論か唯物論かといった論争に巻き込まれている人には，おそらくみえにくいものである。問題の箇所は，『ライプニッツ論』原註 65 で詳論されている。その註でフォイエルバッハは，「ライプニッツ－ヴォルフ派の心理学」をとりあげながら，「主観的感覚（感情）subjektive Empfindungen（Gefühlen）」と「客観的感覚すなわち認識感覚 objektive oder Erkenntnisempfindungen」の意味を問い[164]，両者を区別するヤーコプ（Ludwig Heinrich von Jakob, 1759-1827）ら，経験心理学の見方を正当としつつも，両感覚を完全に遮断するのは誤りだとしてフォイエルバッハは以下のような推論をしている。

　まず，快苦を伴わない客観的感覚が「熱情 Pathos」（FGW3, S.288, §19[§20] Anm.65）へと移行する場合，その熱情が客観的感覚を麻痺させ圧倒することから，主観的感覚だけでなく客観的感覚（特に目と耳のそれ）も，「客体の何らかの度」（ebenda）に縛られているといわれる。明晰・判明な意識が特に客観的にみえるのは，感情から疎遠になって，感覚という「自然の光 lumen naturae」[165]が意識の陽光の輝きのあまり翳んでしまうからである。逆に判然としない不明瞭な感覚があるとしても，全く認識を表さないような感覚などというものがあるだろうか。た

---

164) Vgl. FGW3, S.287, §19 [§20] Anm.65.
165) Ebenda, S.288, §19 [§20] Anm.65.

とえば，動物の魂は——とフォイエルバッハは続ける——快苦の主観的感覚と認識感覚とが一つだが，この動物の感覚は必要なものに制約されるという「動物理性の不可謬性(あやまりのなさ) Infallibilität der tierischen Vernunft」[166]を示している。すなわち動物の感覚は，欲求や「自己保存欲と同一のものとして純然たる感情，しかも誤りのない，限定されているだけに確かな感情」[167]である。しかもこの確かさは動物のみにかぎったことではなく，人間の感情もまた，それが「どんなに極端に制限されているにしても，ある種の認識」[168]でありうる。「両生類への怖れ」[169]が有毒物質から身を守るための「予兆のしるし signa prognostica」[170]であった，と知ることはよくある。さらに「特異体質の人の感情ですら，謂われなきものではない」[171]。もちろん「自然の単なる気まぐれ Kapricen」[172]にしかみえない場合もあるが，しかしそれは外見上そのようにみえるにすぎず，「本質的には，特異体質の人は，色であれ臭いであれ形であれ，なにか特殊なもの，刺激的な特性 eine pikante Eigentümlichkeit がそれ自体にあるような何らかのモノ Dinge にかかわっている」[173]。当事者が自分を刺激する「何らかの対象」に引きつけられているということは，周囲の人にはどうでもよいことであるとしても当人にとっては大切なことであり，気になる対象と当人との間に緊密な連関[174]が成立しているということ，そ

---

166) Ebenda.
167) Ebenda, S.290, §19 [§20] Anm.65.
168) Ebenda.
169) Ebenda, S.292, §19 [§20] Anm.65.
170) Ebenda.
171) Ebenda, S.291, §19 [§20] Anm.65.「謂われなきもの」と訳した „grund- und gegenstandslos" に，「理由と対象のないもの」というニュアンスが含まれていることに注意したい。この「対象」は，「川」に喩えられた移ろいやすい「第二質料」（＝モナドの表象の結果）ではなく，「第一質料」の「受動」を「発展」的に解釈した「感覚」の対象，すなわち単なる「想像」ではない「実在」する対象としてとらえられるべきである。主観的表象すなわち感情は，一見，判然としない取り留めのないようなものや，意味のない囚われのようにみえるもの——ライプニッツの言葉では「混濁した表象」——も含むが，どんなに些細な感覚（感情）であっても，惹きつけられている対象に発する「自然の意味」が隠れているとフォイエルバッハはいいたいのである。また，特異体質の人の例として，フォイエルバッハは，ライプニッツが指摘した「うまくついていないピンをみるのに耐えられない」人々をあげている。
172) Ebenda.
173) Ebenda.
174) フォイエルバッハは，特異体質の人の，一見とるに足らないような特異な感覚に

こに自然の隠れた意味が含まれているということである。ただし，このような個別的で特殊な感覚・感情は，「自然の声 ein Naturlaut」[175]ではあるが，「一回かぎりの言葉 ein ἅπαξ λεγόμενον」[176]でしかない。しかもこの感情は，「最も微妙な差異についての最も繊細な知覚と表象 die allerfeinsten Wahrnehmungen und Vorstellungen der *allerfeinsten Defferenzen*」[177]，あるいは「最も繊細な教師 ein doctor subtilissimus」[178]ともいうべき感情であり，「異様に細かいことへのこだわり」[179]があるために，一般には理解されにくい，というのである。

　37年のこの〈繊細な感覚〉は，『理性論』（28年）で評価されたヤコービの「共感」とも，『死と不死』（30年）で絶賛されたベーメの「愛」とも異なる。なるほど連続律の視点からすれば，その「感覚」もまた連続的にその「度」が変わりうるのだから，「共感」や「愛」のパトスに転化する可能性はある。しかし，〈繊細な感覚〉は，30年までのフォイエルバッハの思弁的視点からは――少なくとも主題的には――とりあげられなかったものであり，「混濁した表象」に「肉体」「自然」の固有の意味を認める37年の発展的解釈によって，はじめて掬い上げられた「感覚」といえよう。43年の『根本命題』では，人間が自分の生存を「いい表せないもの」としての「このパン」に負っているという，日常生活における不可欠の基盤に着目し，「現実存在はいい表すことができなくても，それ自身で意味 Sinn と理性 Vernunft をもっている」[180]と簡潔に指摘されるようになるが，この視点が37年時点では先取りされ具体的に論じられているのがわかる。ヴィーニガーはこの感覚論によってフォイエルバッハが「新天地に足を踏み入れた」と指摘し，アルフレート・シュミット（Alfred Schmidt, 1931-2012）の言葉を借りつつ，「意識から

モナド相互の実質的な紐帯をみいだそうとしている。もちろん，これもまた，ライプニッツの哲学そのものではなく，フォイエルバッハによる発展的解釈に基づくものである。
175) FGW3, S.291, §19 [§20] Anm.65.
176) Ebenda.
177) Ebenda.
178) Ebenda.
179) Ebenda.
180) FGW9, S.308, §28,『F全集』② 120-121頁。

独立した諸対象を前提する，実践的－日常的必要性を，それ自身，理論的なことがらとして真摯に」受けとめたフォイエルバッハを高く評価したのだった[181]。それにしても，このような優れた人間学的観察が 37 年の観念論（思弁的汎神論）の立場で指摘されたということは，何も唯物論的に自然の独立性・実在性を無理にいわなくとも論じられるということではないだろうか。フォイエルバッハが，40 年代後半にあえて「唯物論」的転回を遂げ，自然の実在性・根源性を説く理由が何なのかを，われわれは問題にしなければならない。

　翻って考えてみるに，人間学的観察への道は，28 年にキリスト教を「人格の宗教」として批判的に考察した時点ですでに始まっていた。ヘーゲル宛の『理性論』添え状で，フォイエルバッハはそのキリスト教を「古代世界にそもそも対立するもの，したがって古代世界の対立物にすぎないのです」[182]と不満を述べたときには，事の重大さがまだ自覚されていなかったのだろう。むしろ当時の彼は，ヘーゲル哲学のなかに「表象」を「仮象」として暴く無神論的洞察をみたのであり，「表象」の本質を概念的に把握して分裂──『精神現象学』なら教団の「表象」における彼岸と此岸の分裂──を廃棄する〈思惟の働き〉に期待を寄せて，汎神論的に「理念の実現」を図ろうとしていたのであった。33 年の『近世哲学史』でフォイエルバッハは，「自然および自然研究に対する感覚 Sinn」[183]を失った中世の神学が「反宇宙的 antikosmisch・否定的な宗教性……己れの真なる本質を誤認し否認する宗教性になった」[184]と批判したのも，汎神論的理性の立場からであった。「正統的にして合理主義的なキリスト教的諸表象の体系」を真に滅ぼして「理念の現実性の国」を建設することが急務だと恩師に伝えた添え状（28 年）の課題は，39 年の「ヘーゲル哲学批判のために Zur Kritik der Hegelschen Philosophie, 1839」を境に撤回されるのではなく，むしろ徹底されるとみるべきである。

---

181) Vgl. J. Winiger, *Feuerbachs Weg zum Humanismus*, München 1979, S. 76 und A. Schmidt, *Anthropologischer Materialismus*, Band I, Frankfurt a. M., 1967, S. 24.
182) FGW17, S.107, an Hegel, 22. Nov. 1828, 『F 全集』① 90 頁，半田訳 335 頁。
183) FGW2, S.15, §3 [§2], 『F 全集』⑤ 9 頁。
184) Ebenda, S.11, §2 [§1], 『F 全集』⑤ 7 頁。

たとえば,「神学の秘密は人間学である。しかし思弁哲学の秘密は——神学——思弁神学である」[185]という 42 年の有名なテーゼは,〈キリスト教神学→ベーメ思弁神学→ヘーゲル思弁哲学〉という流れを連想させるが, これを単純に〈思弁への攻撃〉または〈思弁の放棄〉と解してしまうのは, あまりにも早計というものであろう。『根本命題』の冒頭で「近世の課題は, 神の現実化と人間化——神学の人間学への転化と解消であった」[186],「神的本質が理性の本質として認識され, 現実化・現在化されることは, ひとつの内的な, 聖なる必然性である」[187]といわれているように, 来るべき「将来の哲学」がこの進展の「必然性」から外れるわけにはゆかないからである。この「必然性」——そこにはもはや実体としての「精神」「理性」は前提されなくなるが——は, フォイエルバッハの 30 年代の哲学史研究によって解明された, 近世哲学の内在的発展の要諦であり, 彼自身の「新しい哲学」もまた, この必然的な流れに即して構想されねばならなかった。『キリスト教の本質』初版 (41 年) の序言で「神学は当の昔に人間学になってしまっている。歴史はそのように実現した結果, 潜在的 an sich だったものを意識の対象にした。この点で, ヘーゲルの方法は完全に正しく歴史的に基礎づけられている」[188]とされ, 43 年の『根本命題』で「近世哲学の完成は, ヘーゲル哲学である。だから, 新しい哲学の歴史的必然性と弁明は, 特にヘーゲル批判と結びつく」[189]といわれるのも, 内在的発展を重視し「理念」の実現を図ったがゆえのことである。ヘーゲルから学んだ「内在的批判」の矛先は, 従来の神学・哲学はもとより, ヘーゲル哲学にも——そしてフォイエルバッハ自身の初期の立場にも——向けられる「必然性 (＝必要性)」があった。この「必然性」を潜り抜けなければ, 先行思想・哲学の真の克服はありえないのである。

　30 年代末のフォイエルバッハ思想の形成過程で, 注目すべき変化は, 批判の対象が「神学」(37 年) からその起源である「宗教」(39 年) へ

---

185) FGW9, S.243,『F 全集』② 31 頁。
186) Ebenda, S.265, §1,『F 全集』② 67 頁。
187) Ebenda, S.266, §6,『F 全集』② 69 頁。
188) FGW5, S.7,『F 全集』⑨ 9 頁。
189) FGW9, S.295, §19,『F 全集』② 103 頁。

と遡り，その内容が深化するという点である。37年の『ライプニッツ論』では，「神学」を「哲学」に対置し，前者を「人間の実践的な立場」[190]，後者を「テオーリア $\theta\varepsilon\omega\rho\iota\alpha$ の立場」[191]と規定して，思弁的観念論の立場から神学を批判するという手法が採られていた。エリウゲナ（Johannes Scotus Eriugena, c.810-c.877）の言葉，「神のなかに偶然的なものは存在しない。したがって神は，偶然，宇宙を創造しているのではない……」[192]という言葉を引きながら，37年のフォイエルバッハは，エリウゲナの登場によって「神の世界創造に関する表象」が，神学の「外面的」「恣意的」「偶然的」なものから，哲学の「内面的」「必然的」なものに転換したと主張する。神学から哲学への歴史的な転換を踏まえて，フォイエルバッハは「あらゆる哲学が，ライプニッツ哲学でさえもが，神学との対比，神学との関係では，スピノザ主義，汎神論として存在する」[193]と指摘し，ヘーゲルをもこの汎神論の系譜に属するものとして（つまり味方につけて）論じた。この汎神論という大枠は，20年代末から38年までは維持されている。

ただし，フォイエルバッハの唯物論的転回は39年の「ヘーゲル哲学批判のために」によって行われたとみる論者が多いが，それ以前の30年代にすでに解釈の漸次的変更（唯物論的転回の準備）が行われていたことも事実である。たとえば，『死と不死』と37年の『ライプニッツ論』を比較すると，30年に高らかに賞揚されていたベーメの神秘性が，37年には，自然への献身的な探究を損なわせるものとして否定的評価に変わっている。

　　〔現実的なものを世俗的なもの，空疎なものとして自分から排除するような〕この感覚Sinnが，ヤーコプ・ベーメの神秘説でさえ根底に存していたのであり，彼が自然哲学的な傾向をもっていたとしても，諸物の本性についての研究・探究から人間を引き離してしま

---

190) FGW3, S.116, §15 [16]『F全集』⑦154頁。
191) Ebenda,『F全集』⑦同頁。
192) Ebenda, S.115f.,『F全集』⑦153頁。
193) Ebenda, S.111,『F全集』⑦147頁。

うのである。[194]

　37年の時点では,「神秘説は,自然の特殊なものを学問的哲学的な認識にもたらさない」もの,「観想」という哲学的視点を見失ったものと位置づけられる。つまり,思惟の „actus" をめぐって33年時に下したベーメ神秘説への高評価は,37年には,テオーリアの「哲学」に反する「宗教哲学」にすぎないとして評価が格下げされている。「観想的態度」から「対象に,対象のためだけにかかわる」哲学（＝汎神論）を擁護するフォイエルバッハは,神学の「実践的態度」が「対象を私にかかわらせる」[195]ものと規定しなおし,ベーメの宗教哲学もこの実践的態度に通じる危険のあるものとみなして批判するようになる。ベーメの評価がこのように変わる背景には,35年のシュトラウス（David Friedrich Strauss, 1807-74）の『イエスの生涯 Das Leben Jesu, 1835』の公刊,同年「新シェリング哲学」の密使と目されるシュタール（Friedrich Julius Stahl, 1802-61）への批判[196],36年のブルックベルクへの移住と自然の研究などの影響が考えられる。同様の議論は,レオとの論争で生まれた39年の論評「哲学とキリスト教」にも認められるが,前節でも述べたように,批判の矛先が「神学」だけでなく,その背後にある「宗教」にも及ぶ。すなわち教義化された「神学」よりも,学としての反省が加わる前の「宗教」に関心が移り,「思惟と心情 Herz」を土台とする「哲学」

---

194) Ebenda, S.12, Einleitung [§1],『F 全集』⑦ 14 頁,〔 〕は引用者による補足。
195) Ebenda, S.119, §15 [§16]『F 全集』⑦ 158 頁。
196) 35年の書簡でフォイエルバッハは,「新シェリング哲学における神秘的な夢想の国からやってきた一人の密使シュタール」（FGW17, S.219f., an Christian Kapp, 13. Jan. 1835,『F 全集』⑱ 99 頁）,「シェリングという名前の権威のために,多くの人々に畏敬の念を抱かせる最新のシェリング非哲学 die neueste Schellingsche Unphilosophie」（ebenda, S.223, an Bertha Löw, Nürnberg, 3. Feb. 1835,『F 全集』⑱ 104 頁）と呼んで,シュタール批判の書評を「ベルリン年報」に掲載する旨を伝えている。この書評は,シュタールの『歴史的見地からみた法哲学 Die Philosophie des Rechts nach geschichtlicher Ansicht』の第 1 巻『現代の法哲学の生成 Die Genesis der gegenwärtigen Rechtsphilosophie, 1830』,および第 2 巻『キリスト教的な法論および国家論 Christliche Rechts- und Staatslehre, 1833』に対するものである。後期シェリングの「積極哲学」の継承者とみなされるシュタールに対し,フォイエルバッハは 1. ヤコービの人格哲学,2. シェリングの自然哲学,3. ライプニッツ哲学における,神の無限な可能的世界からのこの世の選抜の思想,4. 教会の正教と象徴法,など本来なら対立しあう要素を無理やり合成した「絶対的恣意」であると論難した（vgl. FGW8, S.24-43, bes. S.33f.,『F 全集』④ 123-148 頁,特に 136 頁参照）。

第 3 節　結論的考察

と，「情意 Gemüt と空想 Phantasie」を土台とする「宗教」の相違として遡源的に論じられる。41 年の『キリスト教の本質』初版の付録で「心情は共感としての・共苦としての受苦だが，情意は自己感情としての受苦である。心情は他者のために行為するが，情意は他者を自分のために行為させる」[197]とより明確に規定されるようになる。

　ただし，「神学」から「宗教」への遡源的解明の姿勢は，それまでの神学批判の継続としてみることができるが，「哲学とキリスト教」(39 年) との間に「ヘーゲル哲学批判のために」(39 年) が介在して[198]おり，この論文によって決定的な唯物論的転換がもたらされた事情を軽視してはならない。38 年までのフォイエルバッハ，いや，41 年の『キリスト教の本質』のフォイエルバッハでさえも，汎神論的思弁の立場から抜け出せず，相変わらず従来の観念論的絆にとらわれていた，といった批判があるからである。たとえば，ヘーゲルとの違いが自覚され始めた 37 年の『ライプニッツ論』でも，フォイエルバッハは汎神論を唯物論の視点で相対化するには至っておらず，ヘーゲル同様，「あらゆる哲学は……観念論である」[199]と述べていた。38 年の『ベール論』では，ピエール・ベール (Pierre Bayle, 1647-1706) が反神学的立場の先駆者とされ，神学の立場にありながら「信仰と理性の矛盾」を明確にした人物として高い評価が与えられるにしても，やはり汎神論の立場が維持され，ブルーノ (Giordano Bruno, 1548-1600)，スピノザがその代表的な論者とみなされていた。すなわち「自然をより深くみようとするまなざしは，いずれも……異端，異教，無神論と認められた。ジョルダーノ・ブルーノとスピノザは，自然の内的な生命に関するイデーをもち，このイデーをもち続けた唯一の人たちであった」[200]，と。神学に対する哲

---

197) FGW5, S.482, 49 年の第 3 版 (フォイエルバッハ版『全集』第 7 巻 (SW7)) で削除。
198) 「ヘーゲル哲学批判のために」は，もともとはバイルホファー (Karl Theodor Bayrhoffer, 1812-88) の『哲学の理念と歴史 *Die Idee und Geschichte der Philosophie*, 1838』に対する書評として構想され，それが，『ドイツの学問と芸術のためのハレ年報 Hallische Jahrbücher für deutsche Wissenschaft und Kunst』に 1839 年 8 月 – 9 月，Nr. 208-216 の 9 号に分けて連載された。FGW の編者によると，38 年の終りから 39 年の初めにかけて「ヘーゲル哲学批判のために」は成立した (vgl. FGW9, S.VIIf.)。
199) FGW3, S.162, §19 [§20],『F 全集』⑦ 218 頁。
200) FGW4, S.44,『F 全集』⑧ 50 頁。

学の批判機能としては，デカルトの懐疑の精神が「端的に反教義学的 antidogmatisch な自由な精神」[201]として讃えられるだけでなく，「批判的－発生的哲学 die kritisch-genetische Philosophie だけが真の哲学である」[202]ともいわれ，この哲学の代表者としてカント，フィヒテ（Johann Gottlieb Fichte, 1762-1814），ヘーゲルが挙げられる。38年までは，ドルグートの経験論を論駁する態度にも表れているように――少なくとも表向きは――観念論が擁護されていた。

これに対して，39年の「ヘーゲル哲学批判のために」は，38年以前の見方を180度変えたような「発生的－批判的哲学」――「発生的」に力点がおかれ，前年に「批判的－発生的」といわれていた形容詞の順序が逆転している――の方法こそが真に自然をとらえる方法であるとみなされ，ヘーゲル哲学にはこの「発生的」視点が欠けていたと述べて，唯物論的な視点からの批判が初めて登場する[203]。「自然と人間を超えようとするすべての思弁は虚栄である」[204]，「近世哲学は総じて，己れをもって始め，己れに反するもの Gegenteil をもって始めなかった」[205]，「デカルトとスピノザ以来の近世哲学全体に対するものと同じ批難，すなわち感性的直観との媒介されざる断裂……という批難がヘーゲル哲学にも向けられる」[206]など，その直前までヘーゲルを擁護していた人物とは思えないような批判が展開されている。特に，「無」に関するフォイエルバッハの言及は厳しく，「無の思惟は，己れ自身を反駁する思惟である。無を思惟する人は，思惟しない。無は思惟の否定である」[207]とまでいわれ，神の世界創造における「無」は全く意味をなさないもの，「理性の限界 Grenze」[208]として拒絶される。「ヘーゲルの哲学は合理的神秘説 rationelle Mystik である」[209]といわれるように，ベーメからヘーゲル

---

201) Ebenda, S.147,『F全集』⑧183頁。
202) Ebenda, S.340, Anm.31.
203) Vgl. FGW9, S.52, 60,『F全集』①312頁，322頁参照。
204) Ebenda, S.61,『F全集』①323頁。
205) Ebenda, S.38,『F全集』①295-296頁。
206) Ebenda, S.42,『F全集』①300頁。
207) Ebenda, S.55,『F全集』①315-316頁。
208) Ebenda, S.56,『F全集』①317頁。
209) Ebenda, S.53,『F全集』①313頁。フォイエルバッハがここでヘーゲル哲学を論難しているにもかかわらず，「神秘説 Mystik」という言葉を使い，「神秘主義 Mystizismus」

第 3 節　結論的考察　　　　　　　　　　　　　　　　　　　231

に至る近世哲学の全体が，自然（＝感性的実在）を顧慮せず，自然から遊離した思惟にすぎなかったといわんばかりである。思弁哲学が足で踏みつけにしているところの「自然への復帰のみが救いの源泉である」[210]という結論部の言葉は，自らの汎神論的立場を含め，近世哲学全体が観念論的だったと，ひとくくりにして清算しているかのようである。この論旨をどう受けとめるべきなのか。

　多くの論者が指摘しているように，今日では，41 年の主著『キリスト教の本質』は完成された著作ではなく過渡的著作であるとみるのが妥当だが，「ヘーゲル哲学批判のために」をどう読むかという問題は，唯物論的転回の重要な節目をなしていると考えられる 39 年から 41 年の過渡期をどのように評価するかという問いに直結する問題でもあろう。アスケリが「非人間主義的」と呼び，ウィルソンが「否定神学的」と呼んだ理性の神秘的性格が，たとえば，『キリスト教の本質』初版における「自己意識，知性 Intellligenz は謎のなかの謎ではないか」[211]などの叙述に認められるし，B・バウアー（Bruno Bauer, 1809-82）やシュティルナー（Max Stirner, 1806-56）がフォイエルバッハの「類 Gattung」としての「人間の本質」を神的実体として批難したこと[212]は周知のことである。そのような思弁的神秘性は，やはり過去の神学的残滓として捨てられるべきものにすぎないのだろうか。

　注目したいのは 39 年でいわれる「対象的理性」の意味である。「ヘーゲル哲学批判のために」において，自然が真にとらえられると自然は「対象的理性」として現れるというこの論旨は，『キリスト教の本質』初版の付録でいわれる「理性は自然の真理である」と同じ意味で，一面的に理解されるなら，ヘーゲル哲学と何ら変わらない主張であろう。30 年の『死と不死』では，「自然が真に思惟されるなら，君は自然と魂を区別できない」とされ，この「魂」が生成発展した姿が「理性」「自己

を使っていないことが一見，奇妙に思われるかもしれない。しかし，ベーメ→シェリング→ヘーゲルへと，近世哲学において神秘説が意義深いものとして合理的に解釈されてゆく系譜をフォイエルバッハが考慮したものと考えて前者を使ったと解せば筋が通る。逆に，後者を使ってしまうと，この系譜の意義が見失われてしまう可能性がある。

210）　Ebenda, S.61,『F 全集』① 324 頁。
211）　FGW5, S.152, 43 年の第 2 版以降削除。
212）　本書，第 1 章第 4 節註 180 参照。

意識」であるとみられていたのと同じである。この理性は，自然の非本質的・偶然的要素を脱ぎ捨てて概念に至る「助産婦」としての理性にすぎない。しかし，41年の『キリスト教の本質』付録では，自然に根拠をもたなければ理性は無意味だとされ，「自然は理性の光と尺度である」ともいわれている[213]。自然との「救済と和解の大仕事」をなしうる理性を，フォイエルバッハは「一切を包括する極めて慈悲深い本質，宇宙の自己自身に対する愛」[214]と呼ぶ。理性が「慈悲深い」のは，人間を収縮させ自分自身にのみ集中させる宗教的情意とは異なり，「類へとむかう人間の愛」としてどんな些細なものに対しても公平なまなざしを投げかけ，隔てなき関心で全宇宙を包括するからである。これをたとえば，30年の『死と不死』の類似した記述，「自然は自然自身の根拠にして原理である」[215]という記述と比較してみた場合，その主張の背後に「神」や「精神」が実体としてあるか否かの違いがある。41年の主体は「神」や「精神」ではなく，「人間」である。しかし，ヘーゲルの「精神」やキリスト教の「神」を批判したとしても，フォイエルバッハの依拠する「人間」にはまだ汎神論的理性の特徴が残っている。41年段階の理性は，バウアーやシュティルナーが指摘したように，「人間」という名の神的実体にすぎないのだろうか。

　この点については，40年代後半以降のフォイエルバッハからみると「然り」だが，30年代前半のフォイエルバッハからみると「否」になる。これは，過渡期ゆえの曖昧さではない。フォイエルバッハの思想を今日的な視点から再考する際に，どちらか一方の視点から評価するのではなく，フォイエルバッハの思想形成全体の視点からトータルに見なおされるべき両義的問題であると筆者は考える。おそらく多数派を占めるであろう前者の見方を採る人々は，身体に伴う自然の意味，自然宗教または古代宗教の研究によってはじめて明らかにされる〈人間と自然との生活連関〉の意味などが，フォイエルバッハ初期から中期にかけての「意識」論では十分にとらえきれず，むしろ思弁的理性によって規定される哲学的な「意識」論によって現実から乖離してしまいかねない，と考

---

213) Vgl. FGW5, S.477, Anhang, 41年初版のみ。
214) Ebenda, S.479.
215) FGW1, 291, II, 『F全集』⑯ 65頁。

えるのであろう。このような晩年のフォイエルバッハに肩入れする見方は，単純な〈観念論 VS 唯物論〉という図式ではないにしても，少なくとも，33 年のベーメ論にあるような「無」の思弁的理解はもはや放擲されるべき観念論的残滓であり，そこに積極的な意味はなく，神秘主義だけでなく神秘説も，古い神学的表象は想像に基づく仮象とみる傾向を強めるにちがいない。

たしかにそうした見方は成立しうる。しかし，それによって見落とされる要素はないだろうか。若きフォイエルバッハが「思弁の精神を呼吸した」といっていた観点がなければみえない要素はないだろうか。39 年の「ヘーゲル哲学批判のために」は，ヘーゲル哲学の単純な放棄の書でなかったことに，注意が必要である。

「神秘説」と「神秘主義」の使い分けに注目してみたい。たとえば J・ベーメにおける神の媒介過程との関連で，「ヘーゲルの哲学は合理的神秘説 rationelle Mystik である」[216)]とフォイエルバッハが特性描写するとき，この描写にはヘーゲル哲学への批難だけでなく，批判に値する重要性という肯定的評価も含まれている。それは対概念である「神秘主義 Mystizismus」と対比するとわかる。評価のポイントは，哲学における「否定的，批判的な要素」があるかないか，である。（明記されていないが，おそらくは後期シェリングの「積極哲学」を念頭におきつつ）フォイエルバッハは，「哲学は，いまや美しい，詩的な，心地よい gemütlich, ロマンティックなものになった」とした上で，「だから同一哲学がついに，力と批判を失って，ゲルリッツの靴屋〔J・ベーメ〕の神秘主義 Mystizismus に陥ったのは何の不思議があろうか」[217)]という。このとき，後者の「神秘主義」よりも前者の「神秘説」のほうに軍配が上げられているのは明らかである。初期のフォイエルバッハがベーメの神秘的な愛に魅了されながらも，ノヴァーリス（Novalis, 1772-1801）などのロマン派に一定の距離をとることができたのは，ヘーゲル哲学から学んだ思弁的思惟の否定的批判的な洞察力のおかげであり，この否定的・批判的にみる思惟の力ををフォイエルバッハは高く評価しているのである。「合理的神秘説」という言葉で示される思惟の否定力・批判力は，ベー

---

216) FGW9, S.53,『F 全集』① 313 頁。
217) Ebenda, S.51,『F 全集』① 311 頁。

メからヘーゲルに至る思弁精神を評価するひとつのラインである。これは，28 年の『理性論』で，スコラ哲学における神の思惟が「純粋活動＝純粋現実 purus actus」であり，これを「全き精神」として継承・発展させた人がヘーゲルであったという理解に端を発し，33 年の『近世哲学史』においても，ベーメの「悪」が「否定性の原理」「区別の原理」[218] として評価されていた事情と軌を一にする。

もちろん，「無」については，41 年の『キリスト教の本質』には，33 年のベーメ論にはなかった「自然感覚」という評価が新たに登場している。すなわち，「天上の創造者の宗教的表象と合致しない自然の闇の本質がベーメの情意をとらえて驚愕させるのと同じくらいに，他方では，自然のきらめく側面 Glanzseite が彼を魅惑的に刺激している。J・ベーメには，自然感覚 Sinn für Natur がある。彼は，鉱物学者の喜び，植物学者，科学者の喜び，要するに『神なき自然科学』の喜びを予感している，いや感じているのだ」[219] と。33 年のベーメ論では，思惟の活動性としての「否定性」が主に論じられていたが，自然科学の観察における感覚の喜びを肯定するような論及は全くなかった。しかしこの感覚の肯定は，33 年当時はまだはっきりしていなかったベーメ神秘説の「自然」の意味をフォイエルバッハがその後も探究し続けたからこそ発見されたものである。すなわち「主語－述語」関係の逆転という，いわゆる〈唯物論的倒置法〉によって安易に還元されるのではないという内実を示している。

自然の諸物への気遣いという視点は，『ライプニッツ論』原註 65 の〈繊細な感覚〉論にあることを前節で指摘したが，これに哲学的に有意義なまなざしを投じているのがフォイエルバッハのブルーノ論である。ブルーノに対する評価は 28 年の『理性論』においてすでに「至るところに遍在し同時に極大でもあるところの極小」[220] として注目されていたが，29/30 年のエアランゲン講義『論理学形而上学序論 Einleitung in die Logik und Metaphysik, Erlangen 1829/30』では，自然を「魂」ないし

---

218) FGW2, S.209, §51 [§52],『F 全集』⑤ 229 頁。
219) FGW5, S.180f.,『F 全集』⑤ 186 頁，49 年第 3 版で若干の語句変更あり。
220) FGW1, S.148, III, §12, Anm.38,『F 全集』① 43 頁，半田訳 46 頁。

「質」と読み，ブルーノの「叡知 Intelligentia」[221]が諸物に働いているとする視点，あるいは自然の「あらゆる諸物や存在者のなかに存する〔認識〕衝動」[222]があるとみる視点にもつながってゆくものである。もちろん，われわれ人間においてこの認識衝動が「概念」として実現されるとみるところなどはヘーゲル的である。しかし，われわれが自然の叡智の働きをみていなくとも「極小のものにさえ，一切のものに認識がある」[223]とブルーノを読み解く視点は，後年の人間学的観察の先取りとも考えられる。そして，37年の『ライプニッツ論』では，ベーコン（Baco von Verulam [Francis Bacon], 1561-1626）の「存在する価値のあるものはすべて，知られる価値がある」[224]という命題，あるいは，ブルーノの「精神が住めないほど小さく些細なものなどない」[225]という命題が，ライプニッツの本質を表す「汎神論的愛」[226]としても叙述される。

　こうしてみてくると，フォイエルバッハの神秘説へのアプローチには，自然や人間のなかに隠された意味を解き明かすための，発見的方法という意味があったといえないだろうか。その逆説的意味は，フォイエルバッハが神秘説やロマン主義に耽溺しない批判的機能をヘーゲル的思弁にみいだしながら，しかし，ヘーゲル哲学のままでは汲み取りきれない「自然必然性」を唯物論の地平で認めるに至った点にある。37年の『ライプニッツ論』の立場は，モナドの「受動」という点で，40年代の感性の直接性に道を開くものであったが，しかし後年，肉体と心をつなぐものが「表象」にすぎない点で不十分なものとされた。晩年の「唯心論と唯物論，特に意志の自由に関して Über Spiritualismus und Materialismus, besonders in Beziehung auf die Willensfreiheit, 1866」でフォイエルバッハは，「ライプニッツは暗い表象に逃げ込んだため，肉体と心の関係そのものが闇に覆われている」[227]と回顧している。ヘーゲルは自然の領域における「偶然性」や「脱規則性」を感性的な思い込み

---

221) FGW13, S.70.
222) Ebenda, S.72.
223) Ebenda, S.70.
224) FGW3, S.23, §1[§2],『F全集』⑦25頁.
225) Ebenda,『F全集』⑦同頁.
226) Ebenda, S.29, §1[§2],『F全集』⑦30頁.
227) FGW11, S.141, §12,『F全集』③200頁.

に基づく「自然の無力」として斥けたり,「狂気 Verrücktheit」を「魂の発展において必然的に現れる段階または形式」[228]と呼んだりするが, このヘーゲルの解釈にフォイエルバッハは異議を唱えざるをえない。奇形に「欠陥」,「出来損ない」などの類型をわれわれが当てはめる前提としてヘーゲルは「概念規定の自立性・尊厳」[229]があると述べるが, フォイエルバッハの視点では, それは精神の境位から行う一方的解釈にすぎない。46年の「宗教の本質 Das Wesen der Religion」において, フォイエルバッハは奇形などの自然形成は「偶然的な形成ではない」, 自然の必然性は「感性的・脱中心的・例外的・不規則な必然性である」と述べるようになる[230]。精神の予想を裏切る自然の表出を前にして,「これは偶然ではない」と指摘するフォイエルバッハのまなざしは, 精神の優位の観念論的価値判断に対する重い警鐘であるにちがいない。30年代末までのブルーノ評価で摘出された〈極小のなかに隠れひそむ叡智〉は, 40年代後半になって思弁的円環に収斂されることなく〈神なき「非人間的自然」に内在する固有の価値〉として開かれた姿でわれわれの前に提示されることになる。

　『宗教の本質に関する講義 Vorlesungen über das Wesen der Religion, 1851』でフォイエルバッハは自らの思想が「自然」と「人間」に要約されると述べた[231]が, その自然観は, 肉体の直接性に根差した, 意のままにならない〈人間と自然の連関〉から生まれる思想といってよいだろう。この連関を確保するために, フォイエルバッハはおそらく47年の『死と不死』改版で, 自然の真に思惟された姿を「魂」とみて媒介する考えを撤回し,「魂」の語を削除した。その削除にはおそらく, 単なる思弁の払拭以上の意味がある。というのもトマソーニによると, ヘーゲルや観念論との対決を終えたこの時期に, フォイエルバッハは, 神秘説, カバラ, 新プラトン主義の思想にこだわり続けていたからである。トマソーニは「より強い唯物論の段階でも, 生命・自然・物質の秘密に

---

228) HW10, S.163, §408 Zusatz, 船山信一訳『精神哲学』ヘーゲル全集3, 岩波書店, 1996年, 215頁。

229) HGW20, S.241, §250, 加藤尚武訳『自然哲学（哲学体系Ⅱ）上巻』ヘーゲル全集2a, 岩波書店, 1998年, 37頁。

230) Vgl. FGW10, S.60f., §48 [§47],『F全集』⑪74頁参照。

231) Vgl. FGW6, S.28f., 3.Vorl.,『F全集』⑪215頁参照。

ついて確信し，実有的なものの複雑さを単純化しないために，フォイエルバッハはたえず宗教的表現に回避した」[232]という。この行動は，「逃避」と解してはならない。これは，あくまでも複雑な現実（理解しがたい謎）に対処するための一時的回避であり，フォイエルバッハはその意味を明かすべく，そのつど宗教の遡源的追究へと向かうのである。

そもそも37年の〈繊細な感覚〉論はモナドの「混濁した表象」の考察から生まれたものであった。すなわち，日常意識には判然としない暗い表象としかみえないものの背後に〈理〉——それは後年，神なき自然それ自身の摂理とみなされるが——をみようとする洞察，ヘーゲルとも異なる思弁的洞察であった。ただし37年のフォイエルバッハは，『死と不死』の「神」のような一元的「実体」論では語りきれない内容，す
・・・・・・・・
なわち「理性」の一極性から考察することの限界に，おそらく気づき始めていた。「対象の対象自身への反省 Refkexion des Gegenstandes *auf sich*」[233]という新たな反省概念を駆使して，対象そのものの把握を試みるフォイエルバッハであったが，しかし，私というモナドを起点としているかぎりでは，どこまでも主観（モナド）の内部でのことにすぎない。思弁的精神の境地に立てばヘーゲル的に克服できるだろうが，フォイエルバッハにはベーメの「永遠の自然」の謎と「混濁した表象」とが有意味な連関をなすもの，「思弁的理性」に解消できないものと映った。だからこそ，この「理性」の限界を2年後に相対化すべく「自然」という支点をさらに設けることになり，「人間」と「自然」の〈二極性〉——いわゆる「二元論」ではない——の立場へと移行したのである。

哲学のシンボルが「円」から「楕円」へと移行したといえば，穏やかな転換のようであるが，フォイエルバッハの内面形成からみると，最初の一歩は〈激震〉に近い内容がある。フォイエルバッハのまなざしには，ヘーゲルとは異なる「直観」的洞察が初期のころから散見されていたが，この洞察はヘーゲル哲学をも相対化する「自然の先在性」の洞察，実在せる自然というもうひとつの極点を設ける立場へと深化した。この「自然」への依存性を認める〈二極性〉の立場はたしかに理性の放

---

232) F. Tomasoni, Materialismus und Mystizismus, Feuerbachs Studium der Kabbala, in: *a. a. O.*, S.67.
233) FGW3, S.164, §19 [§20]，『F全集』⑦221頁。

しかし，理性の起源が問われるとき，吟味されるのは思弁的思惟の「神秘性」だけではないだろう。同時に問われているのは，自然の意味を汲み取りきれない論理的思惟，もしくは自然の声を聞き入れない理性のあり方である。28年の彼は「思弁の精神を呼吸」したといっていたが，大学教授職への道を断たれ37年にブルックベルク村に移住し「新鮮な空気」を呼吸した彼は，39年のK・リーデル宛書簡で「ドイツ思弁哲学は……汚染された都市の空気が及ぼす悪影響の一例です」[234]といわざるをえなかった。反省的思弁によって自然から離れることのない対話的共生と連関を模索するフォイエルバッハの思惟は，経験論的なアプローチのみではけっしてみいだせないものであるが，しかし今度は逆に，思弁のみに肩入れすると現実から乖離する落とし穴があることを彼の哲学は教える。

21世紀を生きるわれわれを取り巻く状況は，混沌としている。相手が何を考えているのかみえにくい不透明な時代に突入し，混迷状況に陥っている状況が，対自然関係においても対人間（社会）関係においても生じている。想像以上に根深い価値観のギャップを埋めるには，何が肝要であろうか。偏ったイデオロギーにとらわれた意識から解放されるために，優れた「学知」や「社会理論」をじっくり学ぶことだろうか。それはたしかに必要なことだが，それだけでは実現しがたい面があることをフォイエルバッハは教える。たとえば，ある人が進歩史観あるいは発展史観を信奉する場合，自らの依拠する見方の正当性という強い信念に基づいて探究するであろう――「思弁の精神を呼吸した」フォイエルバッハもまた，そうした学知の重要性を認める――が，学知が論理整合性を重視するかぎりでは，知のシンボルは純化された「円環」にならざるをえないというパラドックス（現実からの乖離の可能性）がある。近世哲学における「主観的反省の哲学」の克服をめざしたヘーゲルの絶対者の哲学にも，論理的に回収されざる「自然の意味と理性」があるという指摘は，フォイエルバッハの個人的な思想形成の枠を超えて，優れた現代的視点を提供しているとはいえないだろうか。もちろん，「絶対者の

---

234) FGW9, S.5, 『F全集』⑱ 152頁。

第 3 節　結論的考察

外はない」ことを理由に（神秘的なものも含め）世界全体を「認識できる」という確信を一度は思弁的に抱いたフォイエルバッハが,「絶対者の外がある」ことに気づいて唯物論的地平にたどりついた，といった図式ですませるような単純なことがらではない。フォイエルバッハ哲学のシンボルである「楕円」は，現象と物自体の二元論でもなければ，〈精神の理〉と〈自然の理〉の二つがあるといった二元論でもない。無限な知の希求を抱きつつ，しかし，身体的な存在として有限な世界で生きざるをえない人間の，相互を気づかう人間学的視点が介護・医療・教育などの現場に役立つというだけでなく，対人間関係をも含む自然環境保全への配慮，あるいは文化的対立の現場で新たな視点のヒントとして，健全な対話的共生への道を開くものといえないだろうか。「極小」という些細なものへの配慮と健全な〈自然感覚〉の再構築が，フォイエルバッハとともに改めて見なおされるべき時期に来ているように思われる。

付論　フォイエルバッハにとっての〈神秘的なもの〉
　　──トマソーニ『フォイエルバッハ：その著作の成立，
　　　発展，意義』に寄せて──

　フォイエルバッハという人は，一見，近づきやすそうにみえて，実は誤解されやすい思想家だと本書冒頭で述べた。今日，我が国のフォイエルバッハ像は，ほとんどがマルクス（Karl Heinrich Marx, 1818-83）やエンゲルス（Friedrich Engels, 1820-95）によって作られた「過渡期の唯物論者」というイメージが支配的である。宗教批判を徹底し「唯物論」という土壌を切り開いた功績は讃えられても，「抽象的」な「人間」や「自然」に執着したために，歴史のダイナミズムや社会状況を概念的に把握する学への道を見失ってしまった等のフォイエルバッハ批判は典型的なものだろう。こうしたステレオタイプのフォイエルバッハ像は，先にも指摘したように，必ずしも誤りであるとはいえないが，大きな落とし穴に嵌る危険がある。フォイエルバッハ人間学という視点から広がる問題圏を矮小化し，彼がみようとした現実（自然の隠された意味）を見すごすことによって，逆にアクチュアリティを失うという落とし穴である。

　この点を，改めて指摘する必要があるかもしれない。なぜなら，フォイエルバッハの救い出そうとした現実（自然の意味）は──観念論的思弁の立場であっても，逆に日常性を重視する唯物論の立場であっても──見落とされがちな内容を含んでおり，〈些細〉にみえて〈些細なこと〉で済ませられないリアリティーが内在していると考えられるからである。初期フォイエルバッハにおける〈神秘的なもの〉の直観や賛美が，コルネール（Peter Cornehl）やウィルソン（Chales A. Wilson, 1947-）らに弁証法の軽視ないし誤読と映った事情はすでにみた。しかし，彼らはヘーゲル弁証法の手堅さを重視するあまり，フォイエルバッハ固有の弁証法的センスを過小評価してしまった。そのことによって失

われてしまう内実を問いなおしてみることが，現代の問題状況からいっても有益ではないだろうか。

　もちろん，ヘーゲルの提示した弁証法の論理は魅力的である。物事を深く洞察するためには，単純なものから出発し（an sich），それとは異なる何かと対比して吟味・検討し（für sich），ふたたび最初の出発点に立ち返って整合的に概念把握する（an und für sich）という思惟の段階的な歩みが基本的には必要である。「理性的なものは現実的である。そして現実的なものは理性的である」[1]という『法哲学』の有名なテーゼに象徴されるように，弁証法論理は〈現実的理性＝理性的現実〉としての世界を固定的にではなく，歴史のダイナミズムとして概念把握する学の方法として，手堅さを有している。その手堅さを認めたうえで，なおかつ，その論理性に全面的に依拠することが，本当に現実的なのかどうかを問題にしたのがフォイエルバッハだった。学を追究する場合のあり方と日常の具体的な他者に接するときのあり方とは，全く同じでよいのか。論理的・体系的に概念把握されたものは真なりとみなすことによって失われるものはないのか。かかる問題意識をヘーゲル主義者として抱きつつ，フォイエルバッハは自らの思索を深めていったのだろう。46年の「自伝的断片」[2]における有名な「疑問 Zweifel」と題された箇所，「『論理学』は自然に対してどのように関係するだろうか」[3]，「哲学は宗教に対してどのように関係するだろうか」[4]という記述の意味についてはすでに論及した[5]が，フォイエルバッハの疑念のまなざしは，自然の「何かあるもの」に潜む無限者の核心，すなわち〈神秘的なもの〉に向けられていた。自然の複雑さを過剰に単純化する近現代の傾向を警戒して，神のなかにある〈神秘的なもの〉の究明を自らの課題としてフォイエルバッハはあえて残したと筆者は論じてきた。こうしたアプローチに潜む独自の隠れた意図をひきだす大きなヒントとなったのが，トマソー

---

1) HW7, S.24, ヘーゲル『法の哲学』上巻，上妻精，佐藤康邦，山田忠彰訳，ヘーゲル全集 9a, 岩波書店，2000 年，17-18 頁。
2) 「わが哲学的履歴を特性描写するための諸断片 Fragmente zur Charakteristik meines philosophischen curriculum vitae, 1846」を本書では「自伝的断片」と略した。
3) FGW10, S.155,『F 全集』② 226 頁。
4) Ebenda, S.156,『F 全集』② 227 頁。
5) 本書，第 2 章第 3 節参照。

ニ（Francesco Tomasoni, 1947-）の研究であった。1991年の国際フォイエルバッハ学会ライゼンスブルク大会の報告集に掲載された彼の論考「唯物論と神秘主義——フォイエルバッハのカバラ研究 Materialismus und Mystizismus, Feuerbachs Studium der Kabbala」[6]は，筆者の研究に重要な指針を与えた。特に遺稿資料から，フォイエルバッハがヘーゲルを含む観念論との対決を終えた後でも，「神秘説，カバラ，プラトニズム」の研究に携わっていたという指摘は，従来の研究史を塗り替え，新しいフォイエルバッハ像を提示する衝撃力があった。トマソーニは，カバラや神秘説を探究することが「真理の言明に根拠を与えるか」と疑問を投げかけながら，「この方法論的アプローチが疑わしいものであるにもかかわらず，そのような研究がフォイエルバッハの唯物論に与える積極的影響は見逃せない」[7]として，「神秘説 Mystik は，フォイエルバッハが終生あきらめることのなかった，全体性の要求を主張していた。神秘説は，人間知性への過剰な信頼をも避けたのだ」[8]と主張した。筆者が本論で「より強い唯物論の段階でも，生命・自然・物質の秘密について確信し，実有的なものの複雑さを単純化しないために，フォイエルバッハはたえず宗教的表現に回避した」[9]というトマソーニの結びの言葉を引用し，「複雑な現実（理解しがたい謎）に対処するための一時的回避」の意義を主張したのは，こうした文脈に即してである。「自然や人間のなかに隠された意味を解き明かすための発見的方法」という筆者の着眼は，フォイエルバッハが「回避」という手法をとっていたというトマソーニの洞察に基づくものであり，本書の通奏低音となったのである。

　ところで，本論執筆時には手にすることのできなかったトマソーニの新著『ルートヴィヒ・フォイエルバッハ—その著作の成立・発展・意義 Ludwig Feuerbach. Entstehung, Entwicklung und Bedeutung seines Werks, aus dem Italienischen übersetzt von Gunnhild Schneider, Internationale Feuerbachforschung, Bd. 6, Münster 2015』（以下，Tomasoni 2015 と略）が，

---

6) Vgl. *Sinnlichkeit und Rationalität, Der Umbruch in der Philosophie des 19. Jahrhunderts: Ludwig Feuerbach*, hrsg. v. W. Jaeschke, Berlin 1992, S. 57-67. 以下，この論文を Tomasoni1992 と略す。

7) Tomasoni1992: S.66.

8) Ebenda, S.67

9) Ebenda.

先ごろドイツ語で出版された。これを筆者が手にしたのは，2015年春であった。序文と結語を除いても9つの章からなり，B5版448頁に及ぶ大著で，1978年以来明らかにされてきた遺稿資料を踏まえつつ，幼少期から晩年に至るまでフォイエルバッハ哲学の全体を年代史的かつ網羅的に考究した力作である（この書の概要については，柴田隆行によって「フォイエルバッハの会通信 第95号」[10]に紹介されている）。筆者が刺激を受けたトマソーニの論文からはすでに20年余りが経っており，その後の詳細な研究によって彼がどのような見解を主張しているかは気になるところである。この大著すべてに論及するゆとりはないが，筆者が問題とした初期に関する箇所に限定して，若干の批評を試みたいと思う。

　まず，筆者が問題とした〈神秘的なもの〉の解釈について，トマソーニ自身は，1992年の自著論文を意識しながら「フォイエルバッハがかなり早くからヤーコプ・ベーメ（Jakob Böhme, 1575-1624）を読み始め，ヨハネス・ロイヒリン（Johannes Reuchlin, 1455-1522）の著作によってカバラ研究に着手していた」[11]と指摘している。この「かなり早くから」という語句がいつごろをさすかについては明記されていないが，カバラに関しては，先の論文で「内外の兆しは，観念論の年に，おそらくはルネサンスの神秘説へ関心を示した『ライプニッツ論』の少し前の時期に，研究の日付を入れたことにうかがえる」[12]と記されていた。この見方が正しいとすれば，遅くとも35/36年のエアランゲン『哲学史講義』のころと推定されるが，しかしそれはあくまでカバラについてであって，ベーメに関してはもっと早い時期——おそらく『理性論』執筆よりも前——であるとトマソーニはみている[13]。時期の問題に

---

10) 「フォイエルバッハの会」のホームページ http://www2.toyo.ac.jp/~stein/fb.html 参照。
11) Tomasoni2015: S.36.
12) Tomasoni1992: S.60.
13) 『死と不死』（1830年）でベーメに対する強い賛美が主張される点については，本書第2章第2節で触れた。その点からみると，ベーメを読んだ時期が30年より前であることは明らかである。ただ，『死と不死』が『理性論』（1828年）よりも早く執筆された可能性に関して，筆者は判断を留保する方針を採った（序論第2節b参照）。トマソーニの新著（2015年）では，シュッフェンハウアーの推測に従い，神学の勉強を離れ，『理性論』や29年以降のエアランゲン講義の準備で忙しくなる前の学生時代に，『死と不死』を執筆したのだろうと述べられている（vgl. Tomasoni2015: S.74）。目下のところ，筆者としては，両著作の執筆時期の確定については慎重を期したいと考えている。

付論　フォイエルバッハにとっての〈神秘的なもの〉　　245

ついては判断を保留するとして，筆者としては，これら神秘説への接近が単なる知的関心からだけでなく，「生活および礼拝の仕方 Lebens- und Anbetungspraktiken」[14]という実践的関心からも行われたという指摘に注目したい。トマソーニは，「自伝的断片」の有名な箇所，「私は宗教を書物から学んだだけでなく，生活から，しかも……私自身の生活から思い知るようになった」[15]という回想に言及し，若きフォイエルバッハが「ある種の宗教的心酔から全く自由であるわけではなかった」こと，アンスバッハ時代のギムナジウム最終評価で，フォイエルバッハの書いたいくつかの論文に関し「『粗雑な神秘主義 der „grobe Mystizismus"』への警告」が付されていたことなども指摘している[16]。30年の『死と不死』でフォイエルバッハが同時代神学に対し，同じ「神秘主義」という語を用いて辛辣な批判を加えてゆく事情を考慮すると，このエピソードは皮肉に聞こえる。ただ，弱点とも制約とも解されるギムナジウム時代のフォイエルバッハの一途な宗教性には，宗教に対する理解と批判が同居しており，ヘーゲルとは異なるフォイエルバッハの逆説的な問題意識が表れているとも考えられる。トマソーニが「フォイエルバッハの教養形成において，思弁的な宗教解釈を超え出てゆく傾向がある」[17]と指摘するのは，思弁的な世界把握に対する共感と反感の混在，つまり若きフォイエルバッハの逆説的宗教心をとらえてのことであろう。傍からみると「心酔」しているかのようなフォイエルバッハの宗教性には，神の闇に隠された秘密を顕わにしようとする一途な探究心が潜んでもいる。このような思弁的アプローチに，非ヘーゲル的な因子が潜在していることを筆者は『理性論』と『死と不死』を比較検討しながら考察してきたが，トマソーニはこれらを執筆する前のフォイエルバッハの宗教的素地に遡って，その因子を探っている。

14）　Tomasoni2015: S.36.
15）　FGW10, S.172,『F全集』②256頁。
16）　Vgl. Tomasoni2015: S.34. ギムナジウム時代の「粗雑な神秘主義」への警告について，トマソーニは，ヴィーニガー（Josef Winiger, 1943-）を参照している（Ebenda, Fußnote21）が，U・ショット（Uwe Schott）もこの内容を指摘している（vgl. U. Schott, *Die Jugendentwicklung Ludwig Feuerbachs bis zum Fakultätswecksel 1825*, Göttingen 1973, S.32f., 桑山政道訳『若きフォイエルバッハの発展』，新地書房，1985年，37頁参照）。
17）　Tomasoni2015: S.36.

フォイエルバッハがヘーゲルとは微妙に異なる宗教理解を育む土壌や経緯については，22年秋，フォイエルバッハがアンスバッハのギムナジウムを修了した直後から，大学の入学手続きをする前の半年間に大学での神学研究の準備を入念に行っていた様子にも読み取れる。トマソーニは，18歳の若きフォイエルバッハが，ギボン（Edward Gibbon, 1737-1794）の『ローマ帝国盛衰史 Geschichte des Verfalls und Untergangs des römischen Reichs』，モースハイム（Johann Lorenz von Mosheim, 1693-1755）の『教会史 Kirchengeschichte』，アイヒホルン（Johann Gottfreid Eichhorn, 1752-1827）の『旧約・新約聖書入門 Einleitung ins Alte und Neue Testament』，ヘルダー（Johann Gottfried von Herder, 1744-1803）の『神学研究に関する書簡 Briefe, das Studium der Theologie betreffend』（以下，『ヘルダー書簡』と略）を読んでいたことを挙げている[18]。かつて，U・ショットは，フォイエルバッハが精読したこれらの著作相互の内的な関連性と，啓示から理性を解放しようとする啓蒙性とを指摘し，フォイエルバッハの内面形成について論じていた。トマソーニもまた，ショットの研究をさらに拡充する形で論を進めているようだが，まず注目されているのはモースハイムの影響である。トマソーニによれば，モースハイムは，敬虔派に近かった神学者ブッデ（Johann Franz Budde, 1667-1729）に感化され，聖書に真の知恵を求めようとするプロテスタントの教会史家であった。モースハイムは，キリスト教とギリシア哲学とを混合しようとするプラトニズムを異端視し，プロテスタントとカトリックの教義上の相違を超え，教会を「ひとつの〈キリスト教共和国〉eine res publica christiana」として提示したという。この流れを受けて，後にテオドーア・レームス（Theodor Lehmus, 1777-1837）がバイエルンの宗教覚醒運動の先駆者となるのであるが，彼は「観念論思想家たちの哲学とカール・ダウプ（Karl Daub, 1765-1836）の思弁神学に接近していた」[19]人物であるばかりでなく，フォイエルバッハのギムナジウム時代の教師でもあった。フォイエルバッハはこの宗教教師に感銘を受け[20]，やがてカール・ダウプを師とするようになるのである。レー

---

18) Vgl. Ebenda, S.35.
19) Ebenda, S.34.
20) この点については，遺稿「ヘーゲルへの関係」の欄外にフォイエルバッハが自ら

ムスは当時支配的だった神学的合理主義を克服する可能性を，ダウプの思弁神学にみたのであり，特に三位一体の教義に高い思弁的価値を認めて，ダウプと同じように神学的合理主義を批難した。これを踏まえてトマソーニは「ギムナジウムでも多数派を占めたにちがいない合理主義者たちにとって，このこと〔思弁神学の立場からの合理主義を批判すること〕は，神秘主義 Mystizismus への転落を意味した。若き人〔フォイエルバッハ〕への警告はこれに由来する」[21]と主張するのである。

トマソーニの研究は，フォイエルバッハがギムナジウム時代にダウプの強い影響下にあったレームス[22]に感化され，ハイデルベルク大学でダウプに師事し，このダウプを介して思弁神学からヘーゲルを知ってベルリンへ学部替えをするという，一連のフォイエルバッハの関心の推移を詳細な資料によって論証している。しかもフォイエルバッハがギムナジウム時代に警告された，粗雑な「神秘主義 Mystizismus」という言葉が当時流行していたいい回しだったこと，つまり合理主義的神学者たちが思弁的神学を信奉する人々を難詰する際に用いるお決まりの蔑称であったことをも裏づけている。恩師レームスも恩師ダウプも，ともに神学の思弁的解釈を志向していたのであり，この二人の思弁に感化されて，フォイエルバッハが時代神学への批判的な目を養っていった事情がより鮮明に浮かび上がってくるのである。

ただし，周囲から「神秘主義」の烙印を押されながらも，あえて神学批判の道を選びとったフォイエルバッハが，ダウプ経由でヘーゲルの思弁哲学にひきつけられていく事情は事実であるにせよ，ヘーゲル哲学をどこまで共感をもって受容したかについては検討の余地がありそうであ

ギムナジウム時代に「私が多くの刺激を受けた哲学的な宗教教師」がいたことを記しており，編者シュッフェンハウアーによってその教師がレームスであることが指摘されている。Vgl. W. Schuffenhauer, „Verhältnis zu Hegel" - ein Nachlaßfragment von Ludwig Feuerbach, in: *Deutsche Zeitschrift für Philosophie*, 4/30 Jahrgang, Berlin 1982, S.509, Fußnote4,「ヘーゲルへの関係（遺稿から。1848年ごろ）」：半田秀男訳『理性と認識衝動――初期フォイエルバッハ研究』下巻，渓水社，1999年，395頁，註2参照。

21) Tomasoni2015: S.34.

22) モースハイムとレームスとでは立場がかなり異なるが，両者を系譜的につなぐものがあるとすれば，それは改革精神であろう。ショットの見解も併せて考えると，若きフォイエルバッハは，両者につらぬき流れる改革精神を歴史的系譜的に学びとっているようである。すなわち，恩師レームスには，モースハイムに連なる改革精神とヘーゲルに至る思弁の精神とが合流しており，これらの精神を同時に吸収しようとしたことが推測される。

る。フォイエルバッハが後に自ら述べるように「字面にとらわれたヘーゲル主義者でなかった」とすれば，ベルリン時代のヘーゲルに対する共感的反感なり，反感的共感なりがどこかにないと，後のヘーゲルからの離反は起こりえなかったであろうからである。そこで思い出されるのが，フォイエルバッハが若いころに自問したとされる「哲学は宗教に対してどのように関係するだろうか」という問いである。この問いに対する答えとして，彼が〈宥和〉ではなく〈対立〉という関係を見いだしたとすれば，ヘーゲルとは異なる方向性が芽生えていたといえるかもしれない。ヘーゲルは最終的にキリスト教と哲学との〈宥和〉の道を選んだからである。しかし，トマソーニの指摘する「思弁的な宗教解釈を超え出てゆく傾向」——筆者はこの「思弁」の極致をヘーゲル的な「思弁」の論理と解しているが——を超えていく因子がどこにあるのかは，この回答だけでは判然としない。というのも，「汎神論」を積極的に主張するか否かで，同時代神学に敵対するか否かの明暗が分かれ，フォイエルバッハとヘーゲルの志向性の相違が次第に表面化するにせよ，汎神論を徹底するだけではヘーゲル哲学批判に至らない[23]からである。

　トマソーニは，ベーメやロイヒリンなどの研究によって，フォイエルバッハが「人間および現実性の神秘的な面を暴露するようになる」[24]点に，反ヘーゲルの因子を探っているようである。トマソーニの文献的配慮は広く，この引用のすぐ後の箇所ではヘルダーの影響が注目されている。「神的なものが人間的なものから切り離されてはならず，人間的なもののなかで神的なものが認識されるべきである」，「最古の歴史の自然な真理には，ただ単純で無邪気な子どもの心情 Herz だけが接近できる」等のヘルダーの言葉が参照され，フォイエルバッハがこれらヘルダーの判断基準に魅了されていたこと，『ヘルダー書簡』から『新約・旧約聖書』にかかわる思想を入念に抜粋していた事情などが指摘され

---

[23] 汎神論の主張が積極的なヘーゲル批判に至らない根拠としては，『理性論』原註51の「もし最近の神学者たち Theologi recentiores が哲学者らに汎神論 Pantheismus という批難を投げつけるとすれば，彼ら自身が多神論 Polytheismus と難詰されるべきである」(FGW1, S.160, IV §15, Anm. 51,『F全集』① 57頁，半田訳61頁) という叙述 (本書，第1章第1節を参照) や，39年の明確なヘーゲル哲学批判を繰り広げる直前まで，経験論者からヘーゲルを擁護する姿勢などがあげられる。

[24] Tomasoni2015: S.36.

ている[25]。フォイエルバッハへの影響としてヘルダーを重視する傾向はショットの研究にも見られるもので,「人間的なもの」「無邪気な子どもの心情」などのヘルダーの言葉のなかに,『キリスト教の本質』以降の人間学的解釈につながるものを読みとることはある程度,可能だろう。

しかしながら,先のベーメやロイヒリンなどの神秘説への接近が,はじめから人間学的還元を狙っての接近であったわけではない。トマソーニは,若きフォイエルバッハの思弁的人間論の背後にある〈神秘的なもの〉へのアプローチにも配慮している。レームス,ダウプ,ヘーゲルという3人の教師に関していえば,その中間に位置しているダウプがフォイエルバッハに与えた影響を問題にするところに,トマソーニのユニークな着眼がある。彼はまず1806年の著作『テオログーメナ Theologumena sive doctrinae de religione christiana ex natura Dei perspecta repetendae capita potiora, 1806』において,ダウプがヘーゲルの論文「信仰と知」を随所で引用し,ヤコービ（Friedrich Heinrich Jacobi, 1743-1819）やシュライエルマッハー（Friedrich Daniel Ernst Schleiermacher, 1768-1834）とともに,カント（Immanuel Kant, 1724-1804）の主観主義哲学を批判していた[26]ことを指摘する。ダウプは,自我の優位がプロテスタンティズムに由来するというヘーゲルの解釈を採用したため,変装したカトリシズムという嫌疑で神学仲間の批判にさらされるようになるのだが,このときダウプ自身は「絶対者の概念」に関してヘーゲルよりもむしろシェリングとの本質的な親近性を認めたという。この点は,特にローゼンクランツ（Johann Karl Friedrich Rosenkranz, 1805-79）によって一般的に知られるようになった観念論の発展系譜,すなわち「カント→シェリング→ヘーゲル」という単線的な系譜とは異なる見方をダウプ自身が示しており,このダウプの見方に,フォイエルバッハが少なからぬ影響を受けていた可能性があると,トマソーニは洞察しているのである。『テオログーメナ』ではたしかに「人

---

25) Vgl. ebenda.
26) フォイエルバッハの『理性論』の「主観性の哲学」批判は,ヘーゲルの「信仰と知」を下敷きにしていると筆者は本論で述べたが,フォイエルバッハがこれをどこで学び知ったのかがはっきりしていなかった。トマソーニの指摘どおりだとすると,ダウプ経由で知った可能性がある。

間の知に対する神的啓示の優位」が説かれているが，他方，「神的行為の内部であらゆる認識，あらゆる活動が生じるという事実」も説かれる。神学の形式をとりながら，内容的には思弁哲学を語るという具合にである。ダウプの考えでは，人間はそれ自体では何ものでもなく，「己れの偶然性を超え出てゆくと，そこで己れを包括する神的なものを概念把握する」に至る。そのように「神に抱かれた人間理性は，他の人間的能力を携え，神秘的に刻印された型にしたがって，すべての局面に浸透する」という。神学の立場からとはいえ，理性が「完全なる神の似姿」としてとらえられる点は思弁的であり，フォイエルバッハの『理性論』の神秘的理性との類似性も認められる。さらに，トマソーニが指摘するのは，『テオロゲーメナ』においてダウプが特に「悪の問題」を重視し，「新シェリング das Neue Schelling」に近づいていたという事実である。ダウプによれば，神はこの世の欠陥を創造したわけでないが，この世に独立性が授けられたことがきっかけで，人間が神から遠のく可能性が生じた。すなわち，人間がこの世の独立性を「存在のつまらなさ Nichtigkeit des Seins」として肯定的に感受し，悪徳の手に落ちるとき，「たちの悪さ Bösartigkeit」がとりわけ悟性のなかに芽生え，己れ自身を原理とし，「うぬぼれ Selbstgefälligkeit」を真理にまで高め，理性に対立するようになる。もし不死を不安に根拠づけたり，希望を死後の生に根拠づけたりしようものなら，人間が中心にすえられ，反対に神が「最高善の寄贈者」にまで格下げされてしまうのだと。そのように論じて，ダウプは思弁的理性の立場から，悟性に依拠した神の存在証明を批判し，カントにも反論を加えていくのである[27]。

　歴史的啓示としての信仰よりも，神の「鏡」である理性を，「永遠の普遍的啓示」として優位におくダウプの思弁神学には，初期フォイエルバッハの着想が数多く散見される。理性を有限化する「主観性の哲学」への批判から同時代の不死信仰批判へと論を進めるところなどは『理性論』とよく似ている。トマソーニ自身『理性論』に関して「理性に割り当てられた中心的な役割は，ヘーゲルよりもむしろダウプの影響を受けている」[28]と述べるほどである。「悪の問題」については，『死と不死』

---

27) Vgl. Tomasoni2015: S.40f.
28) Ebenda, S.61.

付論　フォイエルバッハにとっての〈神秘的なもの〉　　251

や 33 年の『近世哲学史』で論じられたベーメの「神のなかの闇」という主題とも深く関連する。注目すべきは，トマソーニが若きフォイエルバッハの思想形成を，ダウプからヘーゲルへという単純な線で描かなかったという点である。たしかに筆者は 25 年のダウプ宛書簡を引用し，「神学でさえ……概念の学の前で消失しました」とヘーゲルへの高い賛辞が送られていること，反対にシェリング哲学に対しては「足を引きずった痛風的区別にしか至らない」という皮肉まじりの風刺が表明されていたことを指摘した[29]。しかし，その前年（24 年）のダウプ宛書簡では，フォイエルバッハは，ゼミナールでヘーゲルの論理学を聴講した際，不満を次のように漏らしていた。「美的なものの理念に関して，私はあなた〔ダウプ先生〕の名を借りて，ヘーゲル先生にこう尋ねました。なぜ先生は美的なものの理念を論理学でお省きになったのでしょう，といいますのも，この理念は真なるものの反省と運動から善になり，反対に善の反省と運動から真なるものになるからです，と。彼は，美的なものはすでに具体的な意識の領域に入り込んでいるが，美的なものは論理的なものに程近い周辺を回っているために，論理的なものから遮断されるところの限界を規定することが困難である，と答えていました。ひょっとして美的なものは，理念が己れの他在をつうじて己れ自身と直接的に媒介することでなく，……論理学から締め出されたままなのでしょうか」[30]。

「美的なもの」といえば，消え去るもののはかなさに着目した『死と不死』の一節，「美は精神的なものへの移行のなかにある感性的なものである。ただ消え去るものにおいてのみ，感性的なものは精神のなかへ入り込む」[31]という章句が思い出されるが，美的なものが，「精神」または「論理学」のなかへ組み込まれてこそ理念は実現する，というのが当時のフォイエルバッハの考えであった。彼は，先の書簡でヘーゲルが旅行から帰ってきたら，もう一度，その難点を詳しく説明してくれるよう懇願するつもりだと，かつての恩師ダウプに伝えている。おそらく，こ

---

29) Vgl. FGW17, S.60, an K. Daub, 29. Jan. 1825, 『F 全集』⑱ 45 頁。また，本書第 1 章第 1 節を参照。

30) Ebenda, S.55, an K. Daub, Sepember 1824.

31) FGW1, S.294, II.

の問題はフォイエルバッハにとってかなり気になるところであったに違いない。こうした「美的なもの」や〈神秘的なもの〉への感受性は，思うにダウプに負うところが大きいのではなかろうか。たとえば，『理性論』以来，37年の『ライプニッツ論』に至るまで，幾度となく登場し，「私の精神的にもっとも近い人」[32]と呼ばれるようになる重要な人物としてジョルダーノ・ブルーノ（Giordano Bruno, 1548-1600）がいるが，彼の本を読むようフォイエルバッハに進めたのはダウプだった[33]。「精神が住めないほど小さく些細なものなどない」[34]というブルーノの言葉は，「神が住まわることのないところにも，愛は入っていく」とたとえられるベーメの遍在的な愛の思想と親和的であり，特に『死と不死』でしばしば登場する神秘的な死の直観と連動する。

『理性論』では，人間が「何か内的な隠れた力と潜勢力とにより，他者を愛することへと駆りたてられる」[35]という記述があった。もちろん，思弁的理性の思惟を基調とする『理性論』と汎神論的愛の神秘を説く『死と不死』とでは，構成の面でも内容の面でも大いに異なる著作だが，しかし，大まかにみると無限者への移行をめざす思弁的関心が両著作では共通していた。また，「共感」や「感覚」が必ずしも理性や精神の一義的な下位概念でなく，理性や精神への飛翔をうながす意義があり，これらの感覚・直観を肯定的に述べる姿勢もまた両著作に認められ，ヘーゲルにはみられない特徴としてあった。トマソーニは『死と不死』における神の世界創造に言及した箇所，すなわち「意志と意識からではなく，いわば自分の意識の背後にある自分の本性 Natur から神は自然を産出した」と述べた箇所を引用[36]し，この自然理解がシェリングに由来するものであり，また『キリスト教の本質』の「神のなかの自然の秘密」の章でふたたび取り上げられる——もちろん41年時点では批判的になるが——ことを指摘している[37]。

トマソーニはこの大著の結論部でこう述べている。「シェリングと

---

[32] FGW17, S.217, an Bertha Löw, 11./13. Januar 1835,『F全集』⑱95頁。
[33] Vgl. Tomasoni2015: S.69.
[34] FGW3, S.23, §1［§2］,『F全集』⑦25頁。
[35] FGW1, S.92, IV §17,『F全集』①63頁，半田訳66頁。
[36] 本書，第2章第3節参照。
[37] Vgl. Tomasoni2015: S.90.

付論　フォイエルバッハにとっての〈神秘的なもの〉　　253

ヘーゲルという観念論的思惟に共鳴しつつも，その反対論に敏感だった神学者ダウプとの関係によって，フォイエルバッハはたしかに新しいジン・テーゼへと導かれた。それにもかかわらず〔師ダウプの〕痕跡が，彼のこころの遺産として残された。その痕跡は，フォイエルバッハ円熟期の著作にさえ認められるものだ。フォイエルバッハの批判は一定のコンテクストとの関係によっていやおうなしに構想されるのではなく，むしろ，彼が取り組んできた神学とのかかわりあいのなかで理解されるものなのである」[38]と。「反対論に敏感」というダウプの姿勢は，フォイエルバッハの思想性格そのものではなかろうか。トマソーニはフォイエルバッハが「キリスト教を包括的に批判したあと，17世紀の三位一体論に新たに集中して取り組んだこと」，「ユダヤ教を表面的に告発したあと，ヘブライや聖書の研究に再度向かったこと」などを挙げ，彼の主張にさまざまな逆説があることを指摘している[39]。たしかに，彼の著作のなかには，必ず，相反するものが同居しており，緊張を織り成している。筆者は，この付論の冒頭で，「複雑な現実（理解しがたい謎）に対処するための一時的回避」の意義と「自然や人間のなかに隠された意味を解き明かすための発見的方法」について触れた。フォイエルバッハが採用したこれらの方法の意義は，今日でも失われていない。トマソーニの詳細な研究は，この方法論的意義を確証させてくれると同時に，フォイエルバッハにとって教師ダウプという存在がかなり重要な位置にあることを気づかせてくれた。フォイエルバッハがヘーゲルに対して論及する割合に比べると，シェリングに対する考察は意外と少なく，それでいて自然に対する見方や直観的叙述が後者に依拠したものであるという根拠が判然としなかったのである。ダウプ自身が，シェリングの影響を受けながら悪を問題にし，この問題を若きフォイエルバッハが共有したとすれば，ベーメを精読し，ハルレスと論争になるのは必然である。トマソーニも指摘しているように，フォイエルバッハの構想は最初からきまっているわけではない。彼の思想のほとんどが宗教をめぐる論争から生まれている。そのひとつひとつの論争の只中に身をおいて考えないと，彼がそのつどの緊張のなかで構想していることは，容易には読み

38）　Ebenda, S.411.
39）　Vgl. ebenda, S.414.

取れない。今回筆者が取り上げたのは，トマソーニの研究のごく一部にすぎないが，フォイエルバッハをめぐる時代のさまざまな思想が複雑に絡みあっている様子を豊富な資料によって綿密に実証している点で，また，その資料によってフォイエルバッハの思想の歩みを彼の内部から明らかにしようとした点で，フォイエルバッハ研究の水準を一段と高めることに寄与したといえるであろう。

あ と が き

　本書は，筆者が 2014 年 11 月に提出し，2015 年 7 月に審査を終えた，東洋大学審査学位論文「理性の神秘と自然の先在——初期フォイエルバッハの思弁的アプローチに関する一考察」を下敷きにし，部分的な加筆修正と新たに付論を加えて仕上げた著作である。目次をみると，第 1 章の『理性論』研究に 5 節にわたるかなりの紙面が割かれているのに気づくが，その分量の多さは『理性論』の解読の困難さを象徴している。筆者にとっては格闘の痕跡である。既出の論文を活用した箇所は，第 3 章の第 1 節ベーメ論と第 2 節ライプニッツ論くらい（拙論「フォイエルバッハのベーメ受容とその批判」：実存思想協会編『生命技術と身体』実存思想論集 XXVII，理想社，2012 年，101-118 頁，拙論「フォイエルバッハとヘーゲルの差異——ライプニッツ解釈をめぐって」：日本ヘーゲル学会編『ヘーゲル哲学研究』Vol.15，こぶし書房，2009 年，129-141 頁参照）で，その他ほとんどの箇所は未発表の書下ろしである。もっとも，第 1 章，第 2 章の草稿を準備していた最中に，日本ヘーゲル学会第 19 回大会シンポジウム「フォイエルバッハとヘーゲル——宗教をめぐる対話」が開催され，パネリストとして初期フォイエルバッハの報告をした経緯があった（シンポジウムの詳細については，フォイエルバッハ会通信第 91 号（2014 年 6 月 30 日）と，『ヘーゲル哲学研究』第 21 号（2015 年）を参照）。このシンポジウムでの報告を準備することが，筆者の学位論文の準備にもなり，本書の核となる論点を構成するものとなったことや，本論を作り上げる上での大きな弾みとなったことは実に幸運であった。

　しかし，本書に辿り着くまでの道のりは，想像を絶する紆余曲折の連続だったといわねばならない。詳しくは「フォイエルバッハの会通信」第 96 号の「学位論文審査を終えて」に記したので，そちらをご参照いただきたいが，学位論文審査で多大なご深慮とご教示を賜った，主査の河本英夫氏，副査の長島隆氏，永井晋氏，柴田隆行氏に改めて御礼申し

上げたい。また，本文中，参照した諸氏のお名前に敬称を付さなかったが，それは「いい切りの敬称」と思っていただきたい。『理性論』の迷宮は想像をはるかに上回る奇怪さで，読み始めの当初は，ヘーゲルのほうが明快でわかりやすいと思ったほどである。冒頭で，ヘーゲルの論理で読み込もうとすると，「フォイエルバッハの〈アフォリズム〉に託された問題群はほとんどみえてこない」と述べたが，それは私自身の体験に基づいている。『理性論』を含め，フォイエルバッハの初期著作に接したときの筆者の第一印象は〈苛立ち〉以外のなにものでもなかった。「なぜ次の段階をはっきり述べない？」，「結局，何がいいたい？」という疑問が始終つきまとい，それでいて明確なヴィジョンが得られないために，論述の明確な方向性が定まらず，支離滅裂な草稿群を書き溜めた段階では挫折する可能性も十分にあった。先行きの見通せぬ苦境を，厳しくも暖かな目で見守ってくださった博論審査の諸氏（特に長島・柴田の両氏）には，いくら感謝を尽くしても足りない思いがある。

　また，フォイエルバッハの会のメンバーや日本ヘーゲル学会の諸氏にも直接・間接の叱咤激励と多くの示唆を賜った。2014 年のフォイエルバッハ・シンポジウムが機縁となって，フォイエルバッハの会に入会していただいた池田成一氏，神山伸弘氏にも随所でお世話になった。このシンポジウムにゲストとしてお招きした河上睦子氏とは，フォイエルバッハの会はじめ，さまざまな学会や大学での交流があり，長年のおつきあいをさせていただいているが，節目節目で貴重な助言をいただいており，本書を執筆している際，常に念頭においていた方のお一人である。最近の会の活動では，2015 年 3 月に「疎外論再考」の交流会を行った際の津田雅夫氏，石塚正英氏の発言やコメントが印象に残っている。無論，小生の博論執筆後のお話でだが，徐々に新しいフォイエルバッハ研究の輪が広がりつつある傾向は，「フォイエルバッハの会」を長年，幹事として影ながら支えてきた身としては喜ばしい出来事であった。また，初期のフォイエルバッハ研究としては，半田秀男氏だけでなく，服部健二氏の研究も要所要所で参考にさせていただいた。特に服部氏は，ここ 2 年の間にフォイエルバッハ研究の集大成ともいえる『四人のカールとフォイエルバッハ──レーヴィットから京都学派とその「左派」の人間学へ』，『レーヴィットから京都学派とその「左派」の人間学

へ——交渉的人間観の系譜』,『アドルノ的唯物論との対話——石の上悟り切ったと石頭』(こぶし書房) を分冊で次々と出版された。筆者はその第一冊目の書評を書かせていただいたが，非常に刺激的な著作だった。それまでの服部氏の研究を知ってはいたが，このような形で集大成されると，同じ氏の言葉が今まで受け止めていたのとはまた異なる意味で新たに迫ってくるところがあった。それは単に，京都学派やフランクフルト学派との連関で政治的・社会的諸問題につながるという見識の広さ・深さに圧倒されただけではない。初期フォイエルバッハから後期フォイエルバッハへの影響をどう読むかという問題——特に「唯物論」というタームをめぐり従来の解釈に安住してよいのかという問題——を考える点で，みすごせない論点があった。この問題について，ここでコメントするゆとりはないが，しかし，今後，フォイエルバッハの会などを通じて，研究者相互で大いに議論・検討すべき課題であろう。本書がこの議論の活性化に少しでも寄与できれば幸いである。

　本書を刊行するに当たって，ほかにもたくさんの方々のご指導やアドヴァイスを拝聴した。諸氏の叱咤激励にどこまで応えられたかは定かではないが，心より感謝申し上げる次第である。

　最後に，私の拙い研究に理解をお示しいただき，かつ本書の出版を快く引きうけ，尽力してくださった知泉書館の小山光夫社長に御礼申し上げたい。本書出版を機に，国内外のフォイエルバッハ研究が今後ますます深化することを期待してやまない。

　なお，本書は，平成28年度井上円了記念研究助成 (刊行の助成) の交付を受け出版された。関連諸氏に重ねて御礼申し上げる。

2016年11月

参考文献

I. フォイエルバッハの原著作（年代順）

(1) フォイエルバッハの全集・選集およびその略号

Ludwig Feuerbach, *Sämtliche Werke*, Bd. I-X, herausgegeben von Ludwig Feuerbach, Leipzig, Otto Wigand, 1846-1866: SW.

L. Feuerbach, *Sämtliche Werke*, Bd. I-X, herausgegeben von W. Bolin und F. Jodl, Stuttgart, Frommann, 1903–1911. Reprint: Stuttgart-Bad Cannstatt, Frommann-Holzboog, 1959–1964, um 3 Zusatzbände erweitert, herausgegeben von Hans-Martin Sass (Jugendschriften und Briefe, in Bd. 12 auch die Biographie von W. Bolin): BJ.

L. Feuerbach: *Gesammelte Werke*, herausgegeben von W. Schuffenhauer, Berlin, Akademie Verlag, 1967-: FGW.

L. Feuerbach, *Vorlesungen über die Geschichte der neueren Philosophie, von G. Bruno bis G. W. F. Hegel, Erlangen 1835/36*, bearbeitet von C. Ascheri und E. Thies, Darmstadt, Wissenschaftliche Buchgesellschaft, 1974: FV.

L. Feuerbach, *Werke in sechs Bänden*, herausgegeben von E. Thies, Frankfurt am Main, Suhrkamp, 1975-1976: WsB.

(2) フォイエルバッハのその他の著作

Karl Grün, *Ludwig Feuerbach in seinem Briefwechsel und Nachlass sowie in seiner Philosophischen Charakterentwicklung*, Band 1 und 2, Leipzig ; Heidelberg, C. F. Winter, 1874.

L. Feuerbach, *Anthropologischer Materialismus: Ausgewählte Schriften I-II*, herausgegeben und eingeleitet von A. Schmidt, Frankfurt am Main, Ullstein Materialien, 1967.

L. Feuerbach, *Manifestes philosophique, textes choisis (1839-1845), traduit de l'allmand par Louis Althusser*, Paris, Boulevard Saint-Germain, 1973.

(3) 本書で使用したフォイエルバッハの著作・論文

De ratione, una, universali, infinita, 1828, in: FGW1.
Gedanken über *Tod und Unsterblichkeit*, 1830, in: FGW1.
Einleitung in die Logik und Metaphysik, Erlangen 1829/30, in: FGW13.

Der Ursprung des Bösen nach Jakob Böhme, 1832, in: FGW1.
Geschichte der neuern Philosophie von Bacon von Verulam bis Benedikt Spinoza, 1833, in: FGW2.
Vorlesungen über die Geschichte der neueren Philosophie, von G. Bruno bis G. W. F. Hegel, Erlangen 1835/36, bearbeitet von C. Ascheri und E. Thies, Darmstadt 1974.
Kritik des „Anti-Hegels", Zur Einleitung in das Studium der Philosophie, 1835, in: FGW8.
Geschichte der neuern Philosophie – Darstellung, Entwicklung und Kritik der Leibnizschen Philosophie, 1837, in: FGW3.
Pierre Bayle, Ein Beitrag zur Geschichte der Philosophie und Menschheit, 1838, in: FGW4.
Zur Kritik der Hegelschen Philosophie, 1839, in: FGW9.
Über Philosophie und Christentum, in Beziehung auf den der Hegelschen Philosophie gemachten Vorwurf der Unchristlichkeit, 1839, in: FGW8.
Das Wesen des Christentums, 1841, in: FGW5.
Vorläufige Thesen zur Reformation der Philosophie, 1842, in: FGW9.
Grundsätze der Philosophie der Zukunft, 1843, in: FGW9.
Das Wesen des Glaubens im Sinne Luthers – Ein Beitrag zum „Wesen des Christentums", 1844, in: FGW9.
Fragmente zur Charakteristik meines philosophischen curriculum vitae, 1846, in: FGW10.
Vorwort zu Band I der „Sämtlichen Werke", 1846, in: FGW10.
Über „Das Wesen der Religion" in Beziehung auf „Feuerbach und die Philosophie. Ein Beitrag zur Kritik beider" von R. Haym, 1847. Ein Bruchstück, 1848, in: FGW10.
„Verhältnis zu Hegel" - ein Nachlaßfragment von Ludwig Feuerbach, ca.1848, in: Deutsche Zeitschrift für Philosophie, 4/30 Jahrgang, Berlin 1982.
Vorlesungen über das Wesen der Religion, 1851, in: FGW6.
Über Spiritualismus und Materialismus, besonders in Beziehung auf die Willensfreiheit, 1866, in: FGW11.

II. フォイエルバッハ以外の哲学者・思想家の原著作（年代順）

ヘーゲルの全集および本書で引用した文献およびその略号

Georg Wilhelm Friedrich Hegel, Gesammelte Werke, Hamburg, Felix Meiner Verlag, 1968-: HGW.
Glauben und Wissen oder die Reflexionsphilosophie der Subjectivität, in der Vollständigkeit ihrer Formen, als Kantische, Jacobische, und Fichtesche Philosophie, 1802, in: Jenaer kritische Schriften, HGW4.
Das System der speculativen Philosophie, Fragmente aus Vorlesungsmanuskripten zur Philosophie der Natur und des Geistes, 1803/04, in: Jenaer Systementwürfe I, HGW6.
Phänomenologie des Geistes, 1807, in: HGW9.
Wissenschaft der Logik, Bd.1, Die Lehre von Sein, 1812, Die Lehre von Wesen, 1813, in:

HGW11.
Wissenschaft der Logik, Bd.2, Die Lehre von Begriff, 1816, in: HGW12.
Enzyklopädie der philosophischen Wissenschaften im Grundrisse, 1. Auflage, 1817, in: HGW13.
[Über] Friedrich Heinrich Jacobis Werke. Dritter Band, 1817, in: *Schriften und Entwürfe I (1817-1825)*, HGW15.
Vorwort zu: H. F. W. Hinrichs: Die Religion, 1822, in: *Schriften und Entwürfe I (1817-1825)*, HGW15.
Enzyklopädie der philosophischen Wissenschaften im Grundrisse, 2. Auflage, 1827, in: HGW19.
Enzyklopädie der philosophischen Wissenschaften im Grundrisse, 3. Auflage, 1830, in: HGW20.
Wissenschaft der Logik, T. 1, Bd.1, Die Lehre von Sein, 2. Auflage, 1832, in: HGW21.
G. W. F. Hegel, *Vorlesungen. Ausgewählte Nachschriften und Manuskripte*, Hamburg, Felix Meiner Verlag, 1983-2007: HV.
Vorlesungen über die Geschichte der Religion, Teil 1, Einleitung, Der Begriff der Religion (Manuskript, 1824, 1827), in: HV3.
Vorlesungen über die Geschichte der Religion, Teil 2, Die bestimmte Religion (Manuskript, 1824, 1827), in: HV4a.
Vorlesungen über die Geschichte der Religion, Teil 3, Die vollendete Religion (Manuskript, 1824, 1827), in: HV5.
Vorlesungen über die Geschichte der Philosophie, Teil 4, Philosophie des Mittelalters und der neueren Zeit, 1825/26, in: HV9.
G. W. F. Hegel, *Werke in zwanzig Bänden*, herausgegeben von E. Mordenhauer und K. M. Michel, Frankfurt am Main, 1969-1971: HW.
Enzyklopädie der philosophischen Wissenschaften im Grundrisse, 1.Teil, in:HW8.
Enzyklopädie der philosophischen Wissenschaften im Grundrisse, 3.Teil, in: HW10.
Vorlesungen über die Geschichte der Philosophie I, in: HW18.
Vorlesungen über die Geschichte der Philosophie III, in: HW20.

ヤコービの全集および本書で引用した文献

Friedrich Heinrich Jacobi, Ueber die Lehre des Spinoza in Briefen an den Herrn Moses Mendelssohn (1. Auflage, 1785), 2. Auflage, 1789, in: *Werke*, herausgegeben von Friedrich Roth und Friedrich Köppen, Band 4 (JW4), Erste Abtheilung, Darmstadt 1968.
F. H. Jacobi, David Hume über den Glauben oder Idealismus und Realismus, 1787, in: *Schriften zum Transzendentalen Idealismus*, herausgegeben von W. Jaeschke und Irmgard-Maria Piske, Band2/1, Hamburg, Meiner, 2004, S.5-100.

ベーメの全集および本書で引用した文献

Jacob Böhme, *Sämtliche Schriften*, Faksimile-Neudruck der Ausgabe von 1730 in elf Bänden begonnen von August Faust, neu herausgegeben von Will-Erich Peuckert, Stuttgart, Frommann, 1955-1960: BS.

Aurora, oder Morgenröthe im Aufgang, 1612, in: BS1-I.

Christosophia, oder Der Weg zu Christo, in: BS4-IX.

— Das fünfte Büchlein, De vita mentali, oder Vom übersinnlichen Leben.

—Das sechste Büchlein, Theoscopia, oder Die hochtheure Pforte von Göttlicher Beschaulichkeit.

Libri Apologetici, oder Schutz-Schriften wieder Balthasar Tilken, 1621, in: BS5-X.

De signatura rerum, oder Von der Geburt und Bezeichnung aller Wesen, 1622, in: BS6-XIV.

De electione gratiae, oder Von der Gnaden-Wahl, 1623, in: BS6-XV.

マールブランシュの全集および本書で引用した文献およびその略号

Nicolas de Malebranche, De la recherche de la vérité éclaircissements, in: *Œuvres Complétes*, Tome III, Paris, Librairie philosophique J. Vrin, 1976: ŒM3.

ライプニッツの全集・著作集および本書で引用した文献およびその略号

Gottfried Wilhelm Leibniz, *Opera omnia*, Ludovici Dutens, T.I-VI, Genevae, Apud Fratres de Tournes, 1768: LO.

G. W. Leibniz, Monadologie, in: *Principe de la Nature et de la Grace fondés en Raison, Monadologie*, Hamburg, Meiner, 1956.

G. W. Leibniz, *Mathematische Schriften*, herausgegeben von C. J. Gerhardt, Hildesheim, Georg Olms, 1962, Band 6: LM6.

G. W. Leibniz, *Die philosophischen Schriften,* herausgegeben von C. J. Gerhardt, Hildesheim, Georg Olms, 1965, Band 4: LP4.

その他（フォイエルバッハの同時代人）の原著作

Carl Friedrich Bachmann, *Anti-Hegel*, Jena, Crökerschen Buchhandlung, 1835.

Karl Theodor Bayrhoffer, Die Idee und Geschichte der Philosophie, Leipzig, O. Wigand, 1838.

Heinrich Leo, *Die Hegelingen*, Halle, Eduard Anton, 1. Auflage, 1838 (2., mit Nachträgen vermehrte Auflage, 1839).

Bruno Bauer, Charasteristik Ludwig Feuerbach. In: *Wigand's Vierteljahrschrift*, Bd. 3, Leipzig, O. Wigand, 1845, S.86-146.

Max Stirner, *Der Einzige und sein Eigentum*, Leipzig, Philipp Reclam, 1845.

Rudolf Haym, *Feuerbach und die Philosophie, Ein Beitrag zur Kritik Beider*, Halle, Ed. Heynemann, 1847.

Friedrich Engels, Ludwig Feuerbach und der Ausgang der klassischen deutschen Philosophie, in: *Die Neue Zeit*, Vierter Jahrgang, Nr. 4 und 5, 1886. Derselbe, *Ludwig Feuerbach und der Ausgang der klassischen deutschen Philosophie*, 7. Auflage, Stuttgart, J. H. W. Dietz Nachfolger, 1920.

Friedrich Schleiermacher, *Über die Religion, Reden an die Gebildeten unter ihren Verächten*, Hamburg, Felix Meiner, 1958.

III. フォイエルバッハ関連の欧文研究資料（二次文献：年代順）

Karl Grün, *Ludwig Feuerbach in seinem Briefwechsel und Nachlass*, Bd. 1 und 2, Leipzig & Heidelberg, C. F. Winter, 1874.

Albrecht Rau, Ludwig Feuerbach's Philosophie, Die Naturforschung, Leipzig, Johann Ambrosius Barth, 1882.

C. N. Starcke, *Ludwig Feuerbach*, Stuttgart, Ferdinand Enke, 1885.

W. Bolin, *Ludwig Feuerbach, sein Wirken und seine Zeitgenossen*, Stuttgart, Cotta, 1891.

F. Jodl, *Ludwig Feuerbach*, Stuttgart, Frommann, 1904 (zweite verbesserte Aufl., 1921).

Adolph Kohut, *Ludwig Feuerbach, sein Leben und seine Werke*, Leipzig, Fritz Eckardt, 1909.

Simon Rawidowicz, *Ludwig Feuerbachs Philosophie, Ursprung und Schicksal*, 1. Auflage, Berlin, Reuther & Reichard, 1931 (2. Auflege, Berlin, Walter de Gruyter, 1964).

Oskar Blumschein, *Leibniz und Ludwig Feuerbach, die Persönlichkeiten und ihre ethischen Lehren*, Berlin, Otto Elsner, 1919.

Wilhelm Windelband, *Die Geschichte der neueren Philosophie, zweiter Band, von Kant bis Hegel und Herbart*, 6. unveränderte Auflage, Leipzig, Breitkoff & Härtel, 1919.

Gregor Nüdling, Ludwig Feuerbachs Religionsphilosophie, 1. Auflage, Paderborn, Ferdinand Schöningh, 1936, 2. Auflage, 1961.

Karl Löwith, *Von Hegel zum Nietzsche, der revoltionäre Bruch im Denken des neunzehnten Jahrhunderts*, 1. Auflage, Zürich, Europa, 1941, 9. Auflage mit ergänzter Gesamtbibriographie, Hamburg, Meiner, 1986.

Martin Buber, *Das Problem des Menschen*, Heidelberg, Lambert Schneider, 1948.

C. Ascheri, *Feuerbachs Bruch mit der Spekulation*, Frankfurt am Main, Europäische Verlagsanstalt, 1969 (Titel der Originalausgabe: *Feuerbach 1842 : Necessità di un cambiamento*. Aus dem Italienischen von Heidi Ascheri).

Peter Cornehl, Feuerbach und Naturphilosophie. Zur Genese der Anthropologie und Religionskritik des jungen Feuerbach, in: *Neue Zeitschrift für systematische Theologie und Religionsphilosophie*, herausgegeben von Carl Heinz Ratschow, 11. Band, Berlin, Walter de Gruyter, 1969, S.37-93.

Michael von Gagern, *Ludwig Feuerbach, Philosophie- und Religionskritik. Die »Neue« Philosophie*, München & Salzburg, Anton Pustet, 1970.

Eugine Kamenka, *The Philosophy of Ludwig Feuerbach*, London, Routledge & Kegan

Paul, 1970.

Hans-Jürg Braun, *Ludwig Feuerbachs Lehre vom Menschen*, Stuttgart-Bad Cannstatt, Frommann, 1971.

H.-J. Braun, *Die Religionsphilosophie Ludwig Feuerbachs. Kritik und Annahme des Religiösen*, Stuttgart-Bad Cannstatt, Frommann, 1972.

A. Schmidt, *Emanzipatorische Sinnlichkeit, Ludwig Feuerbachs anthropologischer Materialismus*, München, Darl Hanser, 1973.

Uwe Schott, *Die Jugendentwicklung Ludwig Feuerbachs bis zum Fakultätswecksel 1825*, Göttingen, Vandenhoeck & Ruprecht, 1973.

Atheismus in der Diskussion, Kontroversen um Ludwig Feuerbach, herausgegeben von Hermann Lübbe und Hans-Martin Saß, München, Kaiser & Grünewald, 1975.

Ludwig Feuerbach, herausgegeben von E. Thies, Darmstadt, Wissenschaftliche Buchgesellschaft, 1976.

H.-M. Sass, *Ludwig Feuerbach, mit Selbstzeugnissen und Bilddokumenten*, Hamburg, Rowohlt, 1978.

Walter Jaeschke, Feuerbach redivivus. Eine Auseinandersetzung mit der gegenwärtigen Forschung im Blick auf Hegel, in: *Hegel-Studien,* in Verbindung mit der Hegel-Kommission der Rheinisch-Westfälischen Akademie der Wissenschaften herausgegeben von Friedhelm Nicolin und Otto Pöggeler, Band 13, Bonn, Bouvier, 1978.

Josef Winiger, *Feuerbachs Weg zum Humanismus*, München, Wilhelm Fink, 1979.

J. C. Janowski, *Der Mensch als Mass, Untersuchngen zum Grundgedanken und zur Struktur von Ludwig Feuerbachs Werk*, Zürich, Köln: Benziger, Gütersloh: Mohn, 1980.

Heinz-Hermann Brandhorst, *Lutherrezeption und bürgerliche Emanzipation, Studien zum Luther- und Reformationsverständnis im deutschen Vormärz (1815-1848) unter besonderer Berücksichtigung Ludwig Feuerbachs*, Göttingen, Vandenhoeck & Ruprecht, 1981.

Wolfhart Pannenberg, *Anthropologie in theologischer Perspektive*, Göttingen, Vandenhoeck &Ruprecht, 1983.

Georg Biedermann, *Ludwig Andreas Feuerbach*, Leipzig·Jena·Berlin,Urania, 1986.

Ursula Reitemeyer, *Philosophie der Leiblichkeit; Ludwig Feuerbachs Entwurf einer Philosophie der Zukunft*, Frankfurt am Main, Suhrkamp, 1988.

Charles A. Wilson, *Feuerbach and the Search for Otherness,* New York, Peter Lang, 1989.

Ludwig Feuerbach und die Philosophie der Zukunft, Internationale Arbeitsgemeinschaft am ZiF der Universität Bielefeld 1989, herausgegeben von H.-J. Braun, H.-M. Sass, W. Schuffenhauer, Francesco Tomasoni, Berlin, Akademie, 1990.

F. Tomasoni, *Ludwig Feuerbach und die nicht-menschliche Natur*, Stuttgart-Bad Cannstatt, Frommann-Holzboog, 1990.

Sinnlichkeit und Rationalität, Der Umbruch in der Philosophie des 19. Jahrhunderts:

Ludwig Feruerbach, herausgegeben von W. Jaeschke, Berlin, Akademie, 1992.
H. Hüsser, *Natur ohne Gott, Aspekte und Probleme von Ludwig Feuerbachs Naturverständnis,* Würzburg, Königshausen & Neumann, 1993.
Andreas Arndt, *Dialektik und Reflexion, zur Rekonstruktion des Vernunftbegriffs*, Hamburg, Meiner, 1994.
Solidarität oder Egoismus, Studien zu einer Ethik bei und nach Ludwig Feruerbach, herausgegeben von H.-J. Braun, Berlin, Akademie, 1994.
Van A. Harvey, *Feuerbach and the Interpretation of Religion*, Cambridge, Cambridge University, 1995.
Ludwig Feuerbach und die Geschichte der Philosophie, herausgegeben von W. Jaeschke und F. Tomasoni, Berlin, Akademie, 1998.
Udo Kern, *Der andere Feuerbach; Sinnlichkeit, Konkretheit und Praxis als Qualität der "neuen Religion" Ludwig Feuerbachs*, Münster, Lit, 1998.
J. Winiger, Feuerbach, der deutsche Aufklärer, in: *Aufklärung und Kritik*, Sonderheft, Nr. 3, 1999, S.37-54.
Christine Weckwerth, *Ludwig Feuerbach zur Einführung*, Hamburg, Junius, 2002.
W. Jaeschke, Zum Begriff des Idealismus, in: *Hegels Erbe*, hrsg. v. Christoph Halbig, Michael Quante und Ludwig Siep, Frankfurt am Main 2004, S. 164-183.
J. Winiger, *Ludwig Feuerbach, Denker der Menschlichkeit*, Berlin, Aufbau Taschenbuch, 2004.
Ludwig Feuerbach (1804-1872), Identität und Pluralismus in der globalen Gesellschaft, herausgegeben von Ursula Reitemeyer, Takayuki Shibata, F. Tomasoni, Münster, Waxmann, 2006.
Feuerbach und der Judaismus, herausgegeben von U. Reitemeyer, T. Shibata, F. Tomasoni, Münster, Waxmann, 2009.
Karl Marx / Friedrich Engels, Die deutsche Ideologie, herausgegeben von Harald Bluhm, Berlin, Akademie, 2010.
Philosophie des Leibes, die Anfänge bei Schopenhauer und Feuerbach, herausgegeben von Michael Jeske, Matthias Koßler, Würzburg, Königshausen & Neumann, 2012.
Andreas Arndt, *Unmittelbarkeit*, Berlin, Eule der Minerva, 2013.
Der politische Feuerbach, herausgegeben von Katharina Schneider, Münster, Waxmann, 2013.
Francesco Tomasoni, *Ludwig Feuerbach; Entstehung, Entwicklung und Bedeutung seines Werkes*, Münster, Waxmann, 2015.

IV. フォイエルバッハの邦訳文献（年代順）

篠田一人・中桐大有・田中英三編『フォイエルバッハ選集』全3巻，法律文化社，1968-1970年。
船山信一訳『フォイエルバッハ全集』全18巻，福村出版，1973-1976年：『F全集』。

暉峻凌三訳『宗教の本質』上・下巻，創元文庫，1953 年。
船山信一訳『キリスト教の本質』上・下巻，岩波文庫，1965 年。
松村一人・和田楽訳『将来の哲学の根本命題』岩波文庫，1967 年。
舛田啓三郎訳『作家と人間』勁草書房，1971 年。
船山信一訳『唯心論と唯物論』岩波文庫，1977 年。
西村克彦訳『近代刑法の遺産』中巻，信山社，1998 年。
半田秀男訳『理性論──一にして普遍，無限なる理性について』：半田秀男『理性と認識衝動』下巻，渓水社，1999 年。

V. フォイエルバッハ以外の哲学者・思想家の邦訳文献（年代順）

(1) ヘーゲルの邦訳

『ヘーゲル全集』全 20 巻 32 冊，岩波書店，1931-2001 年。
速水啓二訳『自然哲学』筑摩書房，1949 年。
船山信一訳『精神哲学』上・下巻，岩波文庫，1965 年。
武市健人訳『哲学史序論』岩波文庫，1967 年。
武市健人訳『歴史哲学』上・中・下巻，岩波文庫，1971 年。
ヘルマン・ノール編，久野昭・水野建雄訳『ヘーゲル初期神学論集』第Ⅰ・Ⅱ巻，以文社，1973・1977 年。
樫山欽四郎訳『精神現象学』河出書房新社，1975 年。
久保陽一訳『信仰と知』公論社，1976 年。
寺沢恒信訳『大論理学』第 1 巻−第 3 巻，以文社，1977, 1983, 1999 年。
松村一人訳『小論理学』上・下巻，岩波文庫，1978 年改版。
山口祐弘・星野勉・山田忠明訳『理性の復権──フィヒテとシェリングの哲学体系の差異』1982 年。
海老澤善一訳編『ヘーゲル批評集』梓出版，1992 年。
上妻精訳『信仰と知』岩波書店，1993 年。
三浦和男訳『精神の現象学序論』未知谷，1995 年。
伴博訳『キリスト教の精神とその運命』平凡社ライブラリー，1997 年。
加藤尚武監訳『イェーナ体系構想』法政大学出版局，1999 年。
山﨑純訳『宗教哲学講義』創文社，2001 年。
村上恭一訳『ヘーゲル初期哲学論集』平凡社ライブラリー，2013 年。

(2) ヤコービの邦訳

田中光訳「スピノザの学説に関するモーゼス・メンデルスゾーンの書簡」『モルフォロギア』第 20 号−第 34 号，1998-2012 年。（近刊，知泉書館）
栗原隆・阿部ふく子・福島健太訳「信念をめぐるデヴィッド・ヒューム，もしくは観念論と実在論」『知のトポス』第 6・7 号，新潟大学人文学部哲学・人間学研究会，2010・2012 年。

(3) ベーメの邦訳

南原実訳「シグナトゥーラ・レールム――万物の誕生としるしについて」『キリスト教神秘主義著作集』第13巻，教文館，1989年。

四日谷敬子訳「六つの神智学的要点」「神の観想」「恩寵の選び」「無底と根底――ベーメ神秘主義主要著作集』哲学書房，1991年。

薗田坦・松山康國・岡村康夫訳「神智学の神秘」「神智学の六つのポイント」「恩寵の選び」「キリストへの道」『ベーメ小論集』ドイツ神秘主義叢書9，創文社，1994年。

薗田坦訳『アウローラ――明け初める東天の紅』ドイツ神秘主義叢書8，創文社，2000年。

(4) マールブランシュの邦訳

竹内良知訳『眞理の探求（一）』創元社，1949年。

(5) ライプニッツの邦訳

河野与一訳『単子論』岩波文庫，1951年。

清水富雄・竹田篤司訳「モナドロジー」『世界の名著25 スピノザ，ライプニッツ』中央公論社，1969年。

『ライプニッツ著作集』全10巻，工作舎，1988・1999年。

(6) その他（同時代の思想家たち）の邦訳

F・エンゲルス，松村一人訳『フォイエルバッハ論』岩波文庫，1960年。

M・シュティルナー，片岡啓治訳『唯一者とその所有』上・下巻，現代思潮社，1967・1968年。

K・マルクス／F・エンゲルス，廣松渉編『ドイツ・イデオロギー』河出書房新社，1974年。

良知力・廣松渉編『ドイツ・イデオロギー内部論争』ヘーゲル左派論叢第1巻，御茶の水書房，1986年。
　　――シュティルナー，星野智・滝口清栄訳「シュティルナーの批評家たち」。
　　――ブルーノ・バウアー，山口祐弘訳「ルートヴィヒ・フォイエルバッハの特性描写」。

D・F・シュトラウス，岩波哲男訳『イエスの生涯』第Ⅰ・Ⅱ巻，教文館，1996年。

K・マルクス／F・エンゲルス，服部文男監訳『新訳 ドイツ・イデオロギー』新日本出版，1996年。

F・シュライアマハー，深井智朗訳『宗教について――宗教を侮蔑する教養人のための講和』春秋社，2013年。

VI. フォイエルバッハ関連の日本語および邦訳研究文献（著作：年代順）

伊達四郎『フォイエルバッハ』弘文堂書房，初版 1939 年（第 3 版 1947 年）。
K・レーヴィット，柴田治三郎訳『ヘーゲルからニーチェへ』第Ⅰ・Ⅱ巻，岩波書店，1952・1953 年。
H・マルクーゼ，南博訳『エロス的文明』紀伊國屋書店，1958 年。
H・マルクーゼ，良知力・池田優三訳『初期マルクス研究——「経済学＝哲学手稿」における疎外論』未来社，1961 年。
M・ブーバー，児島洋訳『人間とは何か』実存主義叢書第 2 巻，理想社，1961 年。
K・バルト，井上良雄訳「ルートヴィヒ・フォイエルバッハ」『現代キリスト教の思想』世界教養全集 21，河出書房新社，1963 年。
信太正三『宗教的危機と実存』理想社，1963 年。
良知力『ドイツ社会思想史研究』未来社，1966 年。
K・レーヴィット，佐々木一義訳『人間存在の倫理』理想社，1967 年。
アリストテレス，山本光雄訳「霊魂論」『アリストテレス全集』第 6 巻，岩波書店，1968 年。
廣松渉『マルクス主義の成立過程』至誠堂，1968 年。
廣松渉『マルクス主義の地平』勁草書房，1969 年。
E・フロム『希望の革命——改訂版』紀伊國屋書店，1970 年。
K・レビット，W・ボーリン，斎藤信治・桑山政道訳『フォイエルバッハ』福村出版，1971 年。
和辻哲郎『人間の学としての倫理学』岩波書店，1971 年。
船山信一『人間学的唯物論の立場と体系』未来社，1971 年。
A・シュミット，元浜清海訳『マルクスの自然概念』法政大学出版局，1972 年。
城塚登『フォイエルバッハ』勁草書房，1972 年。
プラトン，泉治典訳「ティマイオス」：山本光雄編『プラトン全集』第 6 巻，角川書店，1974 年。
イッポリット，渡辺義雄訳『ヘーゲル歴史哲学序説』朝日出版社，1974 年。
良知力『資料ドイツ初期社会主義——義人同盟とヘーゲル左派』平凡社，1974 年。
K・レーヴィット，麻生建訳『ヘーゲルとヘーゲル左派』未来社，1975 年。
E・カメンカ，足立幸男訳『フォイエルバッハの哲学』紀伊國屋書店，1978 年。
好村冨士彦『希望の弁証法』三一書房，1978 年。
宇都宮芳明『人間の間と倫理』以文社，1980 年。
E・ブロッホ，山下肇ほか訳『希望の原理』白水社，第 1 巻－第 3 巻，1982 年。
S・ラヴィドヴィッツ，桑山政道訳『ルードヴィヒ・フォイエルバッハの哲学——起源と運命』上・下巻，新地書房，1983・1992 年。
宇都宮芳明『フォイエルバッハ——人と思想』清水書院，1983 年。
廣松渉『物象化論の構図』岩波書店，1983 年。
H－J・ブラウン，桑山政道訳『フォイエルバッハの人間論』新地書房，1984 年。
船山信一『ヘーゲル哲学と西田哲学』未来社，1984 年。

ウーヴェ・ショット，桑山政道訳『若きフォイエルバッハの発展』新地書房，1985年。
大井正『ヘーゲル学派とキリスト教』未来社，1985年。
寺田光雄『内面形成の思想史——マルクスの思想性』未来社，1986年。
山之内靖『社会科学の現在』未来社，1986年。
良知力『ヘーゲル左派と初期マルクス』岩波書店，1987年。
加藤尚武編『ヘーゲル読本』法政大学出版局，1987年。
G・ビーダーマン，尼寺義弘訳『フォイエルバッハ——思想と生涯』花伝社，1988年。
H－J・ブラウン，桑山政道訳『フォイエルバッハの宗教哲学』新地書房，1988年。
藤巻和夫『フォイエルバッハと感性の哲学』高文堂，1990年。
服部健二『歴史における自然の論理——フォイエルバッハ・マルクス・梯明秀を中心に』新泉社，1990年。
廣松渉・坂部恵・加藤尚武編『自由と自由の深淵』講座ドイツ観念論，第4巻，弘文堂，1990年。
廣松渉・坂部恵・加藤尚武編『ヘーゲル——時代との対話』講座ドイツ観念論，第5巻，弘文堂，1990年。
H－H・ブラントホルスト，桑山政道訳『ルターの継承と市民的解放——フォイエルバッハとドイツ三月革命前期の研究』新地書房，1991年。
石塚正英編『ヘーゲル左派——思想・運動・歴史』法政大学出版局，1992年。
大橋良介編『総説・ドイツ観念論と現代』叢書ドイツ観念論との対話，第1巻，ミネルヴァ書房，1993年。
西川富雄編『自然とその根源力』叢書ドイツ観念論との対話，第2巻，ミネルヴァ書房，1993年。
大橋良介『絶対者のゆくえ』ミネルヴァ書房，1993年。
山口祐弘『意識と無限——ヘーゲルの対決者たち』近代文藝社，1994年。
柴田隆行・河上睦子・石塚正英編『神の再読・自然の再読——いまなぜフォイエルバッハか』理想社，1995年。
山﨑純『神と国家——ヘーゲル宗教哲学』創文社，1995年。
河上睦子『フォイエルバッハと現代』御茶の水書房，1997年。
D・ヘンリッヒ・O・ペゲラーほか，加藤尚武・座小田豊編訳『続・ヘーゲル読本』法政大学出版局，1997年。
柴田隆行『哲学史成立の現場』弘文堂，1997年。
伊藤泰雄『神と魂の闇——マルブランシュにおける認識と存在』高文堂，1997年。
E・ブロッホ，好村冨士彦訳『ユートピアの精神』白水社，1997年。
ルカーチ，生松敬三・元浜清海訳『若きヘーゲル』上・下巻，白水社，1998年。
半田秀男『理性と認識衝動——初期フォイエルバッハ研究』上・下巻，渓水社，1999年。
石塚正英編『ヘーゲル左派と独仏思想界』御茶の水書房，1999年。
加藤尚武編『ヘーゲル哲学への新視角』創文社，1999年。

石塚正英『歴史知とフェティシズム』理想社，2000 年。
伊坂青司『ヘーゲルとドイツ・ロマン主義』御茶の水書房，2000 年。
水地宗明『アリストテレス「デ・アニマ」注解』晃洋書房，2002 年。
フォイエルバッハの会編『フォイエルバッハ――自然・他者・歴史』理想社，2004 年。
深井智朗『超越と認識――20 世紀神学史における神認識の問題』創文社，2004 年。
山之内靖『受苦者のまなざし――初期マルクス再興』青土社，2004 年。
山口誠一・伊藤功『ヘーゲル「新プラトン主義哲学」註解――新版『哲学史講義』より』知泉書館，2005 年。
片山善博『差異と承認――共生理念の構築を目指して』創風社，2007 年。
河上睦子『宗教批判と身体論――フォイエルバッハ中・後期思想の研究』御茶の水書房，2008 年。
幸津國生『哲学の欲求と意識・理念・実在――ヘーゲルの体系構想』知泉書館，2008 年。
滝口清栄『マックス・シュティルナーとヘーゲル左派』理想社，2009 年。
J・G・フィヒテ，久保陽一・伊古田理訳「無神論論争」『フィヒテ全集』第 11 巻，哲書房，2010 年。
栗原隆『ドイツ観念論からヘーゲルへ』未来社，2011 年。
黒崎剛『ヘーゲル・未完の弁証法――「意識の経験の学」としての『精神現象学』の批判的研究』早稲田大学学術叢書 21，
石塚正英『フェティシズム――通奏低音』社会評論社，2014 年。

VI. フォイエルバッハ関連の日本語および邦訳研究文献（論文：年代順）

信太正三「フォイエルバッハ人間学の問題と逆説性」：『人文研究』No.8, 神奈川大学, 1957 年，1-33 頁。
田畑稔「純粋有と特定の有――端初をめぐるヘーゲル・フォイエルバッハ関係」：『理想』1972 年，No.472, 83-97 頁，No.473, 81-95 頁。
半田秀男「『類的存在』としての人間」(1) - (6)：『人文研究』大阪市立大学文学部，1975 年（第 27 巻第 3 分冊）；155-172 頁，1977 年（第 29 巻第 9 分冊）；753-774 頁，1978 年（第 30 巻第 5 分冊）：327-345 頁，1980 年（第 32 巻第 5 分冊）：300-378 頁，1982 年（第 34 巻第 7 分冊）：315-332 頁，1985 年（第 37 巻第 4 分冊）：287-306 頁。
藤巻和夫「フォイエルバッハ」『現代 10 大哲学』飯島宗享編, 富士書店, 1977 年，31-56 頁。
大庭健「共同存在に於ける主体性と時間性――フォイエルバッハ・シュティルナー論争の意義」『倫理学年報』第 26 集，1977 年，87-99 頁。
津田雅夫「現実的個人をめぐって――フォイエルバッハとシュティルナー」『哲学』No.28，日本哲学会，1978 年，177-187 頁。
服部健二「フォイエルバッハにおける自然概念」『立命館文学』第 394/395 号，1978

年，237-255 頁。

工藤喜作「フォイエルバッハの自然——特にスピノザとの関連において」『人文学研究所報』No.12, 神奈川大学, 1978 年, 1-20 頁。

亀山純生「フォイエルバッハの感覚論とその人間学的基礎づけについて」『唯物論研究』第 1 号, 1979 年, 242-260 頁。

服部健二「フォイエルバッハの自然哲学の構想と感性概念」『立命館文学』第 412-414 号, 1979 年。

河上睦子「フォイエルバッハの宗教批判の意味——シュティルナーへの反論をめぐって」『倫理学年報』第 29 号, 1980 年, 71-84 頁。

服部健二「『純粋非理性批判』(Kritik der reinen Unvernunft) としての『キリスト教の本質』」『立命館文学』第 437/438 号, 1981 年, 33-48 頁。

滝口清榮「M・シュティルナーにおける唯一者と連合の構想——青年ヘーゲル派批判とその意義」『法政大学大学院紀要』第 9 号, 1982 年, 11-27 頁。

藤巻和夫・池田成一「フォイエルバッハの想像力批判」『宇都宮大学教育学部紀要』第 1 部第 35 号, 1984 年, 41-52 頁。

亀山純生「フォイエルバッハの『感性的道徳』の基礎づけについて」『東京農工大学一般教育部紀要』第 22 号, 1985 年, 1-14 頁。

鈴木伸一「フォイエルバッハのヘーゲル批判——「ヘーゲル哲学批判のために」における〈初端〉の問題」『文学部論叢』第 18 号, 1986 年, 43-69 頁。

山口祐弘「フォイエルバッハにおける感覚的共同性——ヘーゲルからの脱却過程」『思想』No.764, 1988 年, 112-127 頁。

半田秀男「人間と自然——L. フォイエルバッハの場合」(1) – (5)：『人文研究』大阪市立大学文学部, 1988 年（第 40 巻第 4 分冊）；219-239 頁, 1991 年（第 43 巻第 4 分冊）；257-272 頁, 1994 年（第 46 巻第 5 分冊）；267-284 頁, 1996 年（第 48 巻第 8 分冊）；453-477 頁, 1998 年（第 50 巻第 1 分冊）；51-68 頁。

寺田光雄「ミュンヘン大学所蔵 L・フォイエルバッハ遺稿目録」『埼玉大学紀要』社会科学編, 第 36 巻, 1988 年, 1-5 頁。

早山春生「フォイエルバッハにおける感性と現実——シュティルナーの『唯一者とその所有』への反論をめぐって」『教育思想』東北教育哲学教育史学会, 第 16 号, 1989 年, 47-58 頁。

滝口清榮「L・フォイエルバッハの思想転回とシュティルナー」『社会思想史研究』No.13, 1989 年, 132-144 頁。

澤野徹「ミュンヒェン大学図書館所蔵 L・フォイエルバッハの遺稿」『専修大学社会科学研究所月報』No.336, 1991 年, 14-26 頁。

石塚正英「フォイエルバッハの現代性—— Sache〈事象〉と Bild〈形象〉との関係をめぐって」『理想』No.648, 1992 年, 178-184 頁。

服部健二「フォイエルバッハの『死と不死に関する思想』(1830 年) について——シュライエルマッヒャー，ヘーゲルとの関係で」『立命館文学』第 522 号, 1992 年, 90-110 頁。

河上睦子「フォイエルバッハにおける『ルター』」『相模女子大学紀要』第 56 号 A,

1993 年，91-105 頁。

服部健二「自我と世界の『断念』――カール・ダウプとフォイエルバッハの関係についての一考察」『立命館文学』第 529 号，1993 年，101-119 頁。

服部健二「自然の自己意識的本質――フォイエルバッハの美的世界観について」『理想』第 653 号，1994 年，105-116 頁。

服部健二「フォイエルバッハ『論理学・形而上学序論』について――ヘーゲルの主観的精神との比較」『立命館文学』第 543 号，1996 年，45-63 頁。

アルチュセール「フォイエルバッハについて」，市田良彦ほか訳『哲学・政治著作集』第Ⅱ巻，藤原書店，1999 年，784-850 頁。

柴田隆行「革命の批判的傍観者フォイエルバッハ――1848 年の書簡から」『情況』1999 年 1・2 月号，134-148 頁。

柴田隆行「フォイエルバッハとヘーゲルの論理学」『ヘーゲル論理学研究』第 5 号（1999 年）；7-20 頁，第 6 号（2000 年）；27-44 頁，第 7 号（2001 年）；39-57 頁，第 8 号（2002 年）；23-38 頁，第 11 号（2005 年）；47-62 頁。

河上睦子「女性身体の復権とフォイエルバッハの再読」『社会思想史研究』No.25, 2001 年，28-32 頁。

フランチェスコ・トマソーニ，柴田隆行訳「フォイエルバッハと啓蒙――歴史的再構成のために」『季報唯物論研究』第 78 号，2001 年，14-30 頁，42 頁。

柴田隆行「宗教批判と政治批判――フォイエルバッハの書簡から」『情況』2002 年 8・9 月号，194-205 頁。

服部健二「自然観をめぐって――フォイエルバッハとマルクス」『情況』2002 年 8・9 月号，206-217 頁。

石塚正英「身体論を軸としたフォイエルバッハ思想」『情況』2002 年 8・9 月号，218-227 頁。

木村博「フォイエルバッハ――人間学の論理」『情況』2002 年 8・9 月号，228-237 頁。

U・ライテマイアー，川本隆訳「哲学の実現へむけた青年ヘーゲル派のプログラムの今日的意義」『情況』2002 年 8・9 月号，238-250 頁。

服部健二「『唯物論』の批判的検討」『季報唯物論研究』第 82 号, 2002 年 11 月，27-42 頁。

仲島陽一「ショーペンハウアーとフォイエルバッハにおける『受苦』と『共苦』」『国際地域学研究』第 6 号，2003 年，191-200 頁。

片山善博「他なるものをめぐって――フォイエルバッハの批判を受けて」，岩佐茂・島崎隆編著『精神の哲学者ヘーゲル』創風社，2003 年，260-283 頁。

服部健二「感覚概念の検討――『論理学形而上学序論』講義を中心に」『フォイエルバッハ――自然・他者・歴史』理想社，2004 年，27-42 頁。

河上睦子「意志と幸福衝動――フォイエルバッハとショーペンハウアー」『相模女子大学紀要』第 68 号 A，2005 年，27-39 頁。

菅野孝彦・三宅光一「L・フォイエルバッハにおける人間観としての『我と汝の関係』」『総合教育センター紀要』第 27 号，東海大学，2007 年，99-109 頁。

服部健二「フォイエルバッハ」，須藤訓任編『哲学の歴史 9――反哲学と世紀末』中

央公論新社，2007 年，45-106 頁。
菅野孝彦「L・フォイエルバッハ思想の意義と限界」：『総合教育センター紀要』第 28 号，2008 年，45-54 頁。
河上睦子「『マリア』についての人間学的考察フォイエルバッハのマリア論を中心に」：『人間社会研究』第 5 号，相模女子大学，2008 年，13-32 頁。
深井智朗「神学は神学を越えて神について語ることができるのか——20 世紀神学史の遺産と可能性」：『宗教哲学研究』第 26 号，2009 年，1-18 頁。
河上睦子「フォイエルバッハの人間学の再解釈」『人間にとっての都市と農村』総合人間学会編，学文社，2011 年，68-77 頁。
黒崎剛「ヘーゲル弁証法への根源的批判——「自然」の欠如をめぐるシェリング，フォイエルバッハ，マルクスの態度」『ヘーゲル論理学研究』No.17，2011 年，83-122 頁。
加藤尚武「ヘーゲルによる心身問題のとりあつかい」『ヘーゲル論理学研究』第 19 号，2013 年，7-25 頁。
柴田隆行「フォイエルバッハの実践（1）ルーゲとの往復書簡からみえるもの」『季報唯物論研究』第 128 号，2014 年，120-128 頁。
柴田隆行「フォイエルバッハの実践（2）不死信仰の秘密を暴く」『季報唯物論研究』第 129 号，2014 年，110-117 頁。
柴田隆行「フォイエルバッハの実践（3）エゴイズムの倫理」『季報唯物論研究』第 130 号，2015 年，90-97 頁。
柴田隆行「フォイエルバッハの実践（4）自然科学と革命」『季報唯物論研究』第 131 号，2015 年，150-159 頁。
柴田隆行「フォイエルバッハの実践（5）カール・グリュンの理論と実践」『季報唯物論研究』第 133 号，2015 年，118-129 頁。
柴田隆行「フォイエルバッハの実践（6）」『季報唯物論研究』第 135 号，2015 年，130-139 頁。
シンポジウム「フォイエルバッハとヘーゲル——宗教をめぐる対話」『ヘーゲル哲学研究』第 21 号 , 2015 年 , 39-79 頁。
服部健二「『自然の自己意識』としての人間」『季報唯物論研究』第 136 号 , 2016 年 , 8 月 , 94-104 頁。

VII. 本書に関係する拙論（年代順）

「フォイエルバッハの „die menschliche Natur" について（一）」『東洋大学大学院紀要』第 26 集，文学研究科，1990 年，91-102 頁。
「フォイエルバッハの „die menschliche Natur" について（二）」『東洋大学大学院紀要』第 27 集，文学研究科，1991 年，29-40 頁。
「ブロッホからみたフォイエルバッハ——〈隠れたる人間〉とフォイエルバッハ宗教哲学の逆説性」『東洋大学大学院紀要』第 30 集，文学研究科，1994 年，37-48 頁。

「〈引き裂かれた自己〉の究明——フォイエルバッハの自己対象化論」，石塚・河上・柴田編『神の再読・自然の再読』理想社，1995 年，173-193 頁。

「ブルックベルクとフォイエルバッハ」，石塚ほか編『都市と思想家Ⅱ』法政大学出版局，1996 年，37-52 頁。

「フォイエルバッハの『ライプニッツ論』における〈物質〉——〈混乱した表象〉の発展的意義」『東洋大学大学院紀要』第 35 集，文学研究科，1999 年，127-138 頁。

「自然感覚と観想的理性——ヨゼフ・ヴィーニガー『フォイエルバッハ，ドイツ啓蒙家』に即して」『季報唯物論研究』第 78 号，2001 年，31-42 頁。

「質料としての他我」，フォイエルバッハの会編『フォイエルバッハ——自然・他者・歴史』理想社，2004 年，113-128 頁。

Alter Ego als das Unsagbare, in: *Ludwig Feuerbach (1804-1872), Identitat und Pluralismus in der globaren Gesellschaft*, Munster 2006, S.145-155.

「神秘主義と質料志向——若きフォイエルバッハのヘーゲル主義とその離反」『哲学』第 58 号，2007 年，163-176 頁。

「フォイエルバッハとヘーゲルの差異——ライプニッツ解釈をめぐって」『ヘーゲル哲学研究』第 15 号，2009 年，129-141 頁。

「フォイエルバッハとヘーゲルを分かつもの——汎神論と理性の理解を巡って」『東洋大学大学院紀要』第 48 集，文学研究科，2012 年，71-84 頁。

「フォイエルバッハのベーメ受容とその批判——ヘーゲルとの対比で」，実存思想協会編『生命技術と身体』実存思想論集 XXVII，理想社，2012 年，101-118 頁。

「思弁的媒介から直接性へ——フォイエルバッハからみたデカルトの心身二元論」『東洋大学大学院紀要』第 50 集，2014 年，57-70 頁。

「理性の神秘と自然の先在——初期フォイエルバッハの思弁的アプローチに関する一考察」東洋大学審査学位論文，2015 年 7 月 27 日，博士（文学）。

「ヘーゲルの思弁と初期フォイエルバッハの汎神論——スピノザ，ベーメ，ライプニッツの解釈をめぐって」『ヘーゲル哲学研究』第 21 号，2015 年，64-75 頁。

「超越から内在へ——若きフォイエルバッハは神をどのように解読したか？」『哲学』第 67 号，2016 年，186-200 頁。

「〈名著再考〉イデオロギー批判としての『キリスト教の本質』」『思想』no.1113，2017 年，124-131 頁。

人 名 索 引

アイヒホルン（Johann Gottfreid Eichhorn, 1752-1827）　246
アスケリ（Carlo Ascheri, 1936-67）　18, 19, 25, 38, 39, 46, 73, 100, 150-56, 162, 182, 186, 187, 231, 259, 260, 263
アナクサゴラス（Αναξαγόρας, c.500-c.428 B.C.）　80
アリストテレス（Αριστοτέλης, 384–322 B.C.）　67, 120, 121, 144, 168, 207, 268, 270
イェシュケ（Walter Jaeschke, 1945-）　6, 7, 21, 23, 60, 106, 118, 129, 165, 174, 186, 243, 261, 264, 265
ウィルソン（Charles A. Wilson, 1947）　42, 46, 47, 95, 105, 118-24, 129, 231, 241, 264
ヴィーガント（Otto Friedrich Wigand, 1795-1870）　8, 16, 99, 130, 259, 262
ヴィーニガー（Josef Winiger, 1943-）　209, 219, 222, 224, 225, 245, 264, 265, 274
ヴェックヴェルト（Christine Weckwerdh, 1963-）　59, 265
ウォートフスキ（Marx W. Wartofsky, 1928-97）　19, 25, 46, 218
エリウゲナ（Johannes Scotus Eriugena, c.810-c.877）　227
エンゲルス（Friedrich Engels, 1820-95）　viii, 4, 5, 241, 263, 265, 267

カドワース（Ralph Cudworth, 1617-88）　41
カメンカ（Eugene Kamenka, 1928-94）　xi, 19, 29, 263, 268
カント（Immanuel Kant, 1724-1804）　59, 80, 81, 90, 99, 103, 105, 112, 137, 179, 183, 189, 199, 200, 206, 207, 230, 249, 250, 263
ガーゲルン（Michael von Gagern）　18, 25, 26, 46, 263
ギボン（Edward Gibbon, 1737-94）　246
クザーヌス（Nicolaus Cusanus, 1401-64）　35
グリュン（Karl Theodor Ferdinand Grün, 1813-87）　9, 14, 16, 17, 25, 26, 259, 263, 273
ケラー（Gottfried Keller, 1819-90）　viii
コール（Wilhelm Kohl）　58
コフート（Adolph Kohut）　14, 17, 263
コルネール（Peter Cornehl）　18, 25, 46, 87, 105, 123, 124, 129, 153, 241, 263

ザス（Hans-Martin Saß [Sass], 1935-）　19, 21, 25, 118, 119, 129, 165, 176, 259, 264
シュタール（Friedrich Julius Stahl, 1802-61）　228
シュッフェンハウアー（Werner Schuffenhauer, 1930-2012）　4, 9, 17-19, 21, 23, 26, 31, 33, 37-39, 80, 84-86, 138, 244, 247, 259, 264
シュティルナー（Max Stirner, 1806-56）　viii, 99, 100, 157, 231, 232, 262, 267, 270, 271
シュトラウス（David Friedrich Strauss, 1807-74）　228, 267
シュミット（Alfred Schmidt, 1931-2012）

19, 20, 225, 259, 264, 268
シュライエルマッハー（Friedrich Daniel Ernst Schleiermacher, 1768-1834）
28, 60, 61, 67, 81, 101, 249, 271
シュライエルマッヒャー →シュライエルマッハー
シュヴァイツァー（Albert Schweitzer, 1875-1965）　14
ショット（Uwe Schott）　8, 36, 51, 57, 58, 142, 245-47, 249, 264, 269
シレジウス（Angelus Silesius, 1624-77）
118, 120
スピノザ（Baruch de Spinoza, 1632-77）
11, 30, 43, 55, 68, 69, 83, 87, 107, 120, 125, 134, 139, 142, 150, 153, 184, 186, 193, 207, 208, 229, 230, 260, 261, 266, 267, 271, 274
ズィークムント（Georg Siegmund）
57, 65, 66

タウラー（Johannes Tauler, c.1300-61）
120, 121, 144
タレス（Θαλής, c.624-c.546 B.C.）
91
ダウプ（Karl Daub, 1765-1836）　8, 28, 36, 49-51, 57, 58, 142, 246-53, 272
ティース（Erich Thies, 1943-）　14, 17-19, 26, 27, 84, 187, 259, 260, 264
デ・ヴェッテ（Wilhelm Martin Leberecht de Wette, 1780-1849）　36
デカルト（René Descartes, 1596-1650）
209, 215, 230, 274
デ・ボス（Bartholomew Des Bosses, 1668-1738）　215
デュタン（Louis Dutens, 1730-1812）
215, 262
トールク（Friedrich August Gottreu Tholuck, 1799-1877）　35, 59, 62-64, 67, 81
トマソーニ（Francesco Tomasoni, 1947-）
x , 21, 23, 60, 65, 66, 96, 174, 186, 236, 237, 241-54, 264, 265, 272
ドルグート（Friedrich Andreas Ludwig Dorguth, 1776-1854）　8, 218, 230

ニュートリング（Gregor Nüdling）
15, 46, 263
ノール（Herman Nohl, 1879-1960）
56, 57, 266
ノヴァーリス（Novalis, 1772-1801）
59, 81, 119, 120, 132, 178, 233

ハール（Johann Paul Harl, 1772-1842）
20, 51, 52, 80, 87, 93, 99, 107, 108, 110, 149, 176, 183
バーダー（Franz von Baader, 1765-1841）
64
バイルホファー（Karl Theodor Bayrhoffer, 1812-88）　229, 262
バウアー（Bruno Bauer, 1809-1882）
viii , 99, 100, 157, 231, 232, 262, 267
バッハマン（Karl Friedrich Bachmann, 1785-1855）　8, 152, 153, 183, 262
バルト（Karl Barth, 1886-1968）　14, 15, 19, 268
パウルス（Heinrich Eberhard Gottlob Paulus, 1761-1851）　36, 49, 67
ヒューム（David Hume, 1711-76）
106, 107, 200, 261, 266
ヒュサー（Heinz Hüsser）　21-23, 264
ヒンリヒス（Hermann Friedrich Wilhelm Hinrichs, 1794-1861）　60, 261,
フィヒテ（Johann Gottlieb Fichte, 1762-1814）　36, 59, 61, 62, 81, 105, 183, 230, 266, 260, 270
フォイエルバッハ（父）（Paul Johann Anselm Ritter von Feuerbach, 1775-1833）　vi , 8, 49, 50, 54, 178
フュレボルン（Georg Gustav Fülleborn, 1769-1803）　122
ブーバー（Martin Buber, 1878-1965）
15, 263, 268
ブラウン（Hans-Jürg Braun, 1927-2012）

17, 19, 21-23, 25, 26, 46, 263-65, 268, 269
ブルーノ（Giordano Bruno, 1548-1600）　11, 18, 19, 35, 40, 43, 120-23, 125, 161, 176, 186, 229, 234-36, 252, 259, 260, 262, 267
ブルンナー（Emil Brunner, 1889-1966）　14
プラトン（Πλάτων, 427-347 B.C.）　67, 268
プロタゴラス（Πρωταγόρας, c.490-c.420 B.C.）　109
プロティノス（Πλωτῖνος, c.205-270）　120, 121
ヘーゲル（Georg Wilhelm Friedrich Hegel, 1770-1831）　viii - x , 4-12, 14, 15, 18, 19, 23, 25-31, 33-36, 38-42, 47, 49-60, 62-81, 83-96, 99-107, 111-14, 116-21, 123-25, 128, 129, 133-39, 141-44, 146-50, 152-65, 169, 171, 174-79, 182-85, 188-95, 197-204, 206-14, 217-22, 225-27, 229-38, 241-43, 245-49, 251-53, 255, 256, 259-74
ヘルダー（Johann Gottfried von Herder, 1744-1803）　58, 246, 248, 249
ベーコン（Bacon von Verulam [Francis Bacon], 1561-1626）　30, 184, 193, 235, 260
ベーメ（Jakob Böhme, 1575-1624）　11, 35, 36, 38, 40, 41, 43, 51, 64, 97, 120, 125, 139, 145, 147, 148, 150, 153, 156, 158-61, 165, 166, 173-77, 184-99, 201, 203-05, 220-22, 224, 226-28, 231, 233, 234, 237, 244, 248, 249, 251, 252, 254, 255, 260, 262, 267, 274
ベール（Pierre Bayle, 1647-1706）　200, 229, 260
ホメス（Ulrich Hommes）　25, 46
ボーリン（Wilhelm Bolin, 1835-1924）　ix , 9, 14-17, 26, 27, 31, 33, 34, 46, 71, 72, 74, 84, 85, 88, 94, 99, 110, 116, 130, 259, 263, 268
ボックミュール（Klaus Bockmühl, 1931-89）　25, 46

マールブランシュ（Nicolas Malebranche, 1638-1715）　43, 97, 100, 120, 139, 160, 177, 262, 267-70, 272, 273
マルクス（Karl Heinrich Marx 1818-83）　viii , ix , 4, 5, 7, 9, 15, 19-21, 23, 26, 28, 71, 177, 241, 265, 267-70, 272, 273
メンデルスゾーン（Moses Mendelssohn, 1729-86）　10, 11, 61, 261, 266
モースハイム（Johann Lorenz von Mosheim, 1693-1755）　246, 247
モア（Henry More, 1614-87）　41
モレスホット（モーレショット Jacob Moleschott, 1822-93）　174
モーレショット　→モレスホット

ヤコービ（Friedrich Heinrich Jacobi, 1743-1819）　10, 11, 47, 59, 61, 62, 64, 67-69, 77, 79, 81-83, 95, 96, 101, 105-09, 111, 112, 120, 132, 134, 135, 162-64, 172, 183, 205, 224, 228, 249, 261, 266
ヤノウスキー（Johanna Christine Janowski, 1945-）　24-26, 29, 46, 264
ヨードル（Friedrich Jodl, 1849-1914）　ix , 9, 14-17, 26, 27, 31, 34, 71, 72, 74, 84, 85, 88, 94, 99, 110, 116, 130, 259, 263

ライテマイアー（Ursula Reitemeyer, 1955-）　23, 46, 264, 265, 272
ライブニッツ（Gottfried Wilhelm Leibniz, 1646-1716）　11, 26, 30, 31, 43, 123, 161, 174, 176, 184, 185, 192, 200, 201, 204-18, 221-24, 227-29, 234, 235, 244, 252, 255, 260, 262,

263, 267, 274
ラウ（Albrecht Rau, 1843-1920）　14, 263
ラヴィドヴィッツ（Simon Rawidowicz, 1897-1957）　15, 18, 25-27, 33-37, 46, 263, 268
リーデル（Karl Riedel, 1804-78）　205, 213, 238
リュッツェルベルガー（Ernst Carl Julius Lützelberger, 1802-38）　63
リュッベ（Hermann Lübbe, 1926-）　19, 25, 264
レーフ（Bertha Löw）　122-23, 161, 176, 228, 252
レームス（Theodor Lehmus, 1777-1837）　246, 247, 249
レーヴィット（Karl Löwith, 1897-1973）　8, 9, 15, 18, 19, 28, 256, 263, 268
レオ（Heinrich Leo, 1779-1878）　202, 203, 228, 262
レッシング（Gotthold Ephraim Lessing, 1729-81）　10
ローゼンクランツ（Johann Karl Friedrich Rosenkranz, 1805-79）　249
ロールモーザー（Günter Rohrmoser, 1927-2008）　19, 20, 22
ロイヒリン（Johannes Reuchlin, 1455-1522）　41, 244, 248, 249
ロック（John Locke, 1632-1704）　47, 200, 204, 218

足立幸男　29, 268
池田成一　ix , 73, 256, 271
伊坂青司　69, 107, 134, 270
石塚正英　ix , 256, 269-74
市川浩　32
井上良雄　14, 268
海老澤善一　60, 134, 266
樫山欽四郎　55, 68, 69, 73, 134, 158, 188, 266
片岡啓治　100, 267

加藤尚武　7, 69, 143, 164, 175, 183, 236, 266, 269, 273
亀山純生　32, 271
河上睦子　ix , 15, 19, 20, 24, 27, 36, 256, 269-74
神田順司　19, 21
桑山政道　8, 14, 15, 17, 33-36, 51, 57, 58, 245, 268, 269
河野与一　211, 214, 267
児島洋　15, 268
斎藤信治　14, 33, 268
篠田一人　17, 265
柴田治三郎　8, 9, 15, 268
柴田隆行　27, 28, 244, 255, 269, 272, 273
城塚登　27, 28, 268
武市健人　69, 266
伊達四郎　27, 84-86, 88, 92, 94, 268
田中英三　17, 265
田中光　266
寺沢恒信　73, 195, 206-08, 210-12, 266
暉峻凌三　14, 265
中桐大有　17, 265
津田雅夫　ix , 256, 270
西村克彦　8, 266
服部健二　28, 36, 58, 61, 256, 257, 269-73
服部文男　267
伴博　134, 266
半田秀男　ix , x , 9, 16, 17, 28, 29, 31-34, 37-40, 42, 46, 47, 51-53, 55, 56, 59, 60, 62, 64, 67, 68, 70, 72-77, 79-88, 90-95, 97, 99-101, 104-10, 112, 114-25, 129, 133, 137, 139, 141, 144, 149, 153, 161, 162, 164, 165, 168, 173, 177, 183, 188, 189, 225, 234, 247, 248, 252, 256, 266, 269-71
廣松渉　99, 267-69
藤巻和夫　73, 269-71
松村一人　5, 6, 32, 64, 67, 89, 206, 266, 267

人　名　索　引

向井守　　　17, 72
山口誠一　　69, 270
山口祐弘　　99, 209, 266, 267, 269, 271
山﨑純　　　54, 56, 60, 62, 63, 66-68, 83, 106, 137, 142, 146, 150, 266, 269,
良知力　　　99, 267-69

Vernunft und Mysterium des jungen Feuerbachs

KAWAMOTO Takashi

Chisenshokan, 2017

Inhalt

Vorrede	vii
Einleitung	3
1. Problematik der Feuerbach-Interpretationen	4
2. Bisherige Feuerbach-Forschung und Grundsätze meiner Argumentation	14
A. Bisherige Feuerbach-Forschung in Europa	14
B. Kontroverse um die Interpretation der Habilitationsschrift „De ratione" (1828) und Grundsätze meiner Argumentation	24
Erster Abschnitt: Panlogismus in „De ratione" (1828)	45
1. Feuerbachs Motive in der Habilitationsschrift „De ratione" – seine Annäherung an Hegels Spekulation	49
2. Kritik der „Person" in „De ratione"	65
3. Zweideutigkeit des Begriffs „consensus" und Vorzüglichkeit der „absolutae untatis" der Menschen	78
4. Zweideutigkeit des Begriffs „aliquid" und die zweiseitige Jacobi-Interpretation Feuerbachs	96
5. Zweideutigkeit des Begriffs „sensus" und Mysterium der Vernunft	112
Zweiter Abschnitt: Stellenwert der Natur in der Schrift „Gedanken über Tod und Unsterblichkeit" (1830)	127
1. „Person" und „Ort" in Gott	132
2. Die verborgene Trinität und der mystische Pantheismus Feuerbachs – seine Annäherung an Böhmes Lehre	148
3. „Zweck" der Seele und Präexistenz der Natur	163
Dritter Abschnitt: Bedeutung der materialistischen-anthropologischen Wende – Verhältnis zwischen Philosophie und Religion	181
1. Böhme-Moment	186
2. Leibniz-Moment	201
3. Schluss – Kritik der „Person" und Wiedereinsetzung der Natur	220
Zusatz: Das Mystische in Feuerbachs Gedanken	241
Nachwort	255

Literaturverzeichnis 259
Personenregister 275

Zusammenfassung

Im Folgenden geht es um die früheren Gedanken Ludwig Feuerbachs (1804-1872). Im Allgemeinen ist er bekannt als anthropologischer Materialist oder Religionskritiker, aber ich messe dem jungen Idealisten Feuerbach große Bedeutung bei. Ich behandle hauptsächlich seinen spekulativen und idealistischen Ansatz zur Mystik (besonders Jakob Böhmes oder Giordano Brunos). Freilich gilt es als eine adäquate Auslegung, dass Feuerbach mit der Veröffentlichung seiner Abhandlung „Zur Kritik der Hegelschen Philosophie" (1839) vom Standpunkt des spekulativen Idealismus in den des anthropologischen Materialismus überzugehen anfing. In der Mitte der 1840er Jahre behauptete er bereits den materialistischen Begriff einer „unmenschlichen Natur", in der Bedingungen menschlicher Existenz noch nicht gegeben waren, positiv als Ursprung des Menschen. Was bedeutet aber die Wende Feuerbachs vom spekulativen Idealismus zum anthropologischen Materialismus? Könnte man vielleicht sagen, dass sein früherer, spekulativer Ansatz zur Mystik Böhmes oder Brunos später kritisch überwunden und sein mystischer Pantheismus zusammen mit der christlichen Theologie, die Feuerbach seit langem kritisiert hatte, *vollständig* in seine Anthropologie aufgelöst wurden? Meines Erachtens ist diese Frage zu verneinen.

Feuerbach hatte zwar die Absicht, die Theologie in der Anthropologie vollständig, absolut und widerspruchslos aufzulösen. Im *Wesen des Christentums* (1841) machte er unmissverständlich die Reduzierung des christlichen Dogmas auf „seine *natürlichen Elemente*" geltend. Zu Beginn wußte er jedoch wahrscheinlich nicht alles, was für ein Element in der Theologie als ein Natürliches in die Anthropologie aufgelöst würde, insofern die Religionskritik seine lebenslange Aufgabe war. In diesem Sinn ist es nicht treffend, Feuerbachs Gedanken als „reduktionistisch" zu bezeichnen. Francesco Tomasoni hat durch ausführliche Materien vielmehr nachgewiesen: Feuerbach sei auch in der Phase eines stärkeren Materialismus von dem Geheimnis des Lebens, der Natur und der Materie überzeugt geblieben und hätte „immer wieder seine Zuflucht zu religiösen Ausdrüken" genommen, um die Komplexität des Reelen nicht auf einfache Elemente zu reduzieren. Hierin können wir einen eigenen Standpunkt Feuerbachs finden.

In einigen Forschungen über den jungen Feuerbach wurde seine Annäherung an den mystischen Pantheismus wie dem Brunos oder Böhmes für eine missglückte Hegelrezeption oder für eine Abweichung von der spekulativen Dialektik Hegels gehalten. In der Tat war Feuerbach „kein förmlicher, buchstäblicher", sondern „wesentlicher" Hegelianer, wie er sich später selbst beschrieben hatte. Er hatte vielleicht kein Interesse daran, die dialektische Einheit des Allgemeinen und Einzelnen logisch und systematisch darzustellen. Aber Feuerbach erforschte als „wesentlicher Hegelianer" vielfältige und komplexe Gehalte in der christlichen Religion und Theologie, um die Idee zu verwirklichen und zu verweltlichen — nicht nur bis zu den 1830er, sondern auch nach den 1840er Jahren. Noch in der Zeit der Vorbereitung seiner Abhandlung „Das Wesen der Religion" (1846) beschäftigte er sich mit Mystik, Kabbala und dem Cambridger Neuplatonismus. Wir könnten die oben erwähnte Einschätzung „Zuflucht zu religiösen Ausdrücken" nicht für eine bloße Verteidigung Feuerbachs befinden, sondern vielmehr für den Ausdruck einer neuen Methode, religiöse Geheimnisse der menschlichen Natur zu entdecken und zu erklären.

In diesem Buch möchte ich die komplexe Denkweise des jungen Feuerbachs entschlüsselnd erläutern, indem ich die Entzifferung Gottes in seiner früheren Schriften einer Überprüfung im Vergleich mit der Hegelschen Philosophie unterziehe. Im ersten Abschnitt behandle ich den Panlogismus in *De ratione, una universali, infinita* (1828), besonders in Bezug auf die Gedanken Spinozas und Jacobis. Ich werde diskutieren, dass Feuerbach einerseits dem Spinozismus folgte, welchen Hegel für Akosmismus hielt, und dass er andererseits andere Jacobi-Interpretation als die Hegels zeigte. Damit wird uns klar, dass der Begriff „consensus (Mitgefühl)" in *De ratione* eine doppelte Bedeutung hat, und dass diese Zweideutigkeit ein Spannungsverhältnis zwischen „cogitatio" und „sensus" entstehen lässt. Im zweiten Abschnitt geht es um den Stellenwert der Natur in *Gedanken über Tod und Unsterblichkeit* (1830). Hier wird das Verhältnis zwischen Person und Ort in Gott, mit dem oben genannten Spannungsverhältnis zwischen „cogitatio" und „sensus", als die Spannung zwischen Zweck der Seele und Präexistenz der Natur erörtert. Im dritten Abschnitt erkläre ich die Bedeutung der anthropologisch-materialistischen Wende Feuerbachs der 1830er Jahre in der Beziehung zwischen Philosophie und Religion. Es verdient unsere Aufmerksamkeit, dass die Böhme-Interpretation des jungen Feuerbach im Punkt der „ewigen Natur" von seinem Hegelianismus abzuweichen scheint, und dass sich auch die Leibniz-Interpretation Feuerbachs entscheidend von der seines Lehrers unterschied, obwohl jede spekulative Interpretation Feuerbachs die Ausprägung seines Hegelianismus darstellte. Es soll mit Erkenntnisgewinn ans Licht kommen, dass seine Wende zum Materialismus aus einer nicht empirischen, sondern spekulativen Methode heraus geschah und dass die Ellipse als Symbol seiner Philosophie von höchster Wichtigkeit ist.

川本 隆（かわもと・たかし）

1962年新潟県生まれ。1993年東洋大学大学院文学研究科哲学専攻博士後期課程単位取得退学。2015年、博士（文学）。現在、東洋大学、関東学院大学、日本大学などで教鞭をとる。〔主要業績〕『フォイエルバッハ―自然・他者・歴史』（共著, 理想社, 2004年）, Alter Ego als das Unsagbare, in: *Ludwig Feuerbach (1804-1872), Idenität und Pluralismus in der globaren Gesellschaft*, Münster, Waxmann, 2006,『境界線の哲学』（共編著, DTP出版, 2008年）,「フォイエルバッハとヘーゲルの差異―ライプニッツ解釈をめぐって」（『ヘーゲル哲学研究』第15号, 2009年）,「フォイエルバッハのベーメ受容とその批判―ヘーゲルとの対比で」（『実存思想論集 XXVII 生命技術と身体』理想社, 2012年）,「超越から内在へ―若きフォイエルバッハは神をどのように解読したか」（『哲学』第67号, 知泉書館, 2016年）など。

〔初期フォイエルバッハの理性と神秘〕　ISBN978-4-86285-249-6

2017年1月25日　第1刷印刷
2017年1月30日　第1刷発行

著者　川　本　　　隆
発行者　小　山　光　夫
製版　ジャット

発行所　〒113-0033 東京都文京区本郷1-13-2
電話03(3814)6161 振替00120-6-117170
http://www.chisen.co.jp
株式会社 知泉書館

Printed in Japan

印刷・製本／藤原印刷